JOURNAUX

ET

JOURNALISTES

PAR

ALFRED SIRVEN

LA GAZETTE DE FRANCE

AVEC LE FAC-SIMILE DU 1er NUMÉRO

ET LE PORTRAIT

DE THÉOPHRASTE RENAUDOT, SON FONDATEUR

PARIS

F. COURNOL, LIBRAIRE-ÉDITEUR

20, RUE DE SEINE, 20

1866

JOURNAUX ET JOURNALISTES

OUVRAGES DU MÊME AUTEUR :

POISSY. — TYP. ET STÉR. DE A. BOURET.

Theophrastus Renaudot Iuliodanensis
Medicus et Historiographus Regius
Ætatis año 58 salutis. 1644.

RECVEIL DES
GAZETTES,
de l'année 1631.

DEDIE' AV ROY.

AVEC VNE PRÉFACE SERVANT
à l'intelligence des choses qui y sont contenües.
Et vne table alphabetique des matieres.

Au Bureau d'Adresse au grand Coq rüe de la Calandre
ſortant au marché neuf près le Palais à Paris.

M·DC·XXXII
Auec Priuilège

LA

GAZETTE DE FRANCE

I

Origine de la Gazette et de la presse en France. — Théophraste Renaudot. — Le *mont-de-piété*, le *Bureau d'adresses*, les *Nouvelles à la main*. — La première Gazette. — L'exemplaire de la Bibliothèque impériale et le portrait de Renaudot. — Ce qu'est la Gazette. — Dédicace au roi. — La préface. — Premier et dernier article du premier numéro de la Gazette. — Nouvelles de Saint-Germain-en-Laye et de Paris. — Mention de la sixième Gazette. — Nouvelles intérieures de la septième Gazette. — Citations de la Gazette. — Richelieu, Louis XIII. Mazarin, Louis XIV. — Les ennemis de Renaudot. — Guy Patin. — Eusèbe, Ysaac et l'abbé Renaudot. — La *Gazette de France* avec les armes royales. — Louis XV. Voltaire, Redacteurs de la première Gazette. — Panckoucke prend le privilége de la *Gazette de France*.

La *Gazette de France* a le privilége d'être le plus ancien de tous les journaux. C'est un titre qu'elle ne changerait pas pour bien des trésors. Ce journal en effet a un point de départ dont il ne s'est jamais écarté depuis sa fondation, et jusqu'à un certain point il est convenable qu'elle soit fière et rappelle sa date, et se vante de tenir à ce qu'elle appelle la tradition, c'est-à-dire à la fidelité au trône. Quoi qu'il en soit et quoi qu'elle en dise, — les preuves ne nous manqueront pas, — jusqu'en 1830, la *Gazette de France* fut toujours, surtout dès son origine, un organe officiel, recevant ses inspirations du ministre, du Roi, du gouvernement.

Remontons à son origine.

Au commencement du XVIIe siecle, on ne songeait point en France à ce que pouvait être, nous ne dirons pas un journal tel qu'on l'entend aujourd'hui, mais même un recueil périodique, et la *Gazette de France* à cela de glorieux qu'il faut descendre jusqu'en 1631, non-seulement pour trouver sa fondation, mais l'origine de la presse en France.

C'est à Théophraste Renaudot que nous en sommes redevables.

Renaudot, né à Loudun en 1584, après avoir étudié la chirurgie à Paris était allé se faire recevoir docteur à Montpellier. Revenu dans sa ville natale, après plusieurs voyages, il y avait exercé son art avec un succès qui avait répandu sa réputation dans tout le Poitou et dans les provinces environnantes. Renaudot se trouvant a l'étroit sur ce théâtre, revint à Paris en 1612, obtenant d'amblée le titre de

médecin du roi. Les détracteurs disent que ce n'é-
tait là qu'un vain titre, que pour vivre il fut obligé
d'ouvrir une école. Soit. Mais les obstacles qu'il eut à
briser dès ses débuts ne sauraient diminuer son
mérite.

C'était un de ces hommes nouveaux qui cherchent
le progrès, un de ces hommes d'action qui, en dépit
de tout ce qu'ils trouvent à la traverse, poursuivent
leur tâche *Per fas et nefas* et la réalisent en fin de
compte au profit de la société. De nos jours on l'eût
traité d'industriel, on l'appelait charlatan. Mais
alors comme aujourd'hui, la jalousie et l'envie devaient se briser contre la conviction et le courage.

Tout d'abord Renaudot eut l'habileté de mettre le
public dans ses intérêts et de se mettre à l'abri de
puissantes protections. Richelieu le distingua bientôt, et lui donna l'office de *Commissaire général des
pauvres valides et invalides du royaume.*

Cette faveur du ministre était justement départie.
A cette époque, la chimie, encore dans l'enfance,
commençait à peine à donner à la médecine quelques
nouveaux curatifs dont la Faculté de Paris ne voulait
pas reconnaître l'éfficacité. Homme de progrès, Renaudot mit beaucoup d'ardeur à exploiter cette mine
nouvelle, et ses remèdes chimiques eurent un succès
d'autant plus grandissant qu'il confondit la routine,

en même temps qu'il les donnait gratuitement aux
pauvres, avec ses consultations.

Renaudot était déjà la ressource des malheureux
et des travailleurs. Dans le but de leur venir en
aide, il avait établi une maison de prêt, ou *mont-
de-piété.* Il faut remonter jusqu'à lui pour trouver
les fondements de cette institution. On prêtait le
tiers de la valeur des objets à 3 0/0 d'intérêt plus un
léger droit d'enregistrement. Les dépôts, s'ils n'é-
taient pas retirés à l'époque convenue, devenaient
de droit, la propriété du prêteur. Renaudot, parait-
il, n'a jamais usé de cette clause condamnable.

Cette époque était privée de tout moyen de publicité, commercialement et politiquement. Si l'on
connaissait les événements, ce n'était que par ouï-
dire, et lorsque le gouvernement voulait faire savoir quelque chose au public, il était réduit à le faire
crier par les rues. C'était un chaos dans lequel on
peut dire que Renaudot porta la lumière.

Sous le titre de *Bureau d'adresses* ou *de rencontre,*
il organisa une sorte d'office de publicité, où le
premier venu pouvait trouver l'adresse dont il avait
besoin. Cet office était *l'Almanach Bottin* de l'époque,
mais il avait d'autres avantages. Outre les adresses
on pouvait s'y procurer d'autres renseignements. De
plus, acheteurs et vendeurs se rencontraient dans cet

office, et les nouvellistes s'y donnaient rendez-vous. Tout élémentaire que fût cette institution, l'utilité en fut si universellement apréciée, que les bureaux d'adresses se mutipliant rapidement sous la direction de leur fondateur, Renaudot en fut nommé *Maître général.*

Il marchait ainsi vers la publicité par la presse, aussi ne tarda-t-il pas à arriver à cette conception qui devait faire sa gloire.

Il était d'ailleurs en fort belle situation pour être renseigné sur toutes choses. D'abord par les bureaux d'adresses il savait tout ce qui se passait dans la ville ; puis le célèbre généalogiste d'Hozier, son ami, qui avait dans les provinces une correspondance très-étendue et très-suivie, lui communiquait tout ce qui concernait l'extérieur. Tout cela lui composait un répertoire des cancans nouveaux à l'aide desquels il desennuyait ses malades. Aussi ses amusantes causeries le faisaient-elles autant rechercher que son habileté dans l'art de guérir. Cette curiosité de nouvelles lui donna l'idée d'écrire toutes celles qui lui viendraient de différents côtés, et d'en faire faire des copies qu'il répandrait dans le monde où il vivait.

Les *Nouvelles à la main* n'ont peut-être pas d'autre origine. Celles de Renaudot eurent une telle vogue qu'il ne put satisfaire à toutes les demandes qui lui en étaient faites. C'est alors que l'idée lui vint de les faire imprimer pour les gens qui n'étaient pas malades. Il en demanda l'autorisation à Richelieu qui s'empressa de la lui accorder, comprenant bien vite de quelle importance serait pour le gouvernement une feuille racontant les événements sous sa dictée et dans le sens du pouvoir.

Le premier numéro de la Gazette[1] parut le 30 mai 1631.

Nous ne donnons cette date que par induction, car nous ne l'avons trouvée nulle part. Les premières Gazettes, en effet, ne portent ni date ni numéro d'ordre, mais seulement une signature alphabétique. La sixième Gazette porte la signature F. et cette date : 4 juillet 1631. La Gazette paraissant tous les huit jours, on trouve, en remontant, le 30 mai pour le premier numéro.

1. Ce nom est emprunté à une feuille qui se publiait à Venise. Il vient de *Gazette*, petite pièce de monnaie que l'on donnait pour lire cette feuille. Une autre version se présente ; c'est celle de quelques mauvaises langues qui voudraient que la *Gazette* eût pris son nom d'un oiseau babillard, la pie. Jusqu'à ces derniers temps on a désigné sous ce titre les feuilles politiques; la dénomination de *Journal*, qui prévaut aujourd'hui, fut longtemps réservée aux recueils littéraires et scientifiques.

Renaudot obtint pour la publication de sa Gazette un privilége du roi en date du 11 octobre 1631. Il reçut en outre le titre pompeux *d'Historiographe de France*.

Le dernier numéro qui est du 26 décembre porte la signature Hh : trente-un numéros sont donc réunis en un volume pour cette première année sous le titre de *Recueil des Gazettes* de l'année 1631. Ce volume est précédé d'une dédicace au roi et d'une préface au public. Cette préface, qui contient des explications que Renaudot croyait devoir à ses lecteurs, offre en outre un aperçu de la situation géographique et historique de l'Europe au moment de l'apparition de la Gazette. L'exemplaire de la Bibliothèque impériale nous montre un portrait de Renaudot au-dessous duquel on lit :

Theophrastus Renaudot Inliodunensis, Medicus et Historiographus Regius, œtatis año 58 : salutis 1644.

Invenisse juvat ; magis exequi : At ultima laus est Postremam inventis apposuisse manum.

Du Bureau d'Adresse, au grand Coq, rue de la Calandre sortant au marché neuf près le Palais à Paris, le 30 *mai* 1631. Auec Priuil.

C'est le *fac-simile* de cette page, dû à l'habile crayon d'Hadol, que nous avons cru devoir placer en tête de notre histoire.

Des circonstances qui ont amené la création du premier de nos journaux, il ne faut pas conclure que ce fût un recueil banal de commérages. En homme pratique, Renaudot avait pris par son côté sérieux le besoin dont les esprits étaient travaillés. C'était donc une œuvre sérieuse qu'il venait d'entreprendre, et durant vingt-deux ans, on le vit en poursuivre l'accomplissement avec une ardeur, avec une ponctualité qui remplissent d'étonnement et d'admiration si l'on se rapporte au temps de la création de cette feuille.

Dans la dédicace au roi et dans sa préface, Renaudot nous dit quel sera l'esprit de la Gazette et la haute opinion qu'il a de son invention.

Voici la dédicace :

« AU ROI

» Sire,

» C'est une remarque digne de l'histoire que dessous soixante-trois rois la France, si curieuse de nouveautés, ne se soit point avisée de publier la Gazette ou recueil par chacune semaine des nouvelles tant domestiques qu'étrangères, à l'exemple des autres états et même de tous ses voisins. Mais ce ne peut-être sans mystère qu'elle ait attendu pour ce faire le vingt et unième an du règne de Votre Majesté célèbre par les avantages qu'elle a remportés sur tous ses ennemis, et par la prospérité de ceux qu'il lui a plus favoriser de sa protection et bienveillance. Jusqu'ici l'heure et la valeur de Votre Majesté (sire)

ont mis les affaires de ce royaume à un point qui
lui sert de panégyrique éternel et d'apologie effective
à son premier ministre. Chacun reconnaissant que
Votre Majesté par ses divins conseils est plus absolue
chez soi, plus chérie de ses alliés, redoutée de ses
ennemis, et respectée de tout le monde : bref, s'est
acquis plus de gloire au près et au loin que tous ses
devanciers ensemble. Ce sont les louanges que la
vérité tire aujourd'hui des bouches autrefois les
plus venimeuses, que les pères racontent à leurs
enfants, et dont les compagnies s'entretiennent pour
en conserver la mémoire. Mais, SIRE, la mémoire
des hommes est trop habile pour lui fier toutes les
merveilles dont Votre Majesté va remplir le septen-
trion, et ensuite tout le continent. Il la faut désormais
soulager par des écrits qui volent comme en un instant du nord au midi, voire par tous les coins de la
terre. C'est ce que je fais maintenant, SIRE, d'autant
plus hardiment que la bonté de V. M. ne dédaigne
pas la lecture de ces feuilles. Ainsi n'ont-elles rien
de petit que leur volume et mon style. *C'est au reste
le journal des rois et des puissances de la terre.* Tout y
est par eux et pour eux qui en font le capital, les
autres personnages ne leur servent que d'accessoi-
res. Ainsi Votre Majesté va prendre le même plaisir
(mais à meilleur titre) qu'autrefois Enée, se voyant

1.

mêlé parmi les autres princes, dans les tableaux
que je vais peindre de ses victoires : et cependant
lui offrir en toute humilité ce recueil de toutes mes
Gazettes de cette année : laquelle je finirai par mes
prières à Dieu, qu'autant que sa protection est assurée à cet État, elle accompagne partout V. M.
qui en est la vie et le bonheur inséparable. Ce sont
les vœux et l'espérance de cinquante millions d'â-
mes, et entr'elles.

» Sire,

» Du très-humble, très-fidèle, et très-obéissant
serviteur et sujet de Votre Majesté,

» Théophraste Renaudot. »

Voici maintenant ce qu'il dit dans sa préface au
public :

« La nouveauté de ce dessein, son utilité, sa difficulté et son sujet (mon lecteur), vous doivent une
préface.

» La publication des Gazettes est, à la vérité,
nouvelle; mais en France seulement, et cette nouveauté ne leur peut acquérir que de la grâce,
qu'elles se conserveront toujours aisément... surtout

seront-elles maintenues pour l'utilité qu'en reçoivent le public et les particuliers : le public, pour ce qu'elles empêchent plusieurs faux bruits qui servent souvent d'allumettes aux mouvements et séditions intestines; voire si l'on en croit César en ses Commentaires, dès le temps de nos ayeux leur faisaient entreprendre précipitamment des guerres dont ils se repentaient tout à loisir;... les particuliers, chacun d'eux ajustant volontiers ses affaires au modèle du temps. Ainsi le marchand ne va plus trafiquer en une ville assiégée ou ruinée, ni le soldat chercher emploi dans le pays où il n'y a point de guerre; sans parler du soulagement qu'elles apportent à ceux qui écrivent à leurs amis, auxquels ils étaient auparavant obligés, pour contenter leur curiosité, de décrire laborieusement des nouvelles le plus souvent inventées à plaisir, et fondées sur l'incertitude d'un simple ouï-dire. Encore que le seul contentement que lenr variété produit ainsi fréquemment, et qui sert d'un agréable divertissement en compagnie, qu'elle empêche des médisances et autres vices que l'oisiveté produit, dût suffire pour les rendre recommandables. Du moins sont-elles en ce point exemptes de blâme, qu'elles ne sont pas aucunement nuisibles à la foule du peuple, non plus que le reste de nos innocentes inventions; étant permis à chacun de s'en passer si bon lui semble.

» La difficulté que je dis rencontrer en la composition de mes Gazettes et nouvelles n'est pas ici mise en avant pour en faire plus estimer mon ouvrage : ceux qui me connaissent peuvent dire aux autres si je ne trouve pas de l'emploi honorable aussi bien ailleurs qu'en ces feuilles; c'est pour excuser mon style, s'il ne répond pas toujours à la dignité de son sujet, le sujet à votre honneur, et tous deux à votre mérite. Les capitaines y voudraient rencontrer tous les jours des batailles et des siéges levés ou des villes prises; les plaideurs, des arrêts en pareil cas : les personnes dévotieuses y cherchent les noms des prédicateurs, des confesseurs de remarque. Ceux qui n'entendent rien aux mystères de la cour les y voudraient trouver en grosses lettres. Tel, s'il a porté un paquet en cour, ou mené une compagnie d'un village à l'autre sans perte d'hommes, ou payé le quart de quelque médiocre office, se fâche si le roi ne voit son nom dans la Gazette [1].

---

1. En cherchant sur la brèche une mort indiscrète,
De sa folle valeur embellit la Gazette.
(BOILEAU.)

D'éloges on regorge, à la tête on les jette,
Et mon valet de chambre est mis dans la Gazette.
(MOLIÈRE.)

D'autres y voudraient voir ces mots de *monseigneur*
ou de *monsieur* répétés à chaque personne dont je
parle, à faute de remarquer que ces titres sont ici
présupposés comme trop vulgaires, joint que ces
compliments, étant omis en tous, ne peuvent donner jalousie à aucuns [1]. Il s'en trouve qui ne pri-
sent qu'un langage fleuri; d'autres qui veulent que
mes relations ressemblent à un squelette décharné,
de sorte que la relation en soit toute nue. Ce qui
m'a fait essayer de contenter les uns et les autres.

[1]. La Gazette s'était fait une règle de ne jamais qualifier personne de *monsieur*. Elle désigne les gens titrés par leur titre :
le marquis, le comte, etc.; toutes les autres personnes, quelle que
soit leur distinction, sont dénommées *le sieur*. D'après les rédacteurs, cet usage reposait sur ce que la *Gazette de France* était
l'organe du gouvernement, rédigée sous son autorisation, à l'exclusion des autres. Voltaire dit (*Encyclopédie*), V. *Gazette*) :
« Les Gazettes de France ont toujours été revues par le ministère; c'est pourquoi les auteurs ont toujours employé certaines
formules qui ne paraissent pas être dans les bienséances de la
société, en ne donnant le titre de *monsieur* qu'à certaines personnes, et celui de sieur aux autres. Ces auteurs ont oublié qu'ils
ne parlaient pas au nom du roi. » Grimm ne peut pas non plus
digérer cette formule. « M. L'abbé Arnaud et M. Suard, écrit-il
à la date du 5 janvier 1769, composent depuis plusieurs années
la *Gazette de France*, c'est-à-dire la plus insipide, la plus *impolie*, et la plus correctement écrite de toutes les gazettes. Je
l'appelle impolie à cause de l'affectation ridicule qu'elle a de
ne donner le titre de *monsieur* à personne, et de traiter tout
le monde de *sieur*. Il est très-impertinent et fort plat d'imprimer
deux fois par semaine le *sieur* Pitt, quand le sieur Pitt est l'arbitre de l'ancien et du nouveau continent. »

» Se peut-il donc faire (mon lecteur) que vous ne me plaigniez pas en toutes ces rencontres, et que vous n'excusiez point ma plume, si elle ne peut plaire à tout le monde, en quelque posture qu'elle se mette, non plus que ce paysan et son fils, quoiqu'ils se missent premièrement seuls et puis ensemble, tantôt à pied et tantôt sur leur âne? Et si la crainte de toucher à leur siècle a empêché plusieurs bons auteurs de toucher l'histoire de leur âge, quelle doit être la difficulté d'écrire celle de la semaine, voire du jour même où elle a été publiée ! Joignez-y la brièveté du temps que l'impatience de votre humeur me donne; et je suis bien trompé si les plus rudes censeurs ne trouvent digne de quelque excuse un ouvrage qui se doit faire en quatre heures de jour, que la venue des ouvriers me laissent, toutes les semaines, pour assembler, ajuster et imprimer ces lignes.

Mais non, je me trompe, estimant, par nos remontrances, tenir la bride à votre censure. Je ne le puis; et si je le pouvais (mon lecteur), je ne le dois pas faire, cette liberté de reprendre n'étant pas le moindre plaisir de ce genre de lecture, et votre plaisir et divertissement, comme l'on dit, étant l'une des causes pour lesquelles cette nouvèauté a été inventée. Jouissez donc à votre aise de cette liberté française; et que chacun dise hardiment qu'il eut ôté ceci ou changé cela, qu'il aurait bien mieux fait : Je le confesse.

« En une seule chose ne céderai-je à personne, en la recherche de la vérité, de laquelle, néanmoins, je ne me fais pas garant, étant malaisé qu'entre cinq cents nouvelles écrites à la hâte, d'un climat à l'autre, il n'en échappe quelqu'une à nos correspondants qui mérite d'être corrigée par son père le Temps; mais encore se trouverait-il peut-être des personnes curieuses de savoir qu'en ce temps-là tel bruit était tenu pour véritable. Ceux qui se scandaliseront possible de deux ou trois faux bruits qu'on nous aura donnés pour vérités seront par là invités à débiter au public, par ma plume (que je leur offre à cette fin), les nouvelles qu'ils croiront plus vraies, et, comme telles, plus dignes de lui être communiquées. »

Cette préface, publiée un an après l'apparition du premier numéro, montre suffisamment quelles tribulations étaient suscitées au pauvre gazetier [1], comme le nommaient les pamphlets.

Mais l'appui du pouvoir et la faveur publique

---

1. Nous savons que le mot n'était pas nouveau. On appelait ainsi *Gazetiers*, *Gazetières*, les colporteurs et vendeurs de la *Gazette*.

encourageaient naturellement Renaudot. Loin de se laisser ébranler, il poursuivit intrépidement son œuvre. Pendant deux ans, une fois par mois, il se crut obligé de répondre aux attaques dont il était l'objet, sans cesser de s'avouer qu'il ne réussira jamais à convaincre ses détracteurs : « Car, dit-il quelque part, mon récit étant l'image des choses présentes, non plus qu'elles il ne saurait plaire à tout le monde. »

Nous avons assigné à la première Gazette la date du 30 mai. Voici les nouvelles qu'elle contient :

De Constantinople, le 16 avril 1631 ; — de Rome, le 26 avril, et sous cette rubrique se trouvent des nouvelles d'Espagne et de Portugal ; — de la Haute-Allemagne, le 30 ; de Freistad en Sibérie, le 1er mai ; — de Venise, le 2 ; — de Vienne, le 3 ; — de Stettin, de Lubec, le 4 ; de Francfort-sur-l'Oder, de Prague, de Hambourg, de Leipsic, le 5 ; de Mayence, le 6 ; — de la Basse-Saxe, le 9 ; — de Francfort sur le Mein, le 14; — d'Asmterdam, le 17 ; — d'Anvers, le 24 mai [1].

Citons le premier article :

« De Constantinople, le 2 avril 1631. — Le roi de Perse, avec 15 mille chevaux et 50 mille hommes

1. Toutes les rubriques se trouvent en marge de la feuille.

de pied, assiége Dille, à deux journées de la ville de Babylone, où le Grand Seigneur a fait faire commandement à tous ses janissaires de se rendre sous peine de la vie, et continue, nonobstant ce divertissement-là (cette diversion) à faire toujours une âpre guerre aux preneurs de tabac, qu'il fait suffoquer par la fumée. »

Voici maintenant le dernier :

« D'Anvers, le 24 de mai. — Le tambour sonne par toute la Haute-Allemagne. On espère que les Hollandais ne feront cette année non plus que l'autre, à raison du bon ordre que nous avons mis partout, voire que nous les attaquerons les premiers. Nous avons trois camps : l'un aux environs de Vezel, de 14 mille hommes ; l'autre aux environs de Lier et Melines, en Brabant, de 10 mille hommes; et le troisième entre Ostende et Gravelines, en Flandres, de 12 mille hommes. Nous ne manquons aussi de bons chefs, ayant entre autres le marquis de Sainte-Croix et d'Ayton, le duc de Lerme, don Carle Colomne, les comtes Jean de Naisan et Henri de Bergue qui aura ici le commandement général des affaires de la guerre, et celui de Vaquens, qui est déclaré vice-amiral, et auquel on a assigné trois cent cinquante mille écus par an pour le défray de l'armée de mer. »

Ce numéro ne contient aucune nouvelle de France. Dans les quatre suivants il n'en est pas davantage question. À la sixième Gazette seulement on trouve des nouvelles de Saint-Germain et de Paris. Nous allons les transcrire.

» De Saint-Germain-en-Laye, le 2 Juillet dudit an. — La sécheresse de la saison a fort augmenté la vertu des eaux minérales, entre lesquelles celles de Forges sont ici généralement en usage. Il y a trente ans que M. Martin, grand médecin, leur donna la vogue ; le bruit du vulgaire les approuva. Aujourd'hui M. Bonnard, premier médecin du Roy, les a mises au plus haut point de la réputation que sa grande fidélité, capacité et expérience peut donner à ce qui le mérite vers Sa Majesté, qui en boit ici par précaution et presque toute la cour, à son exemple. »

« De Paris, le 3 du dit mois de juillet 1631. — Depuis quinze jours sont ici décédés des fièvres continues, qui y sont fort fréquentes, MM. Berger et de Bragelome, conseillers au Parlement, et M. Charles, le plus fameux médecin de cette ville.

» On y continue cette belle impression de la grande Bible en 9 volumes et 8 langues, qui sera parfaite dans un an. Nous invitons toutes les nations à y prendre part, avec plus de raison que les

Sybarites ne conviaient à leur festin un an auparavant. »

Cette sixième *Gazette*, porte cette mention : *Du Bureau d'adresse, au grand coq, rue de la Calandre, sortant du marché Neuf, près le Palais, à Paris, le 4 Juillet* 1631. *Avec privilège.* Cette *Gazette* est la première où l'on trouve la mention du bureau et de la date.

Citons encore les nouvelles intérieures de la septième Gazette :

« De Rouen, le 8 Juillet. — Le différend venu ces jours passés pour la danse d'une napée a fait entretuer à trois lieues d'ici onze personnes, du nombre desquelles sont les seigneurs de Fontaine-Martel, Malleville et Boufard. »

« De Saint-Germain-en-Laye, ce 10 dudit mois de juillet. — Le sieur de Verchères, fils du premier président de Dijon, a succédé à la charge de son père, naguère décédé. L'ambassadeur du roi de Suède est arrivé en cette cour, et un gentilhomme de la part de l'empereur. Le marquis de La Fuenta del Toro, envoyé par le roy catholique pour le conjouir avec Sa Majesté du recouvrement de sa santé à Lyon, et qui arriva il y a un mois, est sur son partement pour l'Espagne, qui fait voir à la France par cette action que véritablement elle ne se haste

pas trop, s'étant advisée de ce compliment lorsqu'on n'y pensait plus, comme Sa Majesté lui fit
sentir de bonne grâce, lui disant qu'il y avait dix
mois qu'il se portait bien. Ainsi Tibère, visité trop
tard par les Thébains sur la mort de son neveu
Germanicus, leur dit qu'il ne se pouvait consoler
de la mort de leur grand capitaine. Achille, jadis
malheureusement tué devant Troye. De vray, grâces à Dieu, jamais Sa Majesté ne se porta mieux
qu'elle fait à présent. Et la tristesse que la cour
avait conçue pour la fièvre continue du maréchal
de Schomberg est convertie en joye pour son heureuse convalescence. »

Nous n'irons pas plus avant dans les citations ;
celles que nous venons de donner suffisent pour
laisser au lecteur une idée de ce que furent les
premières tentatives du journalisme.

Le succès de l'entreprise de Renaudot ne fut pas
un seul instant douteux. Au contraire il grandit rapidement. Ainsi dès 1633, méprisant les rancunes
dont il est l'objet, il s'exprime en homme fort de
son autorité :

« Les suffrages de la voix publique m'épargnent
désormais de répondre aux objections auxquelles
l'introduction que j'ai faite en France des Gazettes
donnait lieu lorsqu'elle était encore nouvelle : car,

maintenant, la chose en est venue à ce point, qu'au lieu de satisfaire à ceux à qui l'expérience n'en aura pu faire avouer l'utilité, on ne les menacerait de rien moins que des Petites-Maisons. Seulement ferais-je, en ce lieu, aux princes et aux États étrangers la prière de ne perdre point inutilement le temps à vouloir fermer le passage à mes nouvelles, vu que c'est une marchandise dont le commerce ne s'est jamais pu défendre, et qui tient de la nature des torrents qu'il se grossit par la résistance. »

Voilà ce qui s'appelle un langage digne d'un écrivain qui a la conscience de son œuvre, et d'une initiative que l'on croirait de notre époque.

Ailleurs il dit encore :

« Je ne parle plus ici au public pour défendre mes Gazettes, depuis qu'il n'y a plus que les fous qui leur en veulent. Mais bien dirai-je à ceux qui se plaignent de quoi je parle quelquefois des grands sans les louer, que la vraie et solide louange se trouvant dans les actes vertueux, dire la vérité c'est louer tout ce qui le mérite. »

Toutes les explications de Renaudot nous offrent les mêmes sentiments et honorabilité.

Richelieu prenait un intérêt tout particulier à la publication de la Gazette, qu'il regardait avec raison comme un puissant moyen de gouvernement.

Il y faisait insérer des articles entiers contenant ce qu'il lui plaisait de faire connaître à l'Europe.

Le roi Louis XIII se confiait à la Gazette pour conter au monde les querelles politiques de son royal ménage ; c'est-à-dire qu'il écrivait ce qu'il n'osait pas dire, riant ensuite sous cape en voyant imprimée sa vengeance anonyme dont la circulation irritait fort la reine.

Après la mort de Louis XIII, Renaudot fut en butte à des attaques furieuses, à des persécutions de tout genre de la part d'ennemis ardents acharnés à sa perte. Cependant il était plus avant encore dans la faveur de Mazarin qu'il n'avait été dans celle de Richelieu.

Son ennemi le plus dangereux, le plus persistant, fut Guy Patin si célèbre par son esprit satirique, et qui mit tout en œuvre pour l'anéantir. Mais le bon sens public fit justice de tant d'abominables machinations, et Renaudot qui avait gagné tous les procès que la malveillance lui avait suscités, et qui avait eu le courage, en soutenant ces procès d'écrire et de répandre dans Paris l'éloge de son compatriote Urbain Grandier, dont le bûcher était à peine éteint, Renaudot, disons-nous, emporta dans la tombe où il descendit le 25 octobre 1653, la reconnaissance des pauvres et l'estime de tous les gens éclairés.

Des envieux publièrent que Renaudot laissait une immense fortune. Mais Guy Patin faisant ainsi en deux mots son oraison funèbre : « Le vieux Théophraste Renaudot mourut ici le mois passé, gueux comme un peintre [1], » ne craignit pas de se donner à lui-même et à l'échafaudage de calomnies qu'il avait inventées le plus éclatant démenti.

Tel fut Renaudot, comme tous les novateurs, toujours envié et toujours au-dessus de ses envieux.

Renaudot appelle sa Gazette « le journal des rois et des puissances de la terre.» Il n'en pouvait guère être autrement lorsque le roi disait : « L'État c'est moi ! » Mais attendons : le métal bouillonne ; avec le temps l'arme sera forgée.

Après Renaudot, son œuvre fut continuée par ses deux fils Eusèbe et Isaac, tous deux médecins, puis par son petit fils Eusèbe, connu sous le nom d'abbé Renaudot.

Sous Louis XIV, les exploits du grand roi avaient obligé la Gazette à porter son format de huit à douze pages. En 1762, elle grossit encore son volume et grossit sa périodicité ; elle parait deux fois par se-

1 Lettre du 12 novembre 1658.

maine, le lundi et le vendredi, en quatre pages,
petit texte, à deux colonnes. Néanmoins elle réduit
son prix d'abonnement de dix-huit à douze livres
pour tout le royaume. C'est à partir du 1er janvier
de cette année 1762 qu'elle prend le titre de *Gazette
de France*, et porte en tête les armes royales.

D'organe officieux, la gazette devenait ouvertement organe officiel.

Louis XV ayant ordonné sa réunion au département des affaires étrangères : « L'objet de la Gazette,
dit à cette occasion l'un de ces ses rédacteurs, n'est
pas seulement de satisfaire la curiosité du public ;
elle sert d'annales pour la conservation des faits et
de leurs dates. C'est un dépôt où la postérité doit
puiser dans tous les temps des témoignages authentiques des événements dont se compose l'histoire,
et des détails même dont elle ne se charge pas. »

Voltaire qui s'y connaissait, cite fréquemment la
Gazette de France, qui passait, avant la révolution
de 1789, pour être depuis plus d'un siècle mieux
écrite et, malgré la censure, plus véridique que les
gazettes étrangères.

« *Les Gazettes de France*, dit Voltaire dans un
article destiné pour l'Encyclopédie, ont été revues
par le ministère. Ces journaux publics, qui peuvent, ajoute-t-il, fournir de leurs matériaux pour

l'histoire, parce qu'on y trouve presque toutes les pièces authentiques, que les souverains mêmes y font insérer, n'ont jamais été souillés par la médisance, et ont toujours été assez ouvertement écrits. Il n'en est pas de même des gazettes étrangères [1]... »

La Gazette fut alors rédigée par Rémond de Sainte-Albine. Plus tard elle fut confiée à deux hommes très capables de la diriger : Suard et l'abbé Arnaud, puis à Marin, censeur de la police, célèbre par ses *Marinades*; l'abbé Aubert succéda à Marin, et Bret à l'abbé Aubert.

Citons encore parmi les rédacteurs de la première Gazette : Hellot, l'abbé Laugier, de Querlon, de Mouhy, Fallet et Fontanelle.

En 1787, le ministère consentit à ce que le sieur Panckoucke prît à titre de bail l'exercice de la *Gazette de France*. — Le Bureau général de la Gazette est rue Croix-des-Petits-Champs, hôtel de Beaupréau; le sieur Fontanelle, rue du Petit-Bourbon, faubourg-Saint-Germain, est seul chargé de la rédaction.

---

1. « Les Gazettes françaises à l'étranger, ajoute Voltaire, ont été rarement écrites avec pureté, et n'ont pas peu servi quelquefois à corrompre la langue. »

II

La liberté de la Presse, comment la Gazette paraît la comprendre. — Le sieur Necker. — Ses nouvelles insignifiantes et son silence sur les grandes scènes qui ont ouvert la Révolution. — La Gazette, menacée dans son existence par l'apparition des nouvelles feuilles, change de ton en 1792. — L'an 4 de la Liberté inscrit sous son titre: — Ses nouvelles des évènements et ses comptes-rendus des séances de l'Assemblée nationale. — L'*Ami du Peuple* et l'*Ami du Roi*. — Marat et l'abbé Royou. — Les nouveaux comptes-rendus de la Gazette et ses appréciations. — Le 10 août. — Le 16, la Gazette brûle ses vaisseaux, devient *Gazette Nationale de France* et porte sur son front les mots *Liberté, Égalité*. — Son nouvel *Avis*, ses nouvelles de l'étranger. — Le fils de l'éxécuteur. — Son silence sur les journées de septembre. — Les prisonniers d'Orléans. — Longwi et Verdun. — M. de Brunswick et le maréchal de Broglie. — La convention nationale. — Seconde manière de la Gazette. —'L'*armoire* de fer et Louis Capet. — Le tyran n'est plus. — Tableaux curieux de l'émigration. — — La *Gazette de France nationale* et l'an II de la République. — Communications ministérielles données à la Gazette. — Le 31 mai, les Girondins. — La *fille* Corday et les funérailles de Marat — La veuve Capet. — Le citoyen Bar. — La République française une et indivisible. — Le samedi 12 octobre, *vieux style*. — Marie-Antoinette, veuve Capet. — Les Girondins, le duc d'Orléans, madame Roland et Bailly. — Le citoyen Laveau. — Les dantonistes, la fête de l'Être suprême et Robespierre. — Tactique de la Gazette sous le Directoire et le Consulat.

« La liberté de la presse, dit M. Eugène Hatin [1], fut solennellement consacrée par la première décla-

---

1. *Histoire politique et littéraire de la presse en France.*

tion des droits de l'homme, présentée à l'Assemblée
constituante, comme l'on sait, le 12 juillet 1789,
votée le 27 août suivant et qui fut placée en tête de
la Constitution de 1791.»

« La libre communication des pensées et des opinions, dit l'art. 11, est un des droits les plus précieux de l'homme : tout citoyen peut donc parler,
écrire, imprimer librement, sauf à répondre de
l'abus de cette liberté dans les cas déterminés par
la loi. »

« Le vote de cet article fut précédé d'un débat
assez vif, dans lequel Mirabeau posa les vrais principes de la matière, les principes qui devaient régir
la presse trente ans après, au temps de sa liberté.
Les uns paraissaient redouter les dangers de son
complet affranchissement; les autres, notamment
Robespierre et Barère, demandaient qu'on retran-
chât de la redaction proposée tout ce qui semblait
modifier, restreindre, atténuer cette liberté. Mirabeau répondant à ces dernirs, démontra qu'on pouvait commettre des délits au moyen de la presse
comme au moyen de tout autre instrument, et que
ces délits ne devaient pas rester impunis. « Mais,
ajoutait-il, c'est à tort que tous les projets portent
le mot *restreindre* : le mot propre est *réprimer*. La
liberté de la presse ne doit pas être restreinte; les

délits commis par la voie de la presse doivent être réprimés. »

C'est dans ce sens que se prononça l'Assemblée.

Nous ne voyons pas que la *Gazette de France* se pénètre beaucoup de l'esprit de ce décret. La Révolution a ouvert sa tranchée dans l'ancien ordre de choses. Cependant, à voir le calme de la *Gazette*, on se croirait aux temps les plus tranquilles de la monarchie. où les rouages gouvernementaux, fonctionnant bien ou mal, ne rencontraient aucune résistance. Elle ne mentionne aucun des graves. événements qui signalèrent cette époque orageuse ; elle garde le silence sur ces grande scènes aux péripeties émouvantes, qui répandirent dans tout le pays une si grande émotion, et dont les contre coups ébranlaient si fortement le trône : en un mot on croirait qu'il n'y a rien de nouveau en France.

Après avoir annoncé l'ouverture des états généraux, elle se borne à relater des faits tels que de prétendus actes de brigandages qui auraient eu lieu dans le Dauphiné et la Picardie et l'insurrection du régiment du Vivarais, à Bethune, contre le chevalier de Maillier, lieutenant colonnel de ce corps.

Par exemple, on sait les conséquences qui suivirent le renvoi de Necker, et son retour à Paris qui fut un vrai triomphe. De tout cela, voici ce que l'on trouve dans la *Gazette*.

De Versailles, le 30 juillet 1789.

« Le sieur Necker, ministre d'État, revenu ici le 28, s'est rendu, le lendemain, chez le roi, la reine et la famille royale, et a été ensuite à l'Assemblée nationale. »

La *Gazette* croit-elle dédommager ou seulement intéresser ses lecteurs en insérant à la place qui devrait être remplie pas le récit des événements des nouvelles du genre de celles-ci ?

De Paris, le 6 avril 1790.

« Le 29, la Reine s'est rendue à l'église paroissiale de Saint-Germain-l'Auxerrois, où elle a communié des mains de l'Évêque duc de Laon, son Grand-Aumônier, Madame et madame Élisabeth tenant la nappe.

» Le 30, Madame Victoire s'est rendue dans la même église, et y a communié des mains de l'abbé de Melignau, l'un de ses aumôniers, la princesse de Chimay, douairière, et la princesse de Ghistel, dames pour l'acompagner, tenant la nappe. »

De Paris le 13 avril 1790.

« Le 30 du mois dernier, Madame s'est rendue à l'église de Saint-Sulpice, où elle a communié des mains de l'abbé de Mallian, son premier aumônier,

2.

en survivance, la comtesse de Balley et la duchesse de Caylus tenant la nappe. »

De Paris, le 16 avril 1790.

« Le 7, Madame, fille du roi, a reçu dans l'église Saint-Germain-l'Auxerrois, la première communion des mains du cardinal de Montmorenci, Grand-Aumônier de France, la marquise de Tourzel, gouvernante des enfants de France, et la duchesse de Charost, tenant la nappe. La Reine et madame Élisabeth ont assisté à cette cérémonie. »

Des émeutes, des exécutions sanglantes, de la prise de la Bastille, de l'abolition des priviléges, de la suppression des titres de noblesse, de la fête de la fédération nationale au Champs de Mars pour l'anniversaire de la prise de la Bastille, de la mort de Mirabeau, de la fuite du roi et de son arrestation à Varennes, etc., pas un mot.

Cependant la *Gazette* qui, depuis cent cinquante ans jouissait d'un privilége exclusif se sentait menacée dans son existence par une foule de feuilles rivales qu'avait fait naître la liberté de la presse. Ainsi paraît-elle tous les jours, à partir du 1er mai 1792, avec cette mention qui date du 27 avril précédent: L'an quatrième de la liberté.

L'enfance de la *Gazette* est écoulée, désormais elle entre dans les détails, discute, et fait entendre une voix un peu plus en harmonie avec l'esprit et le caractère du temps et des événements. Les nouvelles de l'étranger tiennent déjà beaucoup moins de place que par le passé, dans ses numéros; nous y trouvons des nouvelles des départements, et des comptes-rendus (très-sommaires, il est vrai), des séances de l'assemblée nationale.

Voici, par exemple, ce que nous lisons dans le numéro du vendredi 4 mai :

ASSEMBLÉE NATIONALE

Séance du 3 *mai* 1792.

« Des déclamations incendiaires de l'*Ami du peuple* et de l'*Ami du roi* ont réveillé l'attention de l'Assemblée, sur cet abus de la liberté de penser et d'écrire. Quoique opposées en apparence, ces deux feuilles périodiques vont droit au même but ; elles nous conduisent à l'anarchie, au despotisme. L'Assemblée a commencé d'en faire justice, et à la suite d'une très-vive discussion, elle a porté un décret d'accusation contre Marat et l'abbé Royou. »

Et dans le numéro du 24 mai :

« Après avoir hésité pour savoir si l'on s'occuperait des finances, ou des mesures à prendre pour

réprimer les manœuvres des prêtres fanatiques qui
appellent sans cesse l'anarchie et la confusion sur
la surface du royaume, l'Assemblée a donné la prio-
rité à ce dernier objet. A la suite d'une discussion
aussi vive que prolongée, elle a décrété comme base :
que la déportation des prêtres insermentés aura
lieu, comme mesure de police générale, dans les
cas et dans les formes déterminés dans les articles
qui suivront. »

Patience, nous ne tarderons pas à voir la *Gazette*
étendre ces comptes-rendus et les faire suivre d'appréciations plus ou moins accentuées. Déjà elle
n'oublie plus les événements. Si elle n'en fait pas
le récit, au moins en dit-elle quelques mots qui font
voir qu'elle en a connaissance.

Le 30 juin, les faubourgs Saint-Antoine et Saint-
Marceau s'insurgent et se portent au château des
Tuileries. Voici ce que dit la *Gazette* après l'orage :

De Paris, le 22 juin 1792 :

« La journée a été assez tranquille ; on n'a vu de
citoyens armés que ceux que la loi autorisait à l'ê-
tre. Les patrouilles ont été plus multipliées que de
coutume, et l'on a doublé la garde du château des
Tuileries. »

Dans son numéro du 3 août, elle insère l'*Exposé*

succinct des raisons, qui ont déterminé le roi de Prusse,
à prendre les armes contre la France.

Pour la première fois nous trouvons des détails
circonstanciés sur des événements d'une portée capitale. Il s'agit du 10 août. Elle raconte ainsi ces
événements dans son numéro du 12 :

De Paris, le 9 août 1792.

« Cette capitale vient d'être le théâtre d'un grand
événement. Depuis longtemps le peuple témoignait
hautement les soupçons que lui faisait naître la
conduite de ses chefs. Sa colère a éclaté dans la matinée du vendredi 10 du courant. Durant la nuit
qui a précédé cette journée terrible, on avait arrêté
de fausses patrouilles, parmi lesquelles étaient mê-
lées des gardes du roi, à qui l'on a trouvé des pistolets chargés de plusieurs balles. Presque tous ont
eu la tête tranchée sur la place Vendôme.

» Vers neuf heures et demie du matin, le château
des Tuileries s'est trouvé environné de tous les citoyens en état de porter les armes ; ils venaient pour
demander la déchéance du roi. Ce prince, instruit
de leur arrivée, s'était rendu dès le matin, avec
toute sa famille, dans le sein de l'Assemblée nationale. Les premiers détachements se présentent à la
porte du château ; les Suisses la leur ouvrent avec
des signes de fraternité, mais bientôt après, par-

une trahison inconcevable de la part d'hommes,
qui, depuis le commencement de la Révolution,
avaient su garder une exacte neutralité, ils tirent,
et font un feu roulant, qui jette le désordre parmi
les citoyens ; mais ceux-ci se rallient aussitôt, et
n'écoutant que leur indignation, ils ont en peu de
temps désarmé leurs ennemis, qui éprouvent les
effets terribles de leur vengeance. Presque tous les
officiers et soldats ont été tués. En un instant le
château des Tuileries a été rempli de citoyens ; les
effets les plus précieux ont été portés à l'Assemblée
et aux sections.

» L'après-midi, tous les citoyens se sont rendus à
leurs bataillons respectifs ; des patrouilles nombreuses ont assuré la sûreté générale ; à une tempête affreuse a succédé un temps calme et serein.

» Le soir, le roi et sa famille ont couché dans un
logement du couvent des Feuillants. Le lendemain
ils ont été conduits au Luxembourg. »

On remarquera sans peine l'impartialité de ce
récit, qui semble indiquer que la *Gazette* prend son
parti du nouvel état de choses.

Dans son numéro du 13 août, elle donne des nouvelles de Strasbourg, de Boulogne-sur-mer, et des
détails très-circonstanciés sur les opérations de l'armée du Rhin.

Le 16 août, la *Gazette* brûle ses vaisseaux. Elle s'intitule GAZETTE NATIONALE DE FRANCE, et inscrit sur son front ces mots : LIBERTÉ, ÉGALITÉ. Ce numéro ne contient aucune nouvelle de l'étranger ; il porte en tête cet avis :

« Le but de plaire au public, et de lui offrir, dans un moment où les événements se succèdent avec rapidité, un faisceau de nouvelles plus complètes, a déterminé les rédacteurs de la *Gazette nationale de France*, à lui donner plus d'étendue. Ce journal, écrit dans les principes de la Constitution, joindra au mérite exclusif de la fraîcheur des nouvelles étrangères, des détails plus circonstanciés sur les événements de la guerre, sur l'état des départements et de la capitale. Comme ce nouveau plan entraîne nécessairement plus de frais, l'abonnement sera désormais de 36 livres par an, 18 livres pour 6 mois, et 12 livres pour trois mois. Cette augmentation ne regarde pas MM. les abonnés actuels. Le bureau de la *Gazette nationale de France* est rue des Marais, faubourg Saint-Germain, n° 2, où doivent-être adressées franc de port, les lettres et les souscriptions. »

Le 22 août, nous voyons ce qu'il en coûte à la *Gazette* de faire volte face, car elle publie le *Ma-*

*nifeste de LL. MM. l'empereur et le roi de Prusse
contre la révolution française.*

Dans le numéro du 29 août, nous trouvons ces
deux nouvelles d'un genre très-différent :

Lille, le 26 août.

« La désertion continue, les Autrichiens arrivent
par bandes de 10 ou 12 avec différents uniformes.
Un des assassins de M. Arthur Dillon a été éxécuté. »

Paris, le 28 août.

« Le fils de l'éxécuteur des jugements est tombé
de l'échafaud le jour de l'éxécution des trois fabri-
cateurs d'assignats, et s'est brisé la tête sur le pavé. »

Le 1ᵉʳ septembre, après avoir raconté l'arrestation
de Lafayette par le comte d'Harnoncourt, la *Gazette*
dit : « le comte d'Harnoncourt, croyant tenir une
bonne prise, en a fait sa cour sur-le-champ, dans une
lettre qu'il a écrite à M. le duc de Bourbon. M. de
Lafayette a dû se trouver bien honteux d'être tombé
entre les mains du comte d'Harnoncourt, dont il
foulait aux pieds les possessions il y a quinze jours. »

La Gazette ne dit rien des journées de septembre;
mais dans son numéro du 10, elle porte à la connaissance de ses lecteurs le massacre des prisonniers
d'Orléans qui eut lieu le 9 à Versailles.

Paris, le 9 septembre.

« Hier à trois heures après midi, les prisonniers

d'Orléans, au nombre de 54, sont arrivés à Versailles, escortés par deux mille hommes et six pièces de canon. Sur la place d'armes, le peuple a fait entendre des cris menaçants, qui dans ce moment ont été sans effet ; mais à la grille de l'Orangerie, les gardes ont été forcés, et tous les prisonniers massacrés, à l'exception de deux. »

25 revenant le 11, elle dit encore : « Cet événement a fait renaître la consternation qui commençait à se dissiper ; et la nouvelle de la levée du camp de Maulde n'a pas contribué à calmer les esprits. »

Soyons justes en constatant que la prise de Longwi, la reddition de Verdun et nos autres désastres momentanés des frontières remplissent la *Gazette* d'une vertueuse indignation. Voici ce qu'elle insère le 5 septembre :

« A l'ouverture des portes de Longwi, M. de Brunswick a pris la main au traître maréchal *Broglie*, et lui a dit : « *Mon cher ami*, prenez possession de la première place de votre gouvernement.... » Les habitants des villes de Briey et d'Étain, qui sont allés avec *le drapeau blanc et la cocarde blanche* au devant des Prussiens, n'ont point cédé à la peur, mais n'ont obéi qu'à l'aristocratie effrénée qui règne parmi eux, comme dans une grande partie de la Lorraine allemande. Ils joignent l'insolence à la lâcheté *en fêtant les Prussiens*, et en leur procurant tous les renseignements imaginables. »

Le 22 septembre, la *Gazette* ne consacre pas moins de quatre colonnes à l'avènement de la Convention nationale. Nous donnons le début de ce long article dans lequel, pour la première fois, le journal se laisse aller à des détails très-étendus.

« Paris, la France, toute l'Europe attendaient avec une impatience, mêlée d'inquiétudes et d'espérances, l'ouverture de cette Convention, convoquée au milieu d'un combat contre le despotisme intérieur et d'une guerre de tous les despotes conjurés contre la liberté d'un seul peuple; de cette Convention qui a tout le champ libre pour les événements et pour les institutions, dont la puissance pour le bien n'aura point de bornes si son génie n'en a point; qui se présente pour créer lorsque l'ancien chaos est déjà détruit, et avec l'autorité la plus illimitée et la plus légitime qui ait jamais été déléguée sur la terre; qui enfin va proposer une Constitution à un grand peuple, qui n'a pas plus de préjugés politiques que s'il sortait des forêts, et qui cependant possède l'expérience, les lumières et les richesses accumulées par une longue civilisation. Les citoyens à qui les sections de l'empire ont confié une si glorieuse et si effrayante tâche, étaient eux-

mêmes impatients de se rassembler, de se reconnaître, de se constituer, et de commencer leurs immenses travaux. Ils sentaient que dans cette magnifique et dernière tempête, la fortune avait un pres-
sant besoin d'un pouvoir suprême, devant qui tout
fléchit et s'élevât, et qui mît sous la direction d'une
volonté irrésistible, les moyens infinis de la France,
pour sortir avec splendeur de l'abîme où ses ennemis espèrent l'ensevelir. »

Voici qui est plus accentué encore. C'est le début
du compte-rendu de la séance conventionnelle du
27 septembre. Ce morceau peut passer pour un des
plus beaux échantillons de la seconde manière de la
Gazette.

« Les premières heures de la séance sont occupées
à entendre la lecture d'un grand nombre de lettres
des départements, qui respirent toutes la haine des
rois. En écoutant la lecture de ces adresses on croyait
être à Rome dans le moment où on venait de
chasser les Tarquins. Les tyrans ont beau faire :
l'idolâtrie des rois, fondée sur des prestiges, ne peut
plus renaître chez un peuple éclairé par la raison ;
et l'amour de la liberté, fondé sur la nature de
l'homme, doit être éternel. Nos armées seraient
battues, nos terres ravagées, nos villes livrées aux
flammes, la liberté de la France resterait debout au

milieu de toutes les ruines. Nous avons pris ce grand engagement avec toutes les nations, et nous leur donnerons un exemple bien plus heureux encore, celui des triomphes d'un peuple qui combat pour sa liberté, contre des armées qui combattent pour leurs despotes. »

Maintenant faut-il s'étonner de voir la *Gazette* se réjouir à la nouvelle de la découverte de l'*Armoire de fer?* Faut-il s'étonner davantage de lire dans ses colonnes des comptes-rendus très-secs des séances du 11 et du 26 décembre où Louis XVI, qu'elle nomme sans sourciller Louis Capet, comparaît à la barre, et une froide analyse des discours de Saint-Just et de Robespierre, prononcés dans la séance du 27?

Jusqu'au 10 août la *Gazette* s'était surtout soutenue par l'appui du pouvoir. Elle avait dit : « L'objet de la *Gazette* n'est pas seulement de satisfaire la curiosité du public ; elle sert d'annales pour la conservation des faits et de leurs dates. C'est un dépôt où la postérité doit puiser dans tous les temps des témoignages authentiques des événements dont se compose l'histoire, et des détails même dont elle ne se charge pas. » Mais elle avait compté sans la force des événements, et lorsque le champ de la discussion fut ouvert elle affecta vainement de vouloir conserver cette impartialité de l'histoire. Elle méprisait les journaux qui naissaient chaque jour, et vivre à côté d'eux, lui était insupportable. Elle aspirait à de plus hautes destinées. Aussi sommes-nous entièrement de l'avis de M. Eugène Hatin (*Histoire de la presse*, déjà citée) : « La *Gazette* ne fit donc que changer de livrée, et dans la crainte, sans doute, qu'on ne l'accusât de conserver au fond du cœur quelque reconnaissance pour le régime auquel elle devait sa fortune, elle s'écriait le 22 Janvier 1793 : « Le tyran n'est plus! »

Mais citons en entier l'article de la *Gazette* :

« Le tyran n'est plus! Un exemple redoutable a été donné aux despotes du monde. La hache de la justice a frappé celui qui était déjà condamné dans la conscience du peuple français. Ce jugement mémorable ne pose de responsabilité que sur la nation elle-même ; elle s'en charge! Ses adversaires ne la verront point remplir leur dernière espérance, en démentant un jour la justice qui l'a vengée... La nation connaît ses ennemis ; ce sont les rois, et s'ils prétendent demander compte à la République, d'un jugement qui, par la mort d'un roi réhabilite l'espèce humaine, chaque citoyen français se présentera, portant en lui le besoin de se faire responsable. Voici les mesures qui ont été prises pour en assurer l'exécution.

» L'ordre donné par le commandant général Santerre, prescrivait à peu près les mêmes mesures
prises lors des comparutions de Louis Capet à la
barre de la Convention nationale.

» Tous les établissements nationaux, gardés par
de forts détachements, des pièces de canons dressées
sur toutes les places publiques, des corps de réserve,
nombreux dans chaque quartier, l'heure des rendez-vous et les places assignées aux différentes légions clairement énoncées; enfin toutes les précautions de sûreté générale ont été sagement prévues
et fidèlement suivies.

» Vingt-cinq citoyens bien armés, ayant chacun
seize cartouches, sachant manœuvrer, choisis dans
le sein de chaque section comme excellents pa-
triotes, formaient la garde de 1200 hommes qui
précédait et suivait Louis Capet.

» Entre huit et neuf heures du matin, il est monté
dans la voiture du maire qui l'a accompagné, ainsi
que le prêtre catholique anglais Edgeworth ou de
Fermond qu'il avait demandé.

» Le cortège, commandé par le maréchal-de-camp
Santerre, a suivi les boulevards jusqu'à la place de
la Révolution; Louis Capet est arrivé au pied de
l'échafaud à dix heures vingt minutes. Il a paru
vouloir haranguer le peuple, un roulement de tam-

bours a donné le signal ; à dix heures vingt-deux minutes le ci-devant roi n'est plus. Un profond silence et une parfaite tranquillité ont régné sur la place de la Révolution. Quand l'exécuteur montra au peuple la tête tranchée, des cris de vive la nation, vive la République se firent entendre de toutes parts, et se prolongèrent longtemps dans les environs. On a dit dans plusieurs groupes ces paroles remarquables : *Nous avons toujours voulu de lui, et il n'a jamais voulu de nous.*

» Son corps a été transporté à l'église paroissiale de la Madeleine, et il a été religieusement enterré entre les personnes mortes à l'époque de son mariage et les Suisses tués dans la journée du 10 août. »

Le 30 janvier, la *Gazette* nous donne ce tableau de la situation des émigrés, tableau daté de Bonn du 20 janvier :

« La ci-devant noblesse de France est, dit-on, réduite à l'aumône. Elle n'a point changé d'état, si ce n'est pourtant qu'au lieu de mendier en voiture et à Versailles seulement, elle demande aujourd'hui la charité à pied et par toute l'Europe. Un chevalier de Saint-Louis ayant demandé l'aumône à une pauvre femme dans une rue détournée, on entendit qu'elle lui disait : « Monsieur, je suis moi-même une pauvre ouvrière. » et que l'émigré lui répondit :

« C'est pour cela que je m'adresse à vous, il n'y a que les malheureux qui donnent. » La pauvre ouvrière donna deux sous, que le chevalier prit. Ces petites scènes sont très-fréquentes dans nos environs. Celle-ci s'est passée à Dusseldorf, qui renferme toujours à peu près 8000 émigrés, tant Français que Liégeois et Brabançons. Il y a pourtant quelques émigrés qui ne sont pas incorrigibles. On en voit, dans cette dernière ville, deux qui travaillent. Ils se sont loués à un rapeur de tabac, chez lequel ils tournent le moulin du matin au soir pour quinze sous par jour. »

La *Gazette* a pris l'habitude de marcher avec les événements. Quatre jours après l'éxécution de Louis XVI, elle paraît sous ce nouveau titre : *Gazette de France Nationale*, faisant suite à l'ancienne *Gazette de France*, du vendredi 25 janvier 1793, l'an 2 de la République [1].

Mais voici bien autre chose : son numéro du 4 mars porte l'avis suivant :

« Un arrêté du pouvoir exécutif provisoire porte que chaque ministre pourra faire remettre aux directeurs de la *Gazette de France Nationale*, les pièces

---

1. Le 27 septembre 1792, à cette mention : l'an 4e de la liberté, la Gazette avait déjà substitué celle-ci : l'an 1er de la République.

émanées des départements qu'il croira utile de publier : cette feuille peut donc être considérée comme un papier ministériel, dénomination qu'il n'est plus permis de mal interpréter, et dont le sens ne regarderait que l'authenticité des pièces et la vérité des nouvelles. »

On le voit, la *Gazette* n'aime pas l'indépendance ; ce qu'il lui faut, c'est l'oreille du pouvoir, ce qu'elle veut, c'est jouer un rôle dans l'État.

Elle fait un compte-rendu fort sobre de la fameuse séance du 31 mai, sans rien dire de l'insurrection de cette journée, non plus que de celle du 2 juin, ni de l'arrestation des vingt-et-un députés Girondins et des ministres Lebrun et Clavières.

Voici comme la *Gazette* arrange les Girondins le 9 juillet, en terminant son compte-rendu de la séance du 8 :

« Le peuple français est encore une fois victorieux.

» Il résulte de ce rapport que depuis la révolution du 10 août, la faction brissotine et girondine n'a eu d'autre but que de conserver la monarchie. Brissot, qualifié de *monstre* dans le rapport, paraît avoir été l'âme et la cheville ouvrière de cette conspiration monarchique. On voit par les détails et le narré des faits qui ont été présentés d'après des pièces, que

3.

chacun des acteurs de cette conspiration, tels que
Brissot, Barbaroux, Gensonné, Guadet, Salles, Va-
lazé, Lesage, Valadé, etc,. etc,. a travaillé chacun
selon son sens, son thème, ses passions et son intérêt au succès de cette œuvre; que tous avaient
pour but de relever le trône de France ; que cette
faction ne cherchait à épargner le dernier roi,. que
pour épargner un opprobre à la couronne, mais
que dans ce fait les conjurés avaient le projet de
changer de dynastie et d'amener une minorité pour
s'emparer d'une longue régence. »

Le 18 elle nous offre l'interrogatoire de la *fille*
Corday, et le 19, elle fait en ces termes le récit des
funérailles de Marat :

Paris le 17 Juillet.

« Le corps de Marat, défenseur austère des droits
et de la souveraineté du peuple, le dénonciateur de
tous ses ennemis, avait été exposé la veille, sur un
lit de gloire dans l'église des Cordeliers ; la Convention nationale avait arrêté d'assister en entier à ses
funérailles; hier vers six heures du soir elle s'y est
rendue, ainsi que des députations des autorités
constituées, des sections et des sociétés populaires.
Ce nombreux cortége, accompagné de toute la
pompe funèbre et triomphale, est parti de l'église
des Cordeliers vers sept heures, a passé sur le Pont

Neuf, suivi le quai de la Mégisserie, les Ponts-au-
Change et Saint-Michel, la rue de la Harpe, et n'a
été de retour aux Cordeliers que vers les onze
heures du soir, par rapport à plusieurs stations
qu'il a faites sur différents carrefours et places publiques ; une musique lugubre et militaire et des sal-
ves de canon ajoutaient à la tristesse dont paraissaient pénétrés les assistants.

» Le corps de Marat a été enterré sous les arbres
du cloître des Cordeliers ; on y a placé une pierre
brute avec cette inscription :

« Ici repose l'Ami du Peuple, qui a été assassiné
par les ennemis de la patrie ; laissons aux ci-devant
nobles reposer les cendres de leurs semblables dans
des temples superbes et dans un Panthéon somp-
tueux ; aux Sans-Culottes seuls appartient le temple
de la nature. »

» La *Gazette* a une article PARIS, précédé de ces
mots : RÉPUBLIQUE FRANÇAISE. Voici ce que nous
lisons dans celui du 4 octobre :

« C'est à tort que l'on a répandu dans le public
que la veuve Capet a été réintégrée au Temple ; elle
est toujours à la Conciergerie, et il a été annoncé
hier au Conseil général de la commune qu'elle serait
jugée incessamment.

» Le citoyen Bar a fait hommage au Conseil d'un livre intitulé : *Mascarades monastiques et religieuses.* Il désire que cet ouvrage puisse servir à former l'esprit public, en démasquant le libertinage et l'hypocrisie des moines. Le Conseil a applaudi à cette offre patriotique, en a ordonné le dépôt à la bibliothèque de la commune, et la mention civique au procès-verbal. »

Tout à coup la *Gazette* se place au niveau le plus élevé de l'esprit révolutionnaire en faisant suivre son titre de cette nouvelle mention : du 21ᵉ jour du 1ᵉʳ mois de l'an second de la République française une et indivisible. (Le samedi 12 octobre, *Vieux Style*).

Le 17 octobre, elle donne *in extenso* l'acte d'accusation de Marie-Antoinette. Ce document est suivi d'un article relatif à une mesure administrative de la police, concernant le calendrier républicain. Cet article débute ainsi :

« Le fanatisme et la superstition ont été les principales causes de l'esclavage des peuples ; et malgré la rapidité des progrès que la philosophie a faits en France depuis quatre ans, c'est encore dans les manœuvres hypocrites des prêtres et des faux dévots, qu'existe la source de la guerre intestine qui déchire la République. »

Voici le commencement et la fin du compte rendu du procès et de l'exécution de la reine :

« Marie-Antoinette, veuve Capet, a comparu devant le tribunal révolutionnaire lundi dernier à neuf heures du matin...

» Marie-Antoinette a subi son jugement hier à midi et un quart ; elle a été conduite au supplice de la même manière que les autres criminels ; elle était accompagnée d'un prêtre vêtu en laïque : à l'exhibition de sa tête, toute la place a retenti des cris de *vive la République !* »

Elle raconte aussi brièvement la condamnation et l'exécution des Girondins ; les condamnations et les exécutions du duc d'Orléans, de madame Roland et de Bailly.

Dans un article Paris, qui est une revue du jour comme les courriers des journaux d'aujourd'hui, la *Gazette* cite plusieurs traits d'héroïsme populaire : nous détachons le suivant :

Le citoyen Laveau, volontaire, natif de Melun, dans le bataillon départemental de Nantes, venait de tomber dans les mains des brigands. Quand on lui eut annoncé son arrêt de mort pour le lendemain :

« Je veux mourir comme un homme libre, s'écria-t-il, je veux même qu'après ma mort le corps d'un républicain ne puisse être confondu avec ceux des vils esclaves. » A ces mots, faisant de légères incisions sur son bras, il y a tracé le mot *liberté*. »

Pendant toute la durée de cette époque si contraire à son esprit, à ses fameux principes de fidélité traditionnelle si souvent et si hautement proclamés, la *Gazette* garde le diapason politique qu'elle a si résolument arboré après le 10 août. Au reste, nous aurons lieu de voir que ce journal, qui semble s'être donné la mission d'accuser ses adversaires de changer de drapeau, est celui qui a changé le sien le plus souvent et de la manière la plus ostensible et la plus franche.

Elle rend compte sans blâme de ce qu'aujourd'hui elle appelle les excès révolutionnaires. Le procès des dantonistes ne lui inspire aucune réflexion. Ainsi de la fête de l'Être Suprême. Pour la chute de Robespierre et de ses amis voici ce qu'elle dit : « Ont eu la tête tranchée vers 7 heures du soir sur la place de la Révolution, au milieu du plus immense concours de citoyens, et des cris répétés de *Vive la République! Vive la Convention!* Les têtes de Robespierre, Henriot, Dumas et de quelques autres ont été montrées au peuple qui, pendant tout le cours du trajet de ces infâmes conspirateurs, depuis le palais de justice jusqu'à l'échafaud, leur a témoigné de la manière la plus énergique toute son indignation et toute son horreur.

» Ses yeux étaient particulièrement fixés sur Maximilien Robespierre... »

Ce court passage nous donne la mesure de la prudente tactique de la *Gazette*. Sous le Directoire sous le Consulat, sa conduite est la même. Elle ne saurait se démentir. L'Empire s'approche : nous allons la voir à l'œuvre sous ce nouveau régime.

III

Physionomie de la *Gazette* — La conspiration anglaise. — Moreau, Pichegru, Georges Cadoudal, le duc d'Enghien. — Éloge du premier Consul. — Correspondance de Strasbourg. — Présentation du Sénatus-Consulte au premier Consul. — Avènement de l'Empire. — Titres donnés aux princes et aux grands dignitaires de l'Empire. — Littérature de la Gazette. — Procès. — Moreau, Pichegru, Cadoudal et consorts. — Exécution de Georges et autres condamnés. — Fêtes du couronnement. — Les nouvelles de la *Gazette* — Fin de la campagne de 1813. — Napoléon à Paris. — Accueil dont il est partout l'objet. — La *Gazette* retrouve sa gaîté et son intérêt. — Ses nouvelles. — Convocation du Corps-Législatif. — Effet du discours de l'empereur. — Nouvelles de l'armée. — Situation. — Nouvelle de Londres. — Article de la *Gazette*.

Nous trouvons la *Gazette* sous un nouvel aspect. Elle a repris son titre simple et sans fioritures. Des améliorations se sont introduites dans la disposition des articles et la composition typographique. Elle est plus claire et plaît infiniment mieux à l'œil. Elle donne force nouvelles de l'étranger, de Paris et des départements, et semble surtout se complaire aux comptes-rendus des séances des Chambres anglaises.

L'établissement de l'Empire a été précédé de beaucoup d'agitation et de graves événements, la grande conspiration fomentée en Angleterre surtout, qui amena l'expédition d'Ettenheim par le général Caulaincourt ; les arrestations de Moreau, de Pichegru, de Georges Cadoudal ; puis, enfin, l'exécution du duc d'Enghien et la mort de Pichegru. La *Gazette* raconte tous ces faits sans commentaires, il est vrai, mais d'une façon qui ne pouvait cependant paraître que satisfaisante au gouvernement.

Après avoir dit le 22 mars 1804 : « On s'est saisi à Ettenheim d'une douzaine d'individus impliqués dans la conspiration... » elle reproduit des réflexions du journal l'*Argus*, dans lesquelles se trouve le passage suivant :

« Si les choses pouvaient se considérer d'une autre manière, le théâtre politique se trouverait converti en une arène de crimes et de meurtres. Les gouvernements n'auraient plus besoin d'entretenir des armées à grands frais pour venger leurs querelles, et assurer leur indépendance ; ils n'auraient plus qu'à soudoyer une poignée de scélérats. Le Premier Consul eût pu, sans doute, aussi envoyer quelques assassins auprès du roi d'Angleterre et des Bourbons. Mais celui qui sait combattre avec tant de gloire, ne sait pas attaquer ses amis avec les armes des lâches. A l'exemple de Fabricius, il livrerait au châtiment le médecin coupable qui tenterait de lui vendre la vie de Pyrrhus; comme Camille, il renverrait aux habitants de Falère, le vil maître d'école qui viendrait livrer leurs enfants entre ses mains; et il dirait, avec ce héros : La guerre a ses lois aussi bien que la paix. *Belli sunt sicut pacis jura.* »

L'éloge ne saurait être mieux formulé.

Le lendemain 23, elle reproduit une correspondance de Strasbourg qui commence ainsi : « Le ci-devant duc d'Enghien, petit-fils du ci-devant prince de Condé, a été amené ici d'Ettenheim, où on l'a arrêté avec plusieurs personnes de sa suite, impliquées dans la conspiration. » Mais de l'exécution du ci-devant duc d'Enghien, petit-fils du ci-devant prince de Condé, la *Gazette* ne dit pas un mot.

Naturellement le sénat conservateur et le Corps législatif lui prennent peu de place. Elle donne tous les détails des cérémonies qui accompagnèrent et suivirent la présentation du sénatus-consulte qui changeait la dignité du premier Consul. Mais l'absence de toute appréciation dans ses comptes rendus, très-brefs d'ailleurs, ne permet pas de démêler si elle est satisfaite de l'événement.

Elle fait précéder de ces quelques lignes seulement les détails officiels :

« Le sénat, présidé par le consul Cambacérès, a décrété, dans sa séance d'hier à laquelle assistait le
consul Lebrun, et où les ministres étaient présents,
le sénatus-consulte organique qui défère le titre
d'Empereur au Premier Consul, et qui établit dans
sa famille l'hérédité de la dignité impériale. Il a arrêté de se transporter sur l'heure à Saint-Cloud, à
l'effet de présenter le sénatus-consulte organique à
l'Empereur. Il s'est mis en marche immédiatement
après la fin de la séance. Le cortége était accompagné de plusieurs corps de troupes. Le sénat, à son
arrivée, a été admis aussitôt à l'audience de l'Empereur. Le consul Cambacérès a présenté le sénatus-consulte organique au Premier Consul, et a
dit : »

(Suivent le discours du consul Cambacérès et la
réponse de l'Empereur.)

Il ne faut certainement pas avoir l'esprit très-
enclin à la malice pour trouver dans la nouvelle
suivante, sous la date du 1er prairial, une petite
pointe d'ironie politique :

« On donne aux princes français et aux princesses le titre d'*Altesse Impériale*. Les sœurs de
l'Empereur portent le même titre. On donne aux
titulaires des grandes dignités de l'Empire, le titre
d'*Altesse Sérénissime*. On donne aussi aux princes et

aux titulaires des grandes dignités de l'Empire, le titre de *Monseigneur*.

» Les titulaires des grandes dignités de l'Empire, portent l'habit que portaient les Consuls. Un costume particulier leur est affecté pour les grandes cérémonies.

» Le secrétaire d'État a rang de *Ministre*. Les ministres conservent le titre d'*Excellence*. Les fonctionnaires de leurs départements et les personnes qui leur présentent des pétitions, leur donnent le titre de *Monseigneur*. Le président du sénat reçoit le titre d'*Excellence*.

» On appelle les Maréchaux de l'Empire, monsieur le Maréchal. On leur donne aussi, quand on leur adresse la parole, ou qu'on leur écrit, le titre de *Monseigneur*. »

Heureusement, en l'absence de toute discussion politique, la littérature s'est permis de faire invasion dans les colonnes du journal, littérature courante, légère, caustique et critique, toute parsemée de traits vifs et spirituels qui rendent la *Gazette* aussi curieuse que piquante.

Il faut absolument rompre un instant avec la politique et citer quelques-uns de ces articles qui ne seraient nullement déplacés dans les journaux satiriques de notre temps, afin de donner au lecteur une idée de sa manière.

Voici ce que nous lisons sous la date du 20 juin :

« Ceux qui font aujourd'hui des tragédies, se souviennent à peine qu'il en ait réussi une, de leur temps, au Théâtre-Français. Ce serait plus qu'il n'en faut pour dégoûter d'autres hommes que des poëtes ; mais on ne se corrige pas de faire des vers. Le proverbe dit : Qui a bu, boira ; l'auteur dramatique ne se relève d'une chute, que pour s'en préparer une autre. Afin de ne rien négliger de ce qui peut le préserver d'une pareille catastrophe, un poëte tragique vient de prendre tant de précautions, qu'il faut espérer de voir un poëme qu'il va mettre au théâtre, se tenir sur ses jambes, quelque mauvaises qu'elles puissent être. D'abord, il ne le hasarde point sur le parquet glissant du Théâtre-Français ; il l'a introduit modestement à celui de la Porte Saint-Martin : ensuite il a mis son principal rôle de femme dans la bouche de mademoiselle Duchesnois ; enfin la représentation se donne au profit d'un acteur retiré du Théâtre-Français. De sorte que, si la tragédie est mauvaise, le bon goût doit laisser reposer ses sifflets, par égard pour la modestie du poëte, en faveur des talents de l'actrice

et par respect pour le bienfait. Cette production
nouvelle est intitulée *Astyanax*. Comme elle n'appartient pas au répertoire de la Comédie Française,
mademoiselle Duchenois n'éprouvera pas sans doute
d'opposition de la part de son comité, comme lorsque, dernièrement, elle a voulu jouer Andromaque
à la Porte Saint-Martin, au bénéfice d'un autre de
ses camarades également retiré.

» On vient de composer pour le théâtre de la
Porte Saint-Martin, un mélodrame dont le sujet est
le *Désastre de Lisbonne*. Cette catastrophe avait autrefois fourni le plan d'une tragédie à un M. André,
perruquier, et il est fâcheux qu'on ne la joue pas,
au moins en carnaval, car l'auteur a trouvé le
moyen de rendre cet événement très-plaisant. Le
grand mélodrame de la Porte Saint-Martin est plus
sérieux. Le grand effet proviendra des décorations,
et, à l'exception de la fin du monde, aucun spectacle
ne sera plus extraordinaire et plus terrible. »

Encore ce petit entre-filet sur les *Vicats* vrais on
supposés de l'époque :

« Au moment où les chaleurs vont commencer,
il ne sera pas inutile de faire connaître à ceux qui
aiment mieux ménager leur peau que leur odorat,
que M. Cadet-de-Vaux leur conseille de mettre dans
leurs matelas et sur l'impériale de leur lit, deux ha-

rengs saurets bien fumés. Par ce moyen, on pro-
cure l'asphyxie et même la mort des importuns
(les punaises sans aucun doute), dès la première
fois qu'on emploie cette recette si simple. »

Si ce n'est pas ingénieux comme canard, l'insec-
ticide Viçat est bien idiot.

Rentrons dans la politique.

Tous les documents du procès de la grande conspiration anglaise, où les noms de Moreau, Pichegru,
Georges Cadoudal figurent en première ligne, ont
été reproduits *in-extenso* par la *Gazette*. Le 26 juin,
elle rend compte de l'exécution des condamnés, en
tête des quels se présente Georges Cadoudal :

« Aujourd'hui, entre onze heures et midi, ceux
des condamnés à mort qui n'ont pas reçu leur grâce,
ont subi, sur la place de Grève, l'éxécution de leur
sentence. Chaque patient était accompagné d'un
confesseur qui l'a exhorté jusqu'au lieu du supplice
et jusque sur l'échafaud.

» Georges a été exécuté le premier. Il a montré du
sang-froid. Un incident a retardé d'environ un
quart-d'heure les deux dernières exécutions ; deux
des condamnés ont demandé à monter à l'Hôtel-de-
Ville, pour y faire quelques déclarations, ce qui
leur a été accordé ; après quoi ils ont été ramenés à
l'échafaud.

» Plusieurs des patients ont embrassé leurs confesseurs immédiatement avant de mourir.

» L'échafaud avait été placé près le parapet, voisin de la rivière, en sorte qu'il pouvait être aperçu de tous côtés, à une grande distance.

» Aucun des condamnés n'était revêtu du manteau rouge. Plusieurs ont crié vive le roi, au moment de leur exécution. »

Les fêtes du couronnement durèrent plusieurs jours. La *Gazette* en donne des détails très-circonstanciés et qui doivent être d'une grande exactitude. Nous en extrayons le début, pensant que le lecteur ne sera peut-être pas fâché d'avoir une idée des magnificences de cette grande cérémonie. Ces détails sont du 3 décembre, au lendemain du couronnement.

» Le bruit du canon et le son des cloches n'ont cessé, depuis six heures du matin, d'annoncer la cérémonie du couronnement. A peine faisait-il jour, que déjà les rues étaient inondées d'un immense concours de spectateurs qui se rendaient sur les divers points par lesquels devait passer le cortége.

» A neuf heures, le souverain pontife est parti des Tuileries, dans une voiture attelée de huit su-

perbes chevaux gris. Sa marche a été fort lente,
et il est arrivé une heure après à Notre-Dame.

« L'Empereur, parti une heure après, n'est arrivé
qu'à onze heures et demie. Cependant, le plus grand
ordre régnait dans la marche ; mais on ne saurait
se faire une juste idée de la quantité de troupes à
cheval qui précédait la voiture du sacre.

» Vouloir décrire la magnificence et la pompe de
cette solennité, ce serait en affaiblir l'éclat, et s'exposer à en donner une idée très-faible. Qu'on se
figure sept ou huit mille hommes de cavalerie de la
plus belle tenue, entre-mêlés de groupes de musi-
ciens, défilant entre deux haies continues d'infanterie, de plus d'une demi-lieue de longueur : qu'on
y ajoute la richesse et le nombre des voitures, la
beauté des attelages, l'éclat des livrées, le concours
de quatre ou cinq cent mille spectateurs ; et l'on
n'aura encore qu'une idée imparfaite du coup d'œil
qu'offrait, ce matin, la seule marche du cortége.

» La voiture du sacre et celle du souverain pontife étaient l'une et l'autre surmontées d'une couronne, et attelées de huit chevaux gris, richement
panachés. Il est inutile de dire qu'elles ont chacune
à son tour particulièrement fixé l'attention des spectateurs et indiqué sur quels points devaient se diriger les acclamations... »

Ce spectacle était vraiment grand et imposant, et la franchise de l'enthousiasme et de l'admiration de la *Gazette* n'a rien qui nous étonne.

Les événements se pressent, et nous regrettons de n'avoir à extraire de la *Gazette* que des comptes-rendus sur des choses de peu d'importance. Mais la *Gazette*, sans ajouter la moindre réflexion, se borne à raconter des faits considérables, politiques et militaires, que d'éminents historiens, M. Thiers notamment, ont développés dans une large mesure, et qui sont à la connaissance de tout le monde. Contentons-nous donc de glaner pour le moment. Plus tard les événements prendront une autre tournure qui ouvrira de nouveaux horizons à la *Gazette* et lui déliera la langue.

Nous avançons et nous trouvons la *Gazette* plus muette encore que par le passé, s'il est possible. En outre elle a perdu cette gaîté que nous signalions en commençant ce chapitre, et nous le regrettons pour elle et pour nous.

En 1813 la *Gazette* s'anime, une foule de petites nouvelles de tout genre se croisent dans ses colonnes. Donnons un court spécimen de ces petits paragraphes remarquables de diversité. Nous prenons au hasard sous la date du 30 août :

« On nous écrit de Dresde : « C'est le 21 août que

les Russes et les Prussiens, sous les ordres du général Langeron, ont été battus en Silésie par les troupes de S. M. »

— On lit dans une lettre de Hambourg :

« Les ennemis ont été menés si vivement par nos troupes qu'ils fuient sans pouvoir enlever ou détruire leurs magasins. L'armée française est charmée de les trouver en si bon état. »

— Mademoiselle Levert a obtenu un congé de quelques semaines, et elle est partie aujourd'hui pour Nantes, où elle va donner plusieurs représentations. »

« — Par arrêt de la cour impériale de Paris, du 17 juillet dernier, le sieur Perrot, plombier, convaincu de ne s'être pas conformé aux règlements de police dans l'établissement d'une pompe et le curage d'un puits, a été condamné à trois mois d'emprisonnement, en 50 francs d'amende payables par corps, plus en 300 francs à titre de dommages-intérêts envers la partie civile, et en tous les dépens des causes principale et d'appel. »

Ces nouvelles se suivent : rien d'autrement intéressant, si ce ne sont les bruits courants sur les mouvements des corps d'armée, sur les opérations militaires, qu'elle enregistre simplement tels qu'ils lui arrivent; des extraits du *Moniteur* et les Bulletins de la Grande-Armée. Mais tout cela, comme nous venons de l'observer, c'est de l'histoire.

Nous touchons à la fin de la campagne de 1813; Napoléon·a quitté l'armée. Dans la *Gazette* du 21 novembre nous lisons sous la date du 20 :

« Sa Majesté l'empereur est attendue demain au château des Tuileries, où à l'issue de la messe, il recevra, dit-on, les différents corps de l'État. »

Le 22 :

« Sa Majesté a présidé avant-hier, à Saint-Cloud, le Conseil d'État. Elle y a décrété la création de deux armées de cent mille hommes chacune : l'une sera formée à Turin, l'autre à Bordeaux.

» Sa Majesté a daigné signer ce matin le contrat de mariage de M. le général Baillet avec mademoiselle Guiard. »

Le 25 :

« Sa Majesté l'empereur s'est promenée ce matin au Museum. Il s'y est arrêté longtemps, a examiné dans les salles qui ne sont point ouvertes au public, les tableaux des anciennes écoles d'Italie : tableaux qui doivent être l'objet d'une prochaine exposition. Sa Majesté, en se promenant dans la grande galerie, a parlé avec bonté à plusieurs artistes occupés à copier des tableaux.

» A une heure, Sa Majesté l'empereur a traversé,

à cheval la terrasse des feuillants, et est allée visiter les travaux du nouvel hôtel des Postes. Quoique Sa Majesté n'eût rien qui pût la distinguer, et qu'elle ne fût accompagnée que de deux personnes, elle a été suivie et entourée par un public nombreux qui se pressait autour d'elle en faisant retentir l'air des cris de *Vive l'empereur!* Sa Majesté est rentrée au château, avant deux heures, par les cours, au milieu des mêmes aclamations. »

Le 27 :

« Sa Majesté l'empereur est sortie aujourd'hui à une heure, à cheval, pour visiter les travaux du palais du Roi de Rome ; en revenant, Sa Majesté a traversé le jardin des Tuileries, et a été entourée par un grand nombre de personnes qui se pressaient autour d'elle ; elle a reçu avec bonté plusieurs pétitions ; elle est rentrée à deux heures au palais, au milieu des cris de *Vive l'empereur !* Elle s'est rendue ensuite à la séance du conseil d'État qu'elle a présidé. »

La *Gazette* paraît suivre avec beaucoup d'intérêt les mouvements de l'empereur. Le 28, elle dit encore :

« Sa Majesté est sortie de son palais aujourd'hui à deux heures ; elle s'est promenée à cheval dans le faubourg Saint-Germain : elle a suivi le quai Voltaire, a traversé les cours du palais des Beaux-Arts

4.

(les Quatre-Nations), a visité les travaux du nouveau marché Saint-Germain ; de là, Sa Majesté s'est
rendue au palais du sénat, a examiné les embellisse-
ments que l'on a ajoutés à ce palais et les dispositions nouvelles des parterres ; elle s'est arrêtée assez
longtemps dans le jardin, qu'elle a ensuite traversé
à cheval pour aller visiter le percement du nouveau
boulevard qui conduit de la grande avenue du
Luxembourg à l'observatoire. Sa Majesté était accompagnée de deux officiers de sa maison et de son
architecte, M. Fontaine, avec qui elle s'est entretenue
plusieurs fois sur différents projets d'embellisse-
ments. Partout une foule immense de peuple se
pressait sur son passage en faisant entendre les acclamations de *Vive l'Empereur!* Sa Majesté a parlé
avec bonté à plusieurs personnes qui lui demandaient des grâces, et a même distribué de l'argent à
quelques malheureux qui imploraient sa bienfai-
sance.

» Hier, lorsque Sa Majesté venait de monter à
cheval pour aller visiter les travaux du palais du
Roi de Rome, la veuve d'un militaire s'est précipi-
tée aux pieds de son cheval, une pétition à la main.
Sa Majesté l'a fait relever, a lu sa pétition, lui a fait
plusieurs questions, et l'a assurée que sa demande
lui serait accordée. Elle lui a fait en outre donner

sur-le-champ dix napoléons en or. Cette femme s'est
retirée pénétrée de cet acte de bonté de Sa Majesté,
auquel tous ceux qui étaient présents ont applaudi
avec transport. »

Plus tard nous aurons lieu de nous rappeler ces
constatations de la *Gazette*

La *Gazette* revient à la gaîté. Extrayons de ses
Variétés du 7 décembre un curieux entre-filet qui
nous initiera aux petits travers de l'époque :

« Jamais les femmes n'ont fait usage de plus de
faux cheveux que depuis qu'elles ont renoncé aux
perruques : une femme à la mode doit avoir sur sa
toilette un *cache-folie*, qui sert à déguiser sa *titus*,
ou de supplément à son chignon ; des *boucles* pour
la coiffure à l'enfant ; une *ninon* espèce de *tire-bou-
chons* tombant sur les oreilles ; un *chou*, touffe de cheveux pour le négligé ; *les nattes et les tresses*, pour la
coiffure à la grecque ; enfin la *chinoise*, pyramide
bouclée qui faisait naguère partie de la toilette
d'une petite-maîtresse. Par ce moyen, il faut tondre
vingt individus pour orner la tête d'une jolie
femme. »

Nous venons de dire que la *Gazette* reprenait sa
gaîté ; elle reprend aussi un peu d'intérêt. Elle dit
le 13 décembre :

« Hier samedi, M. Royer-Collard, doyen et professeur de la Faculté des lettres de l'Académie de Paris, a ouvert, par un fort beau discours, le cours d'histoire de la philosophie (troisième année). Il a présenté des considérations très-lumineuses sur le système des idéalistes et celui des réalistes, et s'est attaché à réfuter les premiers, au nombre desquels il est assez remarquable qu'il ait rangé Condillac. Au surplus, ce professeur n'a rien avancé qui ne réunît la profondeur et la justesse des pensées à la dignité et à l'élégance du style. Un auditoire nombreux a écouté M. Royer-Collard avec autant d'intérêt que de satisfaction. »

La *Gazette* rend ainsi compte de la célèbre convocation du Corps-Législatif du 19 décembre, convocation qui fut ajournée le 31 par un décret :

« Aujourd'hui à midi, le Conseil d'État en corps est parti des Tuileries, pour se rendre au Corps-Législatif. S. M. l'Empereur est parti à une heure ; le canon a annoncé l'instant de son départ. S. M., précédée des ministres, des grand-officiers et des grands titulaires de l'Empire, et des grands-officiers de la couronne, qui étaient dans des voitures de la cour, a traversé le jardin des Tuileries, au milieu d'une haie d'infanterie qui se prolongeait jusqu'au palais du Corps-législatifs. Un corps nombreux de grenadiers à cheval de la Garde et de la gendarmerie d'élite, fer-

mait la marche, qui était ouverte par des détachements de lanciers, de chasseurs, de dragons de
la garde et de Mamelucks. S. M. l'Impératrice était
partie un quart-d'heure avant l'Empereur. A deux
heures, S. M. est sortie du palais du Corps-Législatif,
et est revenue aux Tuileries dans le même ordre.
Malgré une pluie opiniâtre et le temps affreux.
qu'il faisait, une très-grande quantité de monde,
hommes et femmes, munis de parapluies, étaient
répandus sur le chemin de S. M., et ont fait entendre
les acclamations de *Vive l'Empereur !*

» Les mêmes acclamations ont accueilli LL. MM.
à leur entrée dans la salle du Corps-législatif et à
leur sortie. Le discours de S. M. a fait une profonde
impression sur ceux qui l'ont entendu ; il en doit
produire beaucoup sur l'Europe qui l'attend. On a
remarqué à travers la fermeté empreinte dans l'expression des paroles de S. M., une certaine émotion
qui venait du cœur, et qui a ému tous les spectateurs, qui ont fait éclater le plus vif enthousiasme
par les cris réitérés de *Vive l'Empereur !*

» S. M. l'Impératrice, à sa sortie de la salle, a
reçu les mêmes témoignages de respect et d'affection. »

L'histoire ne serait pas là, que la remarque de la
Gazette suffirait à indiquer la gravité de la situation.

Voici dans le numéro du 23 décembre, une nouvelle intéressante de la guerre :

« Les nouvelles de Bayonne, en date du 16, font
le plus grand éloge de la bravoure, du sang-froid et
de l'intrépidité de l'armée française dans toutes
les diverses affaires, et particulièrement dans celle
du 13 [1]. Notre artillerie, très-considérable, était
servie avec une supériorité que l'ennemi a été forcé
de reconnaître en voyant tomber des rangs entiers
foudroyés par elle. Il a perdu un grand nombre
d'officiers. Nous n'avons à regretter aucun per-
sonnage marquant. Le général Darricau a eu son
habit, et même son gilet, percés de plusieurs balles,
et n'est point blessé. Lord Wellington a reçu au
travers de son chapeau une balle qui lui a rasé la
tête. Son premier aide-de-camp est tué ; un autre
a eu le bras emporté.

» Depuis cette vigoureuse affaire, il n'a pas été
tiré un coup de fusil entre les deux armées. »

Jusqu'ici nous n'avions pas encore rencontré un
article politique ou militaire appartenant en propre
à la *Gazette*. Le 30 décembre, un article d'une véritable importance nous dédommage amplement.
C'est un morceau remarquable de style et d'élo-

---

1. Il s'agit des combats sur les bords de la Nive, entre Soult
et les Anglo-Espagnols.

quence et d'un puissant intérêt à tous les points de
vue. Ce qui le motive on l'inspire, nous l'ignorons.
Mais il faut se rappeler cette remarque de la *Gazette*
dans son compte-rendu de la convocation du Corps-
Législatif : que le discours prononcé par l'Empereur
devait produire une grande impression dans toute
l'Europe. Il faut également songer à la déclaration
des Alliés, datée de Francfort du 1er décembre, au
passage du Rhin de Bâle à Schaffouse par six divisions ennemies, et à plus encore. La situation est
donc des plus graves. Toutefois l'insertion de cet
article est due sans doute à la nouvelle suivante de
Londres, que la *Gazette* insère en tête de son numéro,
et que nous transcrivons textuellement :

« Londres, 23 décembre (*The Courrier*) 2 heures.

» Le discours de Napoléon est arrivé, et il contient le passage suivant :

» J'ai accepté les conditions préliminaires des
Alliés, pour l'amour des familles et de la nation
française. »

L'*Omnium* a monté à 18.

4 heures.

» Il est certain que lord Castlereagh part pour le
Continent ; non pas pour un congrès, mais pour
être sur les lieux et éviter des retards, etc., dans les
communications avec nos alliés. »

Voici maintenant l'article :

« La France ressemble surtout depuis vingt ans à
cette puissance dont Montesquieu nous a si bien
expliqué le génie : même éclat dans les succès,
même constance dans les revers, même célérité
à les réparer et à les effacer par des triomphes. On
peut la vaincre, parce que la fortune à des retours
inattendus; on ne saurait la dompter, parce que,
retrempé par de si grandes épreuves, le caractère
de ses habitants a pris un nouveau degré d'audace
et de fermeté.

» En 1792, des armées innombrables d'étrangers,
attirées par l'espoir de profiter de nos dissensions
et de ravir nos dépouilles, inondent notre territoire
et arrivent sans obstacle dans les plaines de la Cham-
pagne. Nous n'avions ni approvisionnements, ni
armée disponible, ni généraux célèbres, ni plan de
défense arrêté : on battait encore la générale à
Paris, pour appeler les citoyens sous le drapeau,
lorsque l'ennemi était à moins de 40 lieues de la
capitale. Il faut, disait un ministre du temps, il
faut une proclamation qui fasse sortir demain
trente mille hommes de Paris, ou nous sommes
perdus. Dans une pareille extrémité on eût pensé
que les coalisés n'avaient à faire qu'une promenade
militaire jusqu'au centre de toutes nos ressources;

cependant la victoire confondit ces orgueilleuses espérances. Nous n'avons pas oublié que les vieilles troupes de Frédéric furent trop heureuses de ne pas justifier, par leur destruction entière, ce mot d'un roi de Sardaigne, célèbre par son habileté : « Je connais plusieurs chemins pour pénétrer en France, et pas un pour en sortir. »

» Non contentes de repousser les ennemis, nos levées nouvelles les poursuivirent à leur tour, se précipitèrent en Belgique où elles obtinrent, au prix d'un courage et d'un dévouement que de vieilles bandes n'auraient pas montrés peut-être, de brillants succès. Tout recula devant nous. La faiblesse d'un gouvernement, attaqué de tous côtés par les diverses opinions, des déchirements intérieurs, la lutte de deux partis sortis d'une source commune, et par là même plus acharnés l'un contre l'autre, amenèrent une espèce de dissolution de la France : des défaites succédèrent aux victoires.

» Qu'un homme attentif se rappelle la bataille de Nervinde, et tout ce qui suivit peu de temps après la fuite de Dumouriez. Des généraux perfides, une armée désorganisée criant à la trahison et diminuant chaque jour par la désertion, des ennemis redoutables et disciplinés qui la poursuivaient avec archarnement, nos frontières menacées et bientôt

5

envahies; au dedans, une guerre civile qui, comme
un affreux ulcère, allait dévorer les plus riches
provinces de la France; la discorde semant partout
ses brandons, et une Assemblée où fomentaient
des passions qui ôtaient toute force au gouvernement qu'elle avait créé : tel était l'état de notre
pays.

» Qui aurait pu penser que, dans une telle extrémité, la France pût résister à l'Europe conjurée
contre elle? Il est vrai que semblable au lion qui,
en renversant ses ennemis, déchire ses propres
flancs avec sa queue, elle se mutila cruellement
elle-même. Mais enfin, elle résista à tout, même à
ses propres fureurs; et loin d'avoir la honte de recevoir la loi de l'étranger, on la dicta plus d'une
fois, et l'on se fit respecter par les puissances qui
avaient projeté de partager l'antique Gaule entre
elles, comme la malheureuse Pologne.

» Un changement de gouvernement, épreuve toujours si dangereuse pour une nation, le débordement
de passions contraires à celles qui avaient exalté si
longtemps les Français, ayant amené un relâchement
funeste dans toutes les parties du corps social, de
nouveaux malheurs joints à une effroyable disette
menacèrent encore notre patrie de sa perte. C'est
cependant de cet état de décadence qu'elle partit

pour s'élever à la gloire immortelle de nos triomphes en Italié.

» L'histoire dira comment le vainqueur et le pacificateur de ces belles contrées arriva par miracle pour les recouvrer et sauver la France; dans quel état d'abaissement nous nous trouvions après la déroute de Schérer, la mort du général Joubert et la perte de la bataille de Novi. A ces deux époques où le même génie nous sauva des désastres nés de la faiblesse du gouvernement et de nos dissensions intestines, la rapidité du changement de notre fortune, sous ses auspices, a quelque chose qui confond la pensée. Nos ennemis, témoins des prodiges qui ont réparé les pertes occasionnées par une affreuse intempérie, vaincus dans cinq batailles rangées, même pendant cette campagne, ne devant leurs derniers avantages qu'à la trahison, écrasés à la bataille de Hanau, où l'humanité de l'Empereur sauva seule leurs soldats qui demandaient la vie, connaissent notre force, nos ressources, et les craignent. S'ils viennent nous attaquer jusque chez nous, ce n'est pas qu'ils se confient dans le pouvoir de leurs armes; c'est qu'ils espèrent nous désunir.

» Pendant le cours de la Révolution, ils n'ont jamais obtenu de succès que lorsque que nous étions divisés, et que la nation ne marchait pas d'accord avec son gouvernement. Les années 1792, 1793, l'an III, l'an VII, font foi de cette vérité. Aujourd'hui, après avoir été favorisés l'an dernier par un événement extraordinaire, comment sont-ils parvenus à rendre inutiles les plus mémorables victoires ? En semant la division entre nos alliés et nous. Vainement ils avaient vomi des torrents de soldats contre nous; ils auraient fini par succomber dans la lutte. Ils le sentirent, et s'appliquant involontairement ce vers d'une tragédie moderne :

On craint nos envoyés et non pas nos soldats,

ils ourdirent des trames ténébreuses dans la cour de quelques princes, et les entraînèrent à de honteuses perfidies. Alors seulement nous avons vu la victoire infidèle à nos drapeaux. Elle revint vers nous à la bataille de Hanau, comme pour montrer aux hommes que la justice n'a pas toujours un pied boiteux, et qu'elle frappe quelquefois avec la rapidité de la foudre.

» Les artifices et les divisions ont été les plus puissants auxiliaires des coalisés pendant cette campagne. Les moyens qui leur ont réussi en Europe, ils les apportent en France. Ils ont détaché de nous des princes qui nous devaient tout; ils viennent essayer de détacher les Français du gouverne-

ment qui est l'âme de tous les mouvements. Oui,
c'est l'espoir de nous diviser qui soutient seule la
téméraire entreprise des coalisés. Ils savent qu'un
peuple sans gouvernement, et une armée sans chef,
sont à la merci de quiconque veut leur perte. Cette
pensée dirige toutes les attaques de leur astucieuse
politique. Mettez cent mille hommes de plus, disait
un de leurs agents les plus accrédités, et ne donnez
pas l'Empereur pour général aux Français, nous
triompherons. Les coalisés répètent de même entre
eux : séparons la France de son gouvernement,
nous aurons bon marché d'elle. Heureusement leurs
vœux à cet égard ne peuvent obtenir aucun succès.
La France se souvient que l'Empereur l'a sauvée.
La France connaît la main qui ferma les plaies de
la guerre civile et réconcilia tous les partis. La
France sait qu'un peuple qui manquerait de fidélité
à son prince et à son gouvernement au milieu d'un
imminent danger, ne pourrait attendre que honte
et malheur d'une pareille faute. La France a le
sentiment de sa dignité; elle sait qu'on veut lui
donner la loi, la réduire à l'abaissement, et la dé-
pouiller après l'avoir trompée par d'artificieuses
paroles. Ainsi, loin de prêter l'oreille à de perfides
insinuations, elle répondra aux puissances étrangères : Retirez-vous de notre territoire, où nous

écraserons vos soldats. Leur présence nous outrage, leurs excès nous révoltent, et nous apprennent ce que nons devons attendre de vos protestations hypocrites. Vous avez compté sur des divisions, vous vous êtes trompés. Il n'y aura parmi nous qu'un seul esprit, qu'un seul désir, qu'une seule volonté, c'est de vous faire promptement repasser le fleuve que vous ne deviez pas franchir s'il y eut eû quelque modération dans vos prétentions. Enfin, vous trouverez tous les Français rassemblés autour de leur monarque pour la défense commune. »

La *Gazette*, on le voit, ne craint pas de rappeler une époque dont elle à dû garder un amer souvenir. Son langage parle haut et ferme aux ennemis, au nom de la France.

IV

Abdication de Napoléon. — Le *Bellérophon*, le *Northumber-land*, Buonaparte, l'usurpateur, le despote. — Louis XVIII. — Situation de la France. — des Alliés à Paris. — Éloge des Alliés· — Louis XVIII à Saint-Denis. — L'empereur Alexandre. — Vive la paix! Vive nos libérateurs! Vive le roi ! — Les Héritiers Michau. — Lord Wellington. Pillage de la Malmaison. — Partage des vins du duc d'Orléans. — Le coup de pied de l'âne. — Le comte Daru, Blucher. — Les Prussiens dans les châteaux du maréchal Ney, et à Mortefontaine. — Troubles dans le dépôt de mendicité de Montpellier. — Les frères Faucher, brigands de la pire espèce. — *L'Indépendant*. — Le maréchal Brune. — La terreur-blanche. — Le maréchal Ney à Figeac. — Détails piquants. — Le maréchal Ney transféré à Paris. — Procès, exécution du maréchal Ney. — Félicitations de la Gazette à la garde nationale de service au Luxembourg. — Anniversaire du 21 Janvier 1793. — Le *Monarque Bienfaisant* et les Français fidèles. — Les principes subversifs. — Avis. — Assassinat du duc de Berry. — Naissance du duc de Bordeaux. — Symptômes. — Grégoire. — Manuel expulsé violemment de la Chambre. — La Gazette à Manuel. — Le roi est mort! Vive le roi! Louis XVIII, Charles X. — Mort du général Foy. — Éloge du général Foy. — Obsèques du général Foy. — M. Casimir Perier. — M. Ternaux. — La Gazette fleurdélysée. — Son titre en lettres simples. — Le plus ancien des journaux. — Le *Censeur*. — Rédacteurs de la Gazette. — Louis XVIII. — de Genoude. — La *Gazette* sous les dernières années de la Restauration.

Nous sommes en 1815. Napoléon vaincu, bien plus peut-être par les ennemis du dedans que par ceux du dehors, Napoléon vient d'abdiquer. Il est maintenant l'hôte du *Bellérophon*, en attendant qu'il devienne le pensionnaire du *Northumberland*, qui a déjà le cap sur Sainte-Helène. Pour la *Gazette*, l'empereur est anéanti, il n'y a plus que Buonaparte, — l'usurpateur, — le despote. La joie du retour de Louis XVIII, elle peut librement la faire éclater. Elle n'y manque pas, il faut lui rendre cette justice, et c'est avec une surprenante dextérité qu'elle saisit aux cheveux toutes les occasions. Mais ce n'est pas sans éprouver un sentiment pénible qu'on la voit célébrer les succès des alliés, reproduire les insolentes proclamations de Wellington, de Blücher, de Swhartzemberg, enfin se réjouir avec tant d'éclat au moment où la France envahie, foulée par l'étranger, est humiliée jusqu'au fond de l'âme. Son enthousiasme l'aveugle : elle ne voit pas cette malheureuse patrie au dernier degré de l'abaissement, de l'avilissement. Avant de maudire l'homme qui vient d'accomplir des prodiges pour anéantir par de là les frontières les derniers efforts d'une coalition beaucoup plus lâche que perfide, elle devrait se rappeler que Louis XVIII rentrait en France sous l'escorte des envahisseurs qui venaient l'imposer au pays. — Non, elle ne l'oublie pas; elle sait tout cela aussi bien que nous. Mais pour la *Gazette*, comme pour les hommes qu'elle aime, qu'elle défend, qu'elle préconise, le roi d'abord, la France après.

Mais ce qui surtout saute aux yeux, c'est à la fois l'impudeur et l'enfantillage des démonstrations que lui inspire la confiance dans le retour du roi.

Le 8 juillet, elle annonce ainsi l'entrée des troupes alliées à Paris :

« Les troupes alliées sont convenues d'occuper à Paris, savoir : les Anglais la rive droite de la Seine, et les Prussiens la rive gauche: Des logements ont été désignés en conséquence par les diverses mairies pour les principaux officiers de chaque armée.

» Un corps de troupes alliées de 40 à 50 mille hommes, cavalerie, infanterie et artillerie, est entré aujourd'hui par la barrière de l'Étoile. Ces troupes ont traversé la place Louis XV, suivi les quais, et ont été réparties dans différentes casernes. La majeure partie était Prussienne. La cavalerie et l'artillerie se faisaient remarquer par la beauté des chevaux.

» A la même heure d'autres troupes entraient par les autres barrières.

» Quelques corps Anglais sont campés dans les Champs-Élysées.

» Ce soir, des pièces de canon, servies par les Prussiens, ont été placées sur les ponts. »

L'éloge même n'est pas oublié.

5.

Le 10, elle relate, les manifestations qui signalèrent le retour de Louis XVIII.

« Lorsque le roi, à Saint-Denis, a vu arriver les
nombreux détachements de la garde nationale de
Paris, qui venaient pour le ramener dans sa capitale, il leur a ouvert les bras et leur a dit, avec cet
accent qui ne peut partir que d'un cœur profondément ému : « Bonjour, mes amis !... » C'était assez.
Que pouvait dire de plus ce bon monarque? Tout
était là.

» Lors de l'entrée du roi à Paris, le fanon d'un
des détachements de la garde nationale était porté
par M. Huet, acteur de l'Opéra-Comique, qui est
resté fidèle à la cause du roi, et a suivi à Gand les
Français, qui nous l'ont ramené. Ce fanon portait
cette inscription :

« On en revient toujours,
A ses premiers amours. »

La veille, le roi est allé entendre la messe à Notre-
Dame.

« Malgré une pluie presque continuelle, une foule
considérable s'est tenue toute la matinée sous les
fenêtres du roi, dans l'espoir de voir ce prince chéri
au moment de son départ pour la cathédrale. »

Le 5 août, elle se fait l'écho des acclamations

enthousiastes qui accueillent partout l'empereur
Alexandre. D'après la *Gazette*, on n'entend que ces
cris : *Vive la paix! Vive nos libérateurs! Vive le roi!*
« Ce récit, dit-elle en terminant, est, comme on le
voit, bien différent des nouvelles mensongères de
quelques Gazettes qui ont annoncé qu'entre Châlons
et Paris des partisans avaient tiré sur l'empereur
Alexandre, lors de son passage le long d'un bois et
qu'un général de sa suite avait été tué. ».

Et le 15 :

« On a donné jeudi au théâtre Feydau la reprise
des *Héritiers Michau*, paroles de M. Planard, musique de M. Bochsa. Ce joli ouvrage est une des pièces
de circonstance les plus heureuses qui aient été
faites, parce que toutes les allusions naissent du
sujet même. Elles ont été vivement senties par le
public, qui était fort nombreux. Lord Wellington
assistait à cette représentation. Au moment où l'un
des personnages dit ces paroles : « Les enfants de
Henri IV ne sont plus parmi nous! Qui nous les
rendra? » Plusieurs voix s'écrièrent : « Lord Wellington. »

Voilà les graves événements qui inspirent les
grands politiques de la *Gazette*.

C'est là le côté plaisant. Mais la chronique traite
sur un autre ton d'autres objets.

Voici ce que dit la *Gazette* du 3 juillet :

« Le château de la Malmaison a été pillé par un corps de troupes ennemies qui y est entré deux jours après le départ de Napoléon. Ce corps paraissait furieux d'avoir manqué Bonaparte, et il s'est vengé sur la maison. »

Quoi de plus simple?

Et le 10 :

« On a rapporté que, par une décision impériale du 11 juin, Jérôme et Lucien Bonaparte se sont partagé les vins des caves de S. A. S. le duc d'Orléans.

« Tous ces Bonaparte étaient portés pour le vin. »

Mais voici un morceau que sans hyperbole on peut appeler le coup de pied de l'âne :

« Toutes les personnes qui, depuis quinze ans, ont été a portée d'observer Bonaparte dans des moments difficiles, s'étaient convaincues qu'il manquait totalement de cette fermeté d'âme, de ce courage d'esprit, bien plus rare et plus estimable que le courage qui suffit au simple soldat sur le champ de bataille. Nul de nous n'a oublié que ce grand homme avait complétement perdu la tête au 18 brumaire, à Marengo, à Essling, à Leipsick, à Waterloo. Les détails authentiques de son séjour à Rochefort, et particulièrement de sa conduite à

bord du *Bellérophon*, démontrent jusqu'à la dernière, évidence que ce despote, si orgueilleux, si dur
dans la prospérité, ne laisse plus voir dans l'adver-
sité qu'un être vulgaire et pusillanime. En vain
d'officieux amis, en préconisant les ressources qu'il
s'était ménagées pour mourir indépendant et libre,
semblaient-ils lui avoir tracé sa conduite d'avance.
Ce n'est point Annibal et Thémistocle préférant
généreusement la mort à l'esclavage ; c'est Persée,
dernier roi de Macédoine, demandant humblement
la vie, et faisant dire au judicieux Plutarque : « Il
» donna clairement à connaitre qu'il avait en lui
» d'autres vices encore plus lâches et plus vils, à
» savoir faute de cœur et crainte de mourir, par
» laquelle il se priva lui-même de la commisération
» des autres, qui est le seul point que la fortune ne
» peut ôter aux affligés, *quand ils ont du cœur.* »

» Comme Persée, Bonaparte s'est occupé avant
tout d'avoir *la vie sauve.* Ses instances réitérées, à
cet égard, ont fait rougir ses compagnons d'infor-
tune, et excité chez les Anglais une surprise qu'ils
n'ont pas cherché à dissimuler. Il avait prétendu
rédiger une espèce de capitulation ; on lui a rendu
son papier sans le lire ; il a pâli et s'est mis à pleurer amèrement. »

Si ce n'est pas insensé, il nous parait que la.

Gazette avait une singulière idée de l'esprit de ses lecteurs.

Le 15 juillet, la *Gazette* nous apprend que « M. le comte Daru est au nombre des personnes sur les biens desquelles le séquestre a été apposé par les ordres du feld-maréchal Blücher. »

Elle dit le 5 août :

« Le maréchal Ney possède, à peu de distance de Châteaudun, deux châteaux magnifiques, qui ne sont éloignés que d'un quart de lieue l'un de l'autre. L'un de ces châteaux, nommé les Coudreux, est considérable par son élégante construction et sa belle position ; il est cité comme l'un des plus beaux de la Beauce. Trois cent soixante Prussiens y sont logés et y vivent à discrétion. L'autre château, nommé Prémeville, est également occupé par les troupes prussiennes. Le 31 juillet, le général qui commande ces troupes a demandé à la ville de Châteaudun une contribution de 500,000 francs, en disant que cette somme lui sera remboursée sur le produit de la vente prochaine des châteaux du ma-réchal Ney. »

Le 9, elle dit encore :

. « Tous les meubles du château de Morte Fontaine, qui appartenait à Joseph Bonaparte, ont été vendus par ordre des autorités alliées. Les circonstances ne

sont pas favorables; aussi tout a été vendu à vil
prix. »

La *Gazette* trouve tout cela très-naturel. Pendant
qu'elle s'épanouit aux genoux du roi, les Cosaques
bombancent dans les résidences bonapartistes, pro-
mulguent des décrets, frappent des séquestres, font
manger leurs chevaux dans nos palais, dévalisent
nos musées... Quelle honte ! Et la *Gazette* chante
tous ces beaux exploits... Si ce n'est pas de la dé-
mence, assurément c'est quelque chose de bien
odieux.

La *Gazette* s'est attribué ce rôle de cacher la
plaie qui ronge la France et de mettre en lumière
les actes qui lui impriment un cachet d'infamie.
Pendant quelle se livre à ses élucubrations en prose
dityrambique, on pille, on saccage, on brûle, on
viole, on massacre dans le Midi. De tout cela pas
un mot. Ce n'est pas sans peine, si cherchant à la
justifier, nous découvrons cet indice qui est loin de
rendre d'une façon exacte la physionpmie des événements.

« Il a éclaté une révolte sérieuse dans le dépôt de
mendicité de notre département. On n'a pu faire
rentrer les révoltés dans l'ordre qu'en usant des
derniers moyens de rigueur. On a tiré sur eux. On
en a tué trois ou quatre, et blessé un égal nombre.

» Il paraît que les individus de ce dépôt avaient
cru pouvoir profiter de l'esprit d'agitation et de
trouble qui malheureusement n'est que trop répandu, pour se mêler aux désordres et en tirer
parti. »

Cependant elle trouve le temps d'annoncer l'arrestation près de Bordeaux, des deux frères Faucher,
maréchaux de camp.

« On a trouvé chez eux une grande quantité d'armes
et de munitions, dit-elle. Il paraît qu'ils dirigeaient
une bande de partisans et de fédérés dans l'arron-
dissement de La Réole. »

Quelques jours plus tard, elle complète ses détails sur l'arrestation des frères Faucher par un
récit du *Mémorial Bordelais*, où « ces deux jumeaux
révolutionnaires » sont traités comme des brigands
de la pire espèce.

Le 9 août, la *Gazette* raconte du ton le plus naturel, qu'un « journal intitulé l'*Indépendant*, vient
d'être supprimé par ordre du ministre de la police
générale. »

Qu'avait à faire, en effet, un journal intitulé
l'*Indépendant*, sous un tel régime ?

Le 14, elle s'exprime ainsi :

« Une lettre de Lyon, en date du 4 de ce mois,

rapporte une autre lettre d'Avignon qui contient la nouvelle suivante :

« Le maréchal Brune a été reconnu dans cette
» ville au moment où il y arrivait ; aussitôt le peu-
» ple l'a environné et menacé. Ce général s'est re-
» tiré dans une auberge : on a bientôt appris qu'il
» avait cessé de vivre. Les autorités ont été appelées,
» un procès verbal a été dressé, et il constate que
» ce général s'est brûlé la cervelle. La fureur du
» peuple n'a pas été apaisée. Le cadavre a été placé
» sur la claie, promené ignominieusement dans les
» rues et jeté ensuite à la rivière. »

« Un officier général, arrivé hier au soir de Toulon
en droiture et en poste, rapporte y avoir laissé le
maréchal Brune en bonne santé. Ceci ne peut se
concilier avec la lettre ci-dessus. »

Voilà comme la *Gazette* rapporte les faits... d'a-
près une lettre. Au reste la mort tragique du maréchal Brune et les atrocités infligées à son cadavre,
qui sont le crime des plus zélés partisans du trône,
n'arrachent à la *Gazette* aucun cri d'indignation;
elle se contente de nous donner, ce même jour 14,
cette nouvelle d'Avignon datée du 6 août :

« La tranquillité publique commence à se rétablir. Depuis la catastrophe dont le maréchal Brune
a été victime on n'a cessé de s'attendre à quelque

nouvelle explosion populaire. Mais de jour en jour l'inquiétude diminue.

» Le peuple d'Avignon s'était laissé persuader que le maréchal Brune emportait avec lui de grands trésors. Le fait est qu'il ne s'est trouvé dans sa chambre et dans ses voitures qu'une somme peu considérable, qui ne s'élevait pas tout à fait à 30,000 francs. »

Voilà comment la *Gazette* s'entend à justifier les crimes d'une époque que l'histoire a si justement flétrie du nom de *Terreur Blanche*.

Venons au maréchal Ney.

Le 12 août, elle empruntait à la *Gazette officielle* la note suivante, suivie elle-même de détails que la *Gazette* qualifie de piquants :

« Le maréchal Ney a été découvert dans le canton de Figeac, département du Lot, sur la limite du département du Cantal. Il vient d'y être arrêté, et a été conduit à Aurillac. Cette importante arrestation est due aux soins vigilants de M. Locard, préfet du Cantal, et du sous-préfet d'Aurillac. Le capitaine de gendarmerie a exécuté les ordres de M. le préfet du Cantal avec beaucoup de zèle et d'activité. »

« Voici des détails assez piquants qui ont précédé l'arrestation de Ney, et qui sont extraits d'une lettre de Riom, en date du 9.

« Le maréchal Ney s'était retiré très-secrètement
dans le château d'un de ses amis, situé près d'Aurillac. Sa présence dans cette maison n'empêchait
pas qu'on n'y reçut du monde. Un particulier de la
ville y étant venu dîner, eut occasion de remarquer
un sabre qui fixa singulièrement son attention,
comme objet de prix et de curiosité.

» Rentré en ville, ce particulier en parla comme
d'une chose admirable à plusieurs personnes, parmi
lesquelles il s'en trouvait une qui dit : « Ce sabre
ne peut appartenir qu'à Murat ou à Ney; il n'y a
qu'eux qui en aient de semblables. »

» Sur ce renseignement, qui parvint aux oreilles
du sous-préfet, le maréchal fut arrêté. »

Dans son numéro du 14, on lit :

« Des ordres ont été données pour que le maréchal Ney fût transféré à Paris. On présume qu'il y
arrivera dans quatre ou cinq jours, et que l'instruction de son procès sera faite après. »

On découvre facilement dans l'annonce de ces
nouvelles une espèce de satisfaction et même de
joie déguisée. La *Gazette* n'a-t-elle pas dit du maréchal Ney : « l'artisan de tous nos malheurs! » Mais
puisque la *Gazette* tient cette grande victime des
vengeances réactionnaires, arrivons au 8 décembre.

Voici dans quels termes elle raconte les détails de son exécution qui a eu lieu la veille :

« A sept heures du matin, la gendarmerie à cheval et la garde nationale à pied et à cheval gardaient toutes les issues du Luxembourg. A huit heures un soldat vétéran est allé prendre un fiacre sur la place Saint-Michel. A neuf le maréchal a appris que tout était prêt ; il a changé de vêtements, a mis un gilet, une culotte et des bas noirs, et passé un frac bleu. Arrivé à la voiture, il a pris M. de Pierre [1] par le bras et a voulu que ce respectable ecclésiastique y montât le premier. M. le curé de Saint-Sulpice occupait avec le maréchal le fond de la voiture ; deux officiers de gendarmerie occupaient le devant. De nombreux détachements de grenadiers royaux, de gendarmes et de vétérans accompagnaient et suivaient le cortège, qui a traversé le jardin du palais et suivi la nouvelle avenue, dite de l'Observatoire. Pendant le trajet, le maréchal a confié à M. de Pierre sa tabatière d'or, avec prière de la remettre à sa femme, et les deux lettres qu'il avait écrites pendant la nuit. Il a ensuite tiré de sa poche quelques

1. M. de Pierre, curé de Saint-Sulpice, à la nouvelle de la condamnation du maréchal Ney, s'était empressé de se rendre au palais du Luxembourg.

pièces d'or, les a remises à M. le curé, en disant : *Voici pour les pauvres.* Arrivé à la grille, la voiture a pris un peu à gauche et s'est arrêtée à environ quarante pas de cette grille et à trente pas du mur au pied duquel l'éxécution devait avoir lieu. Un piquet de vétérans, fort de seize hommes, se trouvait en cet endroit depuis cinq heures du matin ; au moment où la voiture s'est arrêtée, le peleton s'est mis en bataille. Un officier de gendarmerie est descendu le premier et a été suivi par le maréchal, qui a paru lui demander si c'était là le lieu de l'éxécution. Il a marché d'un air assuré à huit pas du mur, et se tournant avec vivacité du côté des soldats, il leur à dit : *Camarades, tirez sur moi, et visez juste !* En achevant ces mots il a ôté son chapeau de la main gauche, a placé sa main droite sur sa poitrine ; l'officier du peloton donne le signal avec son épée, et le maréchal tombe mort ; plusieurs balles ont porté à la tête. Le corps du maréchal a été relevé et mis sur un brancard. Il est resté exposé à la vue des témoins de cette exécution, et du public, pendant un quart-d'heure. Le corps a été ensuite couvert d'un drap et transporté par des vétérans à l'hospice de la Maternité, pour être sans doute remis à sa famille. »

Maintenant que la *Gazette,* si bien informée, n'a

plus rien à craindre, elle éprouve le besoin d'adresser des félicitations à la garde nationale dévouée
sur l'excellence de son service au Luxembourg pendant toute cette affaire.

« On ne peut, dit-elle, rendre assez justice au zèle
qu'à déployé la garde nationale chargée de la police
extérieure et intérieure du palais du Luxembourg
pendant le procès du maréchal Ney. La discipline
et la consigne ont été aussi bien observées pendant
ces jours de corvée par cette milice citoyenne,
qu'elles auraient pu l'être par la troupe de ligne la
plus exercée, la plus soumise. Aucune personne n'était admise à l'entrée du palais, quels que fussent
son rang et sa qualité, sans une carte particulière,
selon le titre de chaque personne. Cette consigne
était si rigoureusement gardée, qu'hier la voiture
d'un des ministres de Sa Majesté a été arrêtée par
le factionnaire à la porte du palais: Le ministre eut
beau se nommer. Ma *consigne*, répondit le factionnaire, *est de ne laisser entrer personne*. Sur ces entrefaites, le commandant du poste est venu, et reconnaissant le ministre, il se confondit en excuses. «Je
» dois, au contraire, répondit avec bonté son Excel
» lence, vous féliciter, monsieur, de ce que la garde
» nationale sait si bien obéir à l'ordre. Je connaissais
» déjà tout son zèle, mais il fallait que je fusse

» arrêtée par elle pour en apprécier toute la viva-
» cité. »

La *Gazette* ne songe déjà plus au maréchal Ney.
Du 8 décembre 1815 au 19 janvier 1816 il n'y a pas
loin. C'est dans son numéro de ce jour que nous
lisons sous ce titre : *Anniversaire du* 21 *janvier* 1793,
l'article suivant :

« Le monarque *Bienfaisant* [1], le Roi, selon le cœur
de Dieu, avait été précipité du trône dans les fers,
et les méchants, qui avaient brisé son sceptre, eurent soif de son sang.

« Ces hommes qui, dans le plus vertueux, le plus
clément des princes, prétendaient n'avoir vu, n'a-
voir immolé qu'un tyran.....

« Et nous, Français fidèles, Français dignes de
nos rois, de nos aïeux et de notre nom, sera-ce par
des pleurs stériles que nous nous bornerons a honorer aujourd'hui la mémoire du Roi-martyr ?
N'attendant de justice que de leur épée, jadis nos
ancêtres eurent juré sur la tombe de poursuivre,
d'immoler ses barbares assassins. Jurons aujour-
d'hui sur cette tombe sacrée de n'offrir à la royale
victime qu'une vengeance plus digne de ses mânes.

1. Le titre de *Bienfaisant* fut décerné à Louis XVI dès la
première année de son règne par la reconnaissance publique
(Note de la Gazette.)

L'exil entraine au loin d'impuisants ennemis; les plus perfides, les plus dangereux sont dans notre sein.

. » Parmi nous, autour de nos enfants, circule encore le poison de ces principes subversifs qui ont enfanté la révolte, le parjure et le régicide. Sur les cendres du Roi qui nous fut ravi, faisons à celui qui nous est conservé le serment de consacrer chaque jour, chaque instant de notre existence à combattre, à extirper les maximes désastreuses, à dissiper cette déplorable ignorance qui les reçoit de la bouche des pervers pour les propager comme les leçons du sage. Gravons surtout, gravons dans le cœur de la génération qui s'élève le dogme fondamental de la légitimité; ce dogme, première base de l'ordre social, et le plus ferme garant de la paix publique [1].

Le 20, elle dit :

« Il n'y aura point de Gazette demain, à cause des cérémonies expiatoires du 21 janvier... Les cérémonies funèbres pour l'anniversaire du 21 jan-

1. Le mot de légitimité fait sur les révolutionnaires le même effet que l'eau produit sur l'hydrophobe. C'est la doctrine qu'ils nous ont le plus cruellement reprochée pendant leur règne des *cent jours*. Un des arguments favoris de cette secte est qu'il n'y a pas eu en France *une seule dynastie légitime*

(Note de la Gazette).

vier commenceront demain à Notre-Dame à onze heures. Le bourdon a annoncé aujourd'hui à quatre heures les vigiles solennelles. »

Il faut lire dans le numéro du 22 janvier le compte-rendu de ce célèbre premier *Anniversaire* du 21 janvier 1793 ! Nous y renvoyons le lecteur qui n'a jamais lu la *Gazette...* politiquement.

Au milieu de ces devoirs funèbres, la *Gazette* se garde bien de négliger ses intérets.

En tête de son numéro du 20 janvier, on lit cet *Avis :*

L'augmentation que les journaux de Paris viennent d'éprouver dans les impôts des rétributions dont ils sont chargés, nous oblige à porter, à compter du 1er janvier prochain, le prix de l'abonnement à 18 francs pour trois mois, 30 francs pour six mois, et 72 francs pour l'année. »

Pas un mot de plainte. A cette époque, la *Gazette* se trouvait bien de toutes les rigueurs du gouvernement.

Le 15 janvier 1820, la *Gazette* paraît encadrée de noir, et publie un article intitulé : *Assassinat du duc de Berry.*

En retour, le 30 septembre, son encadrement est d'un remarquable luxe artistique. De quoi s'agit-il ?

» A deux heures vingt minutes du matin, madame la duchesse de Berry a ressenti les premières douleurs; elle a sonné, ses femmes ont accouru, Dans le premier moment de trouble que cet événement a causé, on dit que le militaire de garde à la porte de l'appartement, croyant que quelque danger menaçait la princesse, est entré dans sa chambre la baïonnette en avant. Cinq minutes s'étaient à peine écoulées que tout était fini. A deux heures et demie, madame la duchesse était délivrée de la manière la plus heureuse, sans le secours d'aucune personne de l'art. Avec une présence d'esprit admirable, Son Altesse Royale a fait appeler sur le champ des personnes qui pouvaient servir de témoins. On a fait entrer à cet effet plusieurs gardes nationaux qui se trouvaient, par hasard, de service. M. le duc de Coigny, M. de Balainvilliers, un grand nombre de personnes attachées à la maison royale, et plusieurs individus qui y sont étrangers, ont eu accès. C'est en ce moment que le courage et la prévoyance de la princesse ont été dignes d'admiration. Sur son lit de douleurs elle a voulu attendre l'arrivée de M. le maréchal Suchet, duc d'Albufera, avant de permettre que l'on coupât le cordon ombilical. Le maréchal s'est approché, a reconnu, ainsi que les assistants, le sexe du nouveau-né; et la princesse lui a dit : Vous le voyez, M. le maréchal, l'enfant et moi, nous ne faisons qu'un. »

Les circonstances qui accompagnèrent ce célèbre accouchement, si elles ne portaient un singulier caractère, par la façon dont elles sont racontées par la *Gazette* ne manqueraient pas de comique.

Mais les réjouissances ne sont pas éternelles. Des symptômes singuliers, de vagues inquiétudes jettent l'alarme dans le camp de la *Gazette*. Le 2 février 1822, elle publie l'article suivant, tout plein de grosses menaces. C'est le nuage prêt à crever.

« Il y a des institutions constitutionnelles et des institutions royales ; les premières (et, pour le dire en passant, la noblesse est du nombre) sont une partie essentielle de l'État ; les secondes sont une partie accidentelle du pouvoir. Les premières ont sur les autres l'avantage que donne un caractère d'instabilité, devenues constitutionnelles parce qu'elles furent jugées nécessaires ; reputées nécessaires parce qu'elles sont constitutionnelles, et qui détache une portion de la charpente, travaille à la démolition de l'édifice.

» Mais pour n'être pas au même rang, les autres ne sont pas indignes de respect. Leur source n'a rien que d'auguste, c'est l'autorité royale ; leur objet n'a rien que d'imposant, c'est d'en soutenir et d'en seconder l'exercice ! Qui les ébranle prive le trône d'un support.

» L'opposition n'est pas accoutumée à cette gra-
dation rigoureuse, à cette politique exacte et pré-
voyante qui s'étudie à fortifier tout ce qui est établi.
Mais les amis de l'ordre ne construisent pas pour
un jour ; ils pensent que le vaisseau ne serait qu'im-
parfaitement radoubé si l'on y laissait une seule
voie d'eau.

» L'opposition est verbeuse. Je lui choisirais volontiers pour devise : *Trop parler nuit.* Que n'a-t-elle
pas dit, en effet, pour justifier les défiances de la
loi ; tantôt affirmant que la patrie n'est que le sol,
et vouant à la dérision des siècles et Sertorius et
Pompée et Caton et Cicéron, et le génie sublime
qui a rendu leur pensée dans ce mémorable vers :

Elle est toute ou je suis. Rome n'est plus dans Rome ;

Tantôt faisant violence à la ponctuation d'un
vieil édit pour nous prouver, par une virgule, que
Henri IV distinguait la patrie et le Roi, d'où il faudrait induire qu'aux yeux de Henri IV les royalistes
de Paris, ralliés à son panache blanc pour faire le
siége de Paris, combattaient contre leur patrie ; tantôt le dirai-je, remuant les cendres sanglantes du
roi-martyr, pour lui adresser les reproches que lui
adressèrent ses meurtriers ; tantôt nous parlant du

droit constitutionnel des Bourbons, ce qui suppose quelque part un droit absolu ; car toute condition demande quelqu'un qui en surveille l'accomplisse- ment; et s'il n'y avait que des droits constitution- nels il n'y aurait pas de souveraineté ; tantôt, sous les auspices funèbres des Stuarts, mesurant les in- fortunes des Bourbons, afin de nous montrer qu'il s'en faut d'une qu'elle soient complètes ; tantôt en- fin associant témérairement la nation à leur *répu- gnance,* et mettant dans sa bouche, ce cri, qu'elle n'entendit en 1815 qu'avec horreur : *Tout, hors les Bourbons!*

» Je ne veux tracer ici l'accusation de personne. Je demande seulement quelles pensées doivent inspirer la majorité de telles révélations, quels adoucissements elles doivent apporter à des sé- vérités reconnues nécessaires avant ccs révélations mêmes ? »

Après l'annulation de l'abbé Grégoire par la Chambre des députés, pour cause d'indignité, c'é- tait indirectement demander l'expulsion de Manuel de cette même Chambre.

Le 5 mars 1823, elle parle ainsi :

« M. Manuel s'est présenté à la chambre des dé- putés au milieu d'un groupe de ses collègues du côté gauche. Les huissiers, d'après les ordres qu'ils

avaient reçus du président, se sont mis en devoir de
lui interdire l'entrée de l'assemblée ; mais M. Manuel et ses amis ont bravé toutes les consignes, et
un des employés de la chambre a été renversé par
la violence avec laquelle ils ont forcé le passage. »

Et le 6 :

« M. Manuel se donne à bien peu de frais les
honneurs de la persécution. Aux yeux de tout
homme impartial, c'est lui qui est le persécuteur,
lui qui fait servir un titre honoré au plus condamnable usage, tantôt arrêtant le cours des dé-
libérations de la Chambre, tantôt luttant contre
l'autorité de ses décisions. J'aime à l'entendre appeler du nom d'Aristide : sans doute Aristide,
condamné à l'exil, refusa de s'éloigner, et sus-
cita des émeutes pour échapper à sa peine. Ces
grands hommes, si burlesquement parodiés, subis-
saient en silence des arrêts même injustes ; ils com-
prenaient que la résistance à l'autorité publique
est bien plus injuste encore.

» Mais de quel parallèle m'avisé-je ici ? Comme
s'il y avait dans la monarchie une justification possible du régicide, ou qu'à défaut d'évidence la conduite postérieure de l'orateur ne fût pas un com-
mentaire assez clair de ses discours. Nous le
redisons, persuadés que les redites sont un moyen

d'affermir les principes : la Chambre avait le droit
d'exclure à jamais M. Manuel, soit comme coupable
d'attentat envers sa dignité, soit plutôt comme ar-
borant un drapeau ennemi ; car, s'il y a matière à
controverse sous le premier point de vue, l'autre
n'offre rien que de clair et de net. »

Cela est bien dit, fort élégamment et fort habile-
ment dit ; cela mord et pique, mais cela manque
de loyauté.

Le 18 septembre 1824, la *Gazette* paraît de nouveau encadrée de noir. La veille, aux Tuileries, les
amis et les soutiens de la branche aînée avaient
fait entendre pour la dernière fois ce cri : Le roi
est mort ! Vive le roi ! »

Louis XVIII, en effet, sera dignement continué
par Charles X.

Le général Foy meurt le 28 novembre 1825 ; le 30
la *Gazette* lui consacre quelques lignes qui ont la
prétention d'être un éloge.

« La société et l'armée, dit-elle, viennent de perdre un homme également distingué par ses talents,
par sa bravoure et par son caractère. Bien que nous
ayons eu souvent à combattre une opinion et des
principes auxquels le général Foy prêtait à la tribune
l'appui de son éloquence, bien qu'il combattit dans
des rangs qui ne seront jamais les nôtres, nous ne

serons pas des derniers à exprimer les regrets qu'inspire la perte de cet homme remarquable. »

Après avoir retracé la brillante carrière militaire du général Foy, la *Gazette* termine par ces mots :

« Il prit part, comme membre de l'opposition libérale, à toutes les discussions importantes qui ont eu lieu dans la Chambre législative. »

L'éloge ne dissimule pas suffisamment la satisfaction de la *Gazette* de ce que le Pouvoir compte en moins un de ses plus puissants adversaires.

Le 2 décembre, elle rend compte de ses obsèques, et reproduit deux discours prononcés par M. Casimir Périer et M. Ternaux.

La *Gazette* s'était fleurdelysée; son titre était en lettres gothiques, tel qu'il est aujourd'hui. Tout à coup elle paraît avec son titre en lettres ordinaires. Elle a décidément mis ses armoiries dans sa poche. C'était le 31 juillet 1830. Elle n'avait pas paru depuis deux jours. On lit en tête de ce numéro :

« La *Gazette de France*, le plus ancien des journaux, a un engagement à remplir envers ses abonnés. Ses sentiments et ses opinions sont connus. Si elle n'a pas prévu tous les malheurs qui sont survenus, au moins a-t-elle la conviction d'avoir fait tout ce qu'elle pouvait pour les empêcher. En se décidant à reparaître dans les circonstances péril-

leuses où se trouve la France, elle croit faire un acte
de dévouement et de courage dont on lui saura gré.

» Le moment n'est pas venu de commenter les
événements : nous les rapportons d'après les journaux qui ont paru aujourd'hui.

» Lubis. Méry. »

Durant une période de quelques années, la *Gazette de France* a été comblée, par le Pouvoir, de ces
faveurs qui lui sont si chères, faveurs dont elle ne
jouira peut-être plus.

Nous savons que la *Gazette* n'a pas trop le droit
de se vanter de sa fidélité aux principes.

« Comme la plupart des journaux, disait un journal du temps, le *Censeur*, la *Gazette* a adressé force
injures à l'usurpateur, beaucoup loué le souverain
légitime remonté sur le trône de ses ancêtres, vanté
la fidélité des Chouans et détesté les crimes des Jacobins, et quand ces matières ont été épuisées, elle
est rentrée dans sa nullité première. »

« Le fait est que la *Gazette*, gênée par les antécé-
dants de quelques uns de ses rédacteurs, dit M. Eugène Hatin, à qui nous empruntons cette citation,
n'allait pas jusqu'à demander la suppression des
Assemblées et l'anéantissement des institutions

constitutionnelles ; mais elle vantait sans cesse l'ancien régime, décriait le régime nouveau, et signalait la manie libérale comme la plus funeste maladie du siècle. »

A cette époque les journaux étaient loin de présenter le développement et l'importance qu'ils ont aujourd'hui. La politique y était pour ainsi dire hors de cause. La littérature proprement dite y tenait peu de place ; sous l'Empire et sous la Restauration, la *Gazette* publie en Variétés et en Feuilletons des comptes-rendus de livres et de pièces de théâtre.

Bien que les principaux articles de la *Gazette* ne fussent signés que d'initiales, les noms de ses rédacteurs ne nous étaient pas inconnus. Mais nous avons trouvé dans un journal satirique du temps, le *Nain jaune*, une nomenclature de ces rédacteurs, accompagnée de renseignements curieux, que nous mettons sous les yeux de nos lecteurs.

B. E. — M. Belmare, ci-devant commissaire général de police à Anvers. Il a failli être exclu de la *Gazette* pour avoir montré un peu d'esprit et de bon sens dans sa brochure intitulée *Remontrances du parterre* ; mais il s'en repent tous les jours.

B. T. — M. Briffaut. On aurait bien voulu trouver dans sa tragédie de Ninus II la verve de sentiment qui anime son ode sur la *Naissance du roi de Rome*. Il a pris dans la *Gazette* la noble tâche de prêcher l'intolérance et d'insulter à la puissance qui n'est plus. Si, comme on l'assure, les propriétaires du journal lui donnent le sou pour livre des abonnements qu'il leur fait perdre, il est, sans contredit, le mieux renté des journalistes.

D. T. — Merius connu sous le nom de Durdent.

D. E. — D. L. — Q. Z. — M. Lanolle. Il a plus de variétés dans ses signatures que dans ses articles.

J. T. M. ou ***. — M. Jules Merle, postillon littéraire de la *Gazette*, qui n'en va pas plus vite quoiqu'il fasse claquer son fouet.

S. — M. Sevelinges. En politique, il ne passe pas pour avoir la vue bien nette. Il a deux passions favorites : sa haine pour Napoléon, qui date du 29 mars dernier, et son amour exclusif pour Mozart, qui tient au besoin bien naturel de rabaisser les compositeurs français.

S. E. — M. de Senome. Il a écrit cinq cent quarante-trois articles sur les acteurs et sur le théâtre-Français ; on offre de parier cent louis qu'il ne s'y trouve rien qui ressemble à une pensée.

Y. — Madame Bolly, ex-rédactrice du *Journal des Arts*, où elle a donné des articles très-spirituels.

Elle travaille maintenant dans l'esprit de la *Gazette*.

« On prétend que Louis XVIII écrivait dans la *Gazette*, nous le croyons sans peine. Mais pour les dernières années de la Restauration, il faut surtout compter de Genoude.

Vers la fin de 1820, de Genoude avait créé un journal du soir appelé l'*Étoile*. En 1825, l'*Étoile* fut réunie au *Journal de Paris* et à la *Gazette de France*, l'un et l'autre achetés par le gouvernement, et parut sous le titre de *Gazette de France*. Pour s'assurer le succès de la *Gazette* placée sous l'homme investi de sa confiance, le ministère ne se contenta pas de lui accorder une large subvention sur les fonds secrets; il y joignit un privilège important, celui de pouvoir partir avec les courriers du soir au moment de la dernière levée des lettres; alors que pour être expédiés dans les départements les autres journaux devaient être remis à la direction des postes cinq heures plus tôt : Cette exception faite à la règle en faveur de la feuille ministérielle du soir permettait à la *Gazette* de devancer ses concurrents de vingt-quatre heures pour la transmission en province et à l'étranger de toutes les nouvelles reçues dans la matinée et des faits importants qui pouvaient s'être passés à Paris dans la journée.

Mais plus tard les réclamations unanimes de la presse de Paris furent prises en considération par le ministère Martignac, et la *Gazette* dut alors rentrer dans le droit commun. M. de Polignac en entrant aux affaires rendit son privilége postal à de Genoude, qui le garda jusqu'au 27 juillet 1830 [1].

De Genoude a combattu tous les ministères de la Restauration, à l'exception d'un seul, celui de M. de Villèle; et quand la Restauration est tombée, il était dans l'opposition: on ne peut donc pas prétendre que ses conseils ont perdu ce gouvernement. Aussi dira-t-il plus tard : La restauration que j'attaque, ce n'est pas la restauration du principe monarchique, mais c'est la restauration des principes doctrinaires. »

Nous retrouverons de Genoude dans le chapitre suivant où son talent du journaliste sera apprécié.

[1] N'est-ce pas là l'histoire de notre *Moniteur à 5 centimes*? l'injustice n'est-elle pas de tous les temps?

V

Article du 28 juillet 1830. — Article du 1er août. — Ouverture de la session du 4 août. — Article du 7 août. — Second article. — Séance solennelle des deux Chambres, serment du duc d'Orléans. — Troubles dans Paris. — Réceptions officielles du 1er janvier 1831. — Article du 1er janvier, la *Gazette* prend parti pour le peuple. — Réponse de la *Gazette* à un journal ministériel. — Guerre au ministère Laffitte; les *hommes du 7 août.* — Anniversaire de la mort du duc de Berri. — Sac de Saint-Germain-l'Auxerrois et de l'archevêché. — Appréciations de la *Gazette.* — Récit des événements. — Ministère Casimir Périer. — Loi sur le bannissement des Bourbons. — Complot légitimiste, dit *de la rue des Prouvaires.* — Troubles du 6 juin. — Troubles de février, troubles d'avril à Lyon et à Paris. — Situation. — *Premier anniversaire, Première Mystification..* — Décorés de juillet. — Fieschi. — La restauration des restaurations. La *Révolution* et la *Presse.* — Mort de la révolution de juillet. — Nouveau ministère. — Alibaud. — Nouveau ministère. — Complot de Strasbourg. — Mort de Charles X. — Meunier. — Procès. — Cabinet dit *du 15 avril.* — Lois d'apanages. — Amnistie du 8 mai. — Vive l'amnistie! — Vive la réforme! — M. Pasquier. — Récapitulation. — Prise de Constantine. — Armand Laity. — Naissance du comte de Paris, chute du ministère du 15 avril. Wellington, Soult, Thiers, Barrot. — Rejet de la dotation du duc de Nemours. — Cabinet dit *du 1er mars.* — Échauffourée de Boulogne. — Fortifications de Paris. — Machiavel. — M. Thiers, M. Villemain. — Darmès. — Crise ministérielle, le ministère Guizot. — Ligne politique de la *Gazette.* — Les cendres de Napoléon à Paris. — Bonaparte, le 18 brumaire, Napoléon. — Funérailles de Napoléon. — Quenisset, — Mort du duc d'Orléans. — Clauzel, Iluman, Dumont d'Urville, le duc d'Orléans. — Élections. — Le *Livre d'Or de la Monarchie.*

— Taïti, l'amiral Dupetit-Thouars; le Jupiter de Waterloo. —
Machiavel. — Mort du duc d'Angoulême. — M. Thiers,
Dupetit-Thouars, d'Aubigny, Pritchard. — Tanger, Mogador,
Isly. — Le roi et M. Guizot en Angleterre. — Madame de Staël.
— Boutade. — Lecomte, mariages espagnols. — La chambre,
vive la Réforme! — Procès Teste et Cubières. — Au minis-
tère. — Le 24 février. — Coup d'œil rétrospectif sur la
Gazette.

Avant d'aborder la *Gazette de France* dans la période du gouvernement de juillet, nous croyons
devoir citer en entier un article du 28 juillet, article
très-modéré au fond, dans lequel elle fait en ces
termes le bilan de la situation.

« Dans les circonstances où nous nous trouvons,
le langage de la sagesse est obligatoire pour les organes de la publicité. Lorsque les passions peuvent
être excitées, la voix d'une raison calme doit chercher à se faire entendre. Nous ne saurions donc
trop répéter que, les mesures qui viennent d'être
prises contenant la convocation des Chambres pour
le 28 septembre, il y aura dans deux mois pour les
opinions contraires à ces mesures des moyens lé-
gaux de se manifester, que ces mesures fondées sur
l'invocation de la Charte ne doivent rencontrer
aucune opposition parmi les hommes véritablement
attachés au gouvernement représentatif. C'est donc
dans la nouvelle lice électorale qui leur est ouverte

qu'ils peuvent porter leurs influences et leurs efforts.
Ils ne sauraient oublier qu'il n'est pas parmi les
lumières de leur opinion un seul orateur qui n'ait
professé les doctrines en vertu desquelles le gouvernement vient d'agir [1].

»Que les hommes qui croiraient leurs voix étouffées
se rassurent. Assez d'éléments d'une opposition démocratique sortiront des élections prochaines. Cette
opposition ne saurait manquer à la nouvelle Chambre. L'essentiel est qu'elle ne soit point assez forte
pour entraîner le gouvernement hors des voies où il
doit marcher.

» On ne doit pas oublier que la constitution qui
nous a été donnée par Louis XVIII exige l'équilibre
entre trois pouvoirs législatifs. Cet équilibre est-il
détruit par la mesure qui vient d'être prise? L'indépendance de la Chambre des pairs est-elle entamée?
La tribune de la Chambre des députés est-elle abat-
tue? La propriété cesse-t-elle de nommer ses représentants pour le vote de l'impôt? Non, sans doute :
toutes les garanties que la Charte a voulu consacrer
sont intactes, car la liberté de la presse n'est que

1. Ceci à trait aux fameuses ordonnance du 25 juillet
portant abolition de la liberté de la presse, dissolution de
la nouvelle Chambre des députés et changement du mode
d'élection.

suspendue. Le gouvernement se trouvera bientôt dans les nécessités des formes représentatives.

» Quant à la constitutionnalité des ordonnances du 25 juillet, elle ne peut être pour nous l'objet d'un doute. Toute constitution possible s'est réservée le moyen de se préserver elle-même; nous sommes pour les mesures légales, mais nous devons le dire, sûrs d'être entendus par la conscience des hommes de tous les partis, nous ne connaissons point de mort légale pour les gouvernements. »

Ces conseils, d'ailleurs inacceptables, venaient trop tard, ils ne pouvaient plus être entendus.

Le 1ᵉʳ août, la *Gazette de France* publie en tête de ses colonnes cette sorte de manifeste :

« Après des événements aussi inattendus, un devoir nous est imposé, celui de rassurer les personnes, de dissiper les craintes et d'appeler la protection de l'autorité sur toutes les existences comme sur tous les intérêts.

» La crise sanglante s'est évanouie. Le besoin de l'ordre et de la paix qui éclatait encore au milieu du soulèvement des passions et des exaspérations de la résistance est devenu la pensée publique. Que ceux qui avaient pu se croire menacés se rassurent.

» Les églises ont été rouvertes aux fidèles; les citoyens ne se montrent plus en armes que pour le service de la garde nationale ; de nombreuses patrouilles arrêtent les malfaiteurs et assurent la tranquilité ; les communications se rétablissent ; les barricades disparaissent ; on annonce que les tribunaux reprennent demain leurs audiences.

» Les Chambres vont s'assembler. Déjà quelques séances préliminaires ont eu lieu, et des voix généreuses se sont fait entendre. Que ceux qui se sont senti la force de protester contre le malheur ne se découragent pas, c'est notre vœu. Il n'a rien d'hostile pour les vainqueurs.

» Le changement qui s'est opéré dans notre situation est en partie l'ouvrage de la presse périodique, et nous avons été étonnés de voir des hommes égarés briser les presses. Cependant, nous devons le déclarer, les nôtres ont été respectées.

» Celui qui écrit ces lignes a été témoin d'une partie des scènes sanglantes qui se sont passées depuis le 27, et il lui est impossible de supposer que lorsque l'on a usé de modération et de générosité pendant le combat, on ne soit ni modéré, ni généreux après la victoire. »

La *Gazette* rend compte des événements et publie les documents officiels.

Rendant compte le 4 août de l'ouverture de la session des Chambres, elle dit : « Des acclamations.

ont retenti lorsque M. le duc d'Orléans eut cessé de parler. Elles ont continué à sa sortie. »

Le 7 août, elle publie un très long article duquel nous faisons les extraits suivants :

« Nous avons prouvé d'une manière incontestable que le principe de la légitimité était le seul qui pût assurer notre avenir, sans rien faire perdre de leur force aux garanties constitutionnelles établies ou à établir...

» Voilà donc les assemblées primaires convoquées. Quatre opinions s'y partegeront les esprits, de même qu'elles se partagent en ce moment les journaux, qui expriment l'état de l'esprit public. Ces opinions seront :

» Celle qui demande le duc de Bordeaux, comme roi, sous le nom d'Henri V, avec la régence du duc d'Orléans.

» Celle qui veut le duc d'Orléans, comme roi, sous le nom de Philippe VII.

» Celle qui veut le duc de Reichstadt, sous le nom de Napoléon II.

» Celle enfin qui demande la république avec un président.

» De ces quatre opinions, une est hors de discussion, les trois autres se présentent avec des titres à peu près équivalents ; car elles se fondent sur le même principe, celui de la souveraineté nationale, et sur le droit qu'avait la nation de se choisir un chef [1].»

Nous extrayons de même d'un article très-long et très-substantiel les lignes suivantes :

« Dieu nous est témoin que nos opinions ont pour source unique le désir le plus ardent du bonheur de la France. C'est dans l'intérêt de son repos et de sa véritable liberté que nous avons exprimé tous nos sentiments dans ce moment solennel où viennent de se décider les destinées d'un grand peuple. Avec la même indépendance, le même désintéressement que nous avons mis à dire la vérité à un pouvoir qui s'égarait, nous avons présenté la lumière des principes et des doctrines sociales à des pouvoirs qui nous paraissaient sortir des règles de la justice et de l'ordre. C'est le cri de notre conscience que nous avons fait entendre ; c'est la voix du patriotisme le plus pur qui a proclamé nos opinions. En nous attachant au dogme de la légitimité, nous avons rempli un devoir de conviction et d'honneur ; nous avons fait plus, nous avons établi un principe politique de salut et de conservation, car il sera dé-

1. Le droit de se choisir un chef! C'est le suffrage universel que réclame la *Gazette.*

montré plus tard qu'il n'était pas même utile de s'en écarter.

» Pour nous, notre rôle est tracé par notre position. Respect et obéissance à tout ce qui concerne l'ordre public; mais guerre, guerre intellectuelle à l'erreur, aux doctrines anti-sociales, aux principes subversifs de la religion et de la morale. La liberté de la parole nous est promise; nous nous y attachons comme à l'ancre de miséricorde qui nous reste. C'est par la parole que la société a été entraînée loin de ses devoirs et de la vérité, c'est par la parole qu'elle y sera nécessairement ramenée. La nôtre sera grave et sévère comme les circonstances en présence desquelles nous sommes placés; elle sera mesurée et sans violence, car nos sentiments n'ont rien de haineux et de passionné. On ne nous verra pas provoquer les peuples à ces mouvements désordonnés qui jettent un État dans la confusion. Nous nous adresserons aux intelligences et aux cœurs, jamais aux ressentiments et aux intérêts cupides.

» C'est dans cette disposition d'esprit, entièrement calme et réfléchie, que nous avons vu, avec une profonde douleur, les résultats de la séance d'hier...

» Frapper la royauté de déchéance, et mettre en même temps ses ministres en accusation, c'est mé-

7.

connaître ou le principe de l'inviolabilité du roi, ou
le principe de la responsabilité ministérielle...

» Mais que pouvait-on attendre de réfléchi de la
part d'une Assemblée qui, formée en vertu d'une
Charte par laquelle aucune initiative ne lui était
accordée, s'en empare pour décréter l'initiative
qu'elle veut avoir, déclarant ainsi, par sa Constitution improvisée, qu'elle ne jouissait pas de la faculté qu'elle a exercée, et frappant par cela même
ses propres actes de nullité ?...

» Les contemporains et la postérité voudront
juger une telle mesure, non avec la préoccupation
d'esprit de ceux qui y ont applaudi, mais avec l'é-
quitable balance de la raison...

» La raison publique, une fois sortie de l'effer-
vescence ou de la stupeur, veut se rendre compte
des actes qu'on lui présente comme faits en son
nom. Ici elle ne verra sans doute pas que, même en
rejetant la loi ancienne, la simple équité ait été
prise pour guide. Et que sont des mesures dont l'o-
pinion ne peut apprécier les motifs qu'en les attribuant à un abus de majorité et à des passions auxquelles elle est ou deviendra étrangère? »

Ainsi parle la *Gazette*. Elle déclare avoir dit la vérité à un pouvoir qui s'égarait, et elle approuve les
ordonnances de juillet. Elle s'attache à la liberté de

la parole qui lui est rendue, et elle approuve l'expulsion de Manuel. Ainsi, elle usera de la liberté de
la parole pour combattre ceux qu'elle en a privés.
Mais nous sommes bien aise de lui voir tout d'abord
prendre l'attitude qu'elle entend tenir.

Le 9 août, elle rend compte de la séance solennelle des deux Chambres au palais Bourbon,
séance dans laquelle le duc d'Orléans accepte la
couronne et prête le serment exigé par la nouvelle
Charte.

Le 13, elle dit : « Le parti qui prévaut aujour-
d'hui n'a rien à craindre des hommes de notre opinion, et tous ses dangers sont en lui-même. »

Le 18 octobre, à l'occasion des troubles qui éclatent à Paris, la *Gazette* dit :

« Un grand travail se fait dans ce moment au sein
de la société. La crise actuelle va décider du caractère de la révolution de 1830, et la France et l'Europe en attendent l'issue. Nous devons dire, à l'honneur des organes de la révolution nouvelle, que
presque tous professent des intentions généreuses
et cherchent à prévenir les désordres matériels dont
nous sommes menacés. On ne peut qu'applaudir à
de semblables efforts.

» Il ne faut jamais oublier ce que l'expérience
nous a appris, que la moitié du courage que les

hommes ont déployé à certaines époques de l'histoire, pour supporter les plus grands maux, convertie en courage d'action, eût suffi pour les prévenir,
et que le secret de tous les bouleversements politiques se trouve dans ces paroles de Tacite : « *Pauci*
» *audent facinus, plures volunt, omnes patiuntur.* »
Peu osent un attentat, plusieurs le veulent, tous le
subissent. »

Voici, d'après la *Gazette de France*, comment
ont eu lieu les réceptions officielles du 1er janvier 1831 :

« Le Roi et la Reine ont reçu les félicitations des
ministres, des grandes députations des chambres
des pairs et des députés, des maires, des tribunaux,
du Conseil d'État, du Conseil des prisons, de la Société d'agriculture, des agents de change, des officiers civils et militaires, et des professeurs de l'École
polytechnique.

» Le Roi est descendu dans la cour pour passer en
revue les blessés de Juillet. »

Nous lisons dans le même numéro du 1er janvier :

« On ne cesse depuis quelque temps de faire à la
tribune des distinctions de partis. On y a signalé
tour à tour comme conspirateurs tous ceux qui, depuis quarante ans, ont reçu dans le langage politi-

que une dénomination. Puisque tout le monde s’en mêle, nous allons aussi établir nos distinctions :

» Il y a en France trois partis qui sont en dehors du mouvement parlementaire, c’est-à-dire qu’ils se trouvent sans action sur la majorité des Chambres. Ce sont les bonapartistes, les carlistes, si l’on entend par là les partisans des coups d’État, et les anarchistes. Comme ils n’ont ni point d’appui, ni corps, ni influence apparente, on ne doit pas les compter.

» Les bonapartistes ont essayé leur force dans la loi sur le rappel des bannis, dans une pétition et dans des mélodrames. Ils ont échoué partout, et prouvé par là leur faiblesse numérique et morale.

» Les carlistes sont un fantôme que le pouvoir nouveau poursuit partout et ne parvient à saisir nulle part.

» Les anarchistes ont plus de réalité ; on les a vus en octobre et en décembre. Mais ces deux tentatives n’ont prouvé ni sympathie ni appui là où est réellement la force.

» Nous ne pouvons donc compter que trois partis parlementaires ou nationaux, c’est la même chose.

» Le premier est celui qui veut une monarchie bourgeoise soutenue par une aristocratie bourgeoise d'électeurs, dans laquelle seront concentrés tout le pouvoir politique et administratif, les emplois, les honneurs, les grades et la force publique.

» Le second est celui qui voudrait élever un trône populaire, ayant pour base une Constitution républicaine. Son roi porterait ce titre pour satisfaire à quelques préjugés au dedans et à quelques exigences au dehors ; mais sous ce titre magnifique, il n'aurait pas plus de valeur qu'un président ou un Landermann.

» Le troisième est celui qui voudrait une monarchie pour le peuple, c'est-à-dire un pouvoir royal assez fort pour faire le bien et impuissant à faire le mal, appuyé sur des institutions provinciales et municipales qui laissent la plus grande liberté aux intérêts locaux, sans gêner l'action du gouvernement ; un système représentatif né de ces institutions ; en un mot, une monarchie indépendante appuyée sur tous les intérêts nationaux.

» Le premier de ces partis veut édifier un pouvoir arbitraire avec les débris de la Révolution, de l'Empire et de la Restauration. Sa Constitution est un amalgame informe des trois époques ; sa garde sédentaire et mobile est empruntée au Recueil des décrets impériaux ; son régime municipal est une dégénération de l'œuvre constituante, modifiée par le ministère de 1828; son organisation électorale participe des deux principes incompatible de l'Empire et de la Restauration.

» Le deuxième parti poursuit les conséquences des principes de 89 : un pouvoir unique, fixé dans une assemblée délibérante, avec un agent exécutif agissant sous l'influence de comités pris dans une Convention; il veut un pouvoir républicain et sans contrôle.

» Le troisième veut élever le pouvoir monarchique sur un principe infiniment plus populaire, car il place la force qui gouverne dans l'autorité royale, et la force qui conserve les intérêts dans le peuple. Ce système prévient tout danger pour le trône et tout péril pour la liberté. La différence entre ce parti et le précédent, c'est que celui-ci veut fonder une démocratie royale, et que l'autre veut fonder une monarchie populaire, c'est-à-dire une monarchi pour le peuple et non par le peuple.

» C'est cette dernière opinion dont nous sommes les organes. »

C'est la première fois que nous voyons la *Gazette*

prendre parti pour le peuple ; elle y reviendra encore, mais le peuple ne la croit jamais.

Même numéro :

« Il faut faire avorter les manœuvres des carlis-
» tes qui veulent nous faire aller à Henri V par la
» république. » Voilà ce que disait hier un journal
ministériel. Nous le défions de trouver un seul mot
dans la *Gazette de France* qui justifie une pareille
accusation. Certains royalistes, en 89, ont pu croire
qu'en poussant au désordre ils devaient amener la
Restauration. Ils doivent être désabusés aujour-
d'hui, car tous leurs efforts ont été impuissants, et
la Restauration ne s'est faite que quand il n'y avait
plus que l'intérêt de la France qui conspirât contre
elle. »

L'histoire est là qui proteste contre ces derniers
mots. Pour ce qui est des royalistes, les paroles sont
sages ; mais sont-elles sincères ?

La *Gazette de France* a commencé et continue une
guerre sans merci au ministère Laffitte qu'elle appelle dédaigneusement les *hommes du 7 août.*

Le 14 février, la *Gazette* parait avec une colonne
encadrée de noir. Il y a juste douze ans que le duc
de Berri a été assassiné. Ce même jour, une émeute
furibonde eut lieu à Paris, qui eut pour cause l'an-

niversaire de cette mort. Laissons parler M. Louis Blanc [1] :

« On touchait au 14 février, anniversaire de la mort du duc de Berri. La *Gazette de France* et la *Quotidienne* annoncèrent que, ce jour-là, un service funèbre serait célébré à l'église Saint-Roch. Le ministre de l'intérieur en écrivit au préfet de police. Le ministre des cultes, à son tour, fit savoir à l'archevêque de Paris que la cérémonie projetée pouvait devenir une provocation à l'émeute. Le curé de Saint-Roch crut donc devoir s'abstenir. Il n'en fut pas de même du curé de Saint-Germain-L'Auxerrois, vieillard qui avait accompagné à l'échafaud Marie-Antoinette. Le 14 février, des hommes, placés sur les marches de l'église Saint-Roch, distribuaient aux arrivants des cartes destinées à leur apprendre que le rendez-vous était à Saint-Germain-l'Auxerrois. D'un autre côté, un grand nombre de brillants équipages encombraient déjà les avenues de cette église. Couvrant sous la solennité d'un droit public la satisfaction d'une vengeance essayée, une foule élégante envahit le temple, et le service funèbre commença. A quelques pas de là dormaient dans leurs tombeaux ceux qui, au mois de juillet, étaient tom-

1. *Histoire de dix ans.*

bés morts devant le Louvre. On fit une quête dans l'église au profit des soldats de la garde royale blessés dans les trois jours. La cérémonie s'achevait en silence lorsque, s'avançant vers le catafalque qui s'élevait au milieu de l'église, un jeune homme y attacha une lithographie représentant le duc de Bordeaux. Une couronne d'immortelles fut placée au-dessus de ce portrait, et des militaires y vinrent fixer leurs décorations. »

Le sac et la dévastation de Saint-Germain-l'Auxerrois et de l'archevêché fut la conséquence de cette provocation insensée. Voici ce que dit de ces événements la *Gazette* du 16 février :

« Il y a deux faits dans ce qui s'est passé hier à Saint-Germain-l'Auxerrois : un fait collectif et un fait individuel.

» Le fait collectif, celui d'un service pour un prince mort en France, est inattaquable. Les journaux libéraux eux-mêmes le reconnaissent.

» Le second fait, individuel de sa nature, est par cela seul séparé du premier. C'est aux tribunaux qu'il appartient de le caractériser. Personne que ses auteurs ne peut en être responsable.

» Le service s'est passé dans le plus grand ordre, en présence du magistrat chargé de la police de Paris.

» On ne conçoit donc pas comment les journaux qui reconnaissent ces deux faits peuvent les confondre, et chercher à exciter des réactions contre le clergé de Paris, et contre ceux qui ont assisté à cette cérémonie.

» La garde nationale, fidèle à son bon esprit, s'est portée hier aux lieux où sa présence était nécessaire pour maintenir l'ordre, et ce matin encore elle a empêché le désordre partout où elle a pu arriver à temps pour le prévenir. »

Puis la *Gazette* fait le récit des événements :

« Un rassemblement considérable s'est porté ce matin à l'archevêché. La garde nationale, qui était parvenue hier au soir à arrêter les dévastations, n'a pu contenir aujourd'hui les assaillants. Meubles, livres, boiseries, tapisseries, tout a été précipité dans la Seine. Bientôt on a abattu les combles de l'édifice.

» Les quais sont tous garnis par une foule de curieux, qui regardent les mariniers occupés à recueillir les débris du mobilier.

» L'église de Saint-Germain-l'Auxerrois a été complétement dévastée : il ne reste que les quatre murs. La garde nationale stationne sur la place ; elle a sauvé tout ce qu'elle a pu, et retiré dans un corps de-garde une partie du mobilier de l'église.

» Vers midi des forces imposantes se sont portées
du côté de l'archevêché. Des postes ont été placés
devant toutes les églises, ce qui n'a pas empêché le
déposage de plusieurs des croix qui surmontaient
ces édifices. On croit que c'est par ordre de l'autorité que ces signes extérieurs ont été déposés.

» Le Louvre et les Tuileries ont été fermés toute
la journée; des postes nombreux garnissaient les
places et de fortes patrouilles parcouraient les rues
où l'affluence s'était portée.

» La promenade des masques s'est faite comme à
l'ordinaire; mais elle n'a consisté qu'en quelques
voitures de places qui traversaient une foule curieuse
et paisible répandue sur les boulevards et dans la
rue Saint-Honoré.

» Vers deux heures, un groupe de deux à trois
cents jeunes gens s'est porté du côté de la chambre
des députés. Les abords du palais Bourbon étaient
gardés par de forts détachements de la garde nationale et toutes les issues étaient interceptées.

» Dans l'après-midi, des dégâts ont été commis à
l'Église de Bonne-Nouvelle, où des vitres ont été
brisées.

» A trois heures, un rassemblement s'est dirigé
vers la conciergerie pour réclamer les individus ar-

rêtés hier ; un bataillon de la ligne s'est porté vers cette prison et l'a dégagée.

» Un bataillon de la garde nationale a été envoyé à l'Hôtel-de-Ville pour renfoncer les postes ; les communications étaient interceptées au pont d'Arcole.

» Plusieurs arrestations ont eu lieu aux environs de la chambre des députés, où des individus, faisant partie des rassemblements, résistaient avec violence à la force armée.

» Les fleurs de lys, partout où elle frappaient les regards, ont été enlevées. La statue de Louis XIV, sur la place des Victoires, à subi ce retranchement.

» Vers cinq heures tout paraissait tranquille du côté de l'archevêché ; les abords de la Chambre étaient libres et l'attitude imposante de la garde nationale fait espérer que l'ordre ne sera plus troublé. »

De si graves événements pour la célébration d'un anniversaire, même d'un prince... Nous voyons que contrairement à ce que disait la *Gazette* le 1er janvier les royalistes ne se sont pas du tout corrigés.

Le 13 mars, nouveau ministère présidé par Casimir Perier.

» Ce ministère veut, dit-on, être fort, dit la *Gazette*

et quelque besoin que nous ayons d'un gouvernement fort pour protéger tous nos intérêts compromis, cette volonté du ministère ne laisse pas que
d'être inquiétante. On peut poser en maxime générale que tout ministère du milieu qui veut-être fort
fera ou de l'arbitraire illégal, ou de l'arbitraire
légal; c'est encore là une vérité d'expérience, et
cette vérité est facile à expliquer. Un tel ministère
étant formé contre le développement d'un principe,
c'est sa volonté seule qui devient l'arbitre de ce
qu'il faut accorder ou refuser à ceux qui invoquent
ce principe. Cette volonté, ayant la logique contre
elle, doit donc s'armer d'un pouvoir matériel contre
la logique ; elle est obligée de restreindre ou de comprimer la liberté, afin de soumettre les volontés opposées qui la dominent. De là, naissent lesmesures
d'exception et les lois de circonstances; de là, le
besoin de s'appuyer sur des doctrinaires pour em-
brouiller les idées, et, en fin de compte, sur des
sabres pour contenir et repousser des masses. ».

Le 25 mars, à l'occasion de la loi sur le bannissement des Bourbons de la branche aînée, elle publie
la célèbre brochure de M. de Châteaubriand, où se
trouvent ces lignes : « Aujourd'hui je sacrifierais
ma vie à l'enfant du malheur; demain, si mes paroles avaient quelque puissance, je les emploierais

à rallier les Français contre l'étranger qui rapporterait Henri V dans ses bras. »

Le complot légitimiste dit *de la rue des Prouvaires*, dont tous les conjurés se sont évanouis comme un souffle, donne beau jeu à la *Gazette*, qui en plaisante à son aise.

» Tous les journaux sont remplis aujourd'hui de détails sur la *grande conspiration* de la rue des Prouvaires, dit-elle le 3. Il paraît que l'ère des émeutes est passée, et que nous sommes arrivés à l'ère des conjurations.

» L'effet de cette conjuration a été de faire remonter la rente et de dégager le budget qui maintenant va marcher *comme sur des roulettes*.

» Au reste, quand on songe au peu dè secret que les conjurés paraissaient mettre dans toutes leurs démarches, on peut dire que ce complot ne ressemblait à aucun autre, c'est une conspiration faite comme une émeute. Il est bien remarquable que les événements de cette révolution-ci soient toujours à ceux de la première ce qu'était à la ligue la Fronde qu'on avait appelée une plaisanterie armée. »

Le 6 juin, en présence de l'émeute qui gronde dans Paris, la *Cazette* qui fait la guerre au ministère Perier dit :

« Le ministère actuel réunit en lui les deux aspects,

sous les quels s'est montrée la première révolution.
Comme le dieu romain, il a pour ainsi dire deux
faces : la face de la république et la face de l'empire,
la première est contre les Vendéens et la seconde
contre les hommes de la république. C'est une situation unique dans l'histoire, et qui finirait par
le despotisme et l'anarchie, si l'on n'avait pas re-
cours pour la nomination des députés à la convocation de tous les contribuables dans toutes les com-
munes de France, seul moyen d'avoir enfin une
représentation nationale. »

Le 14 février 1834, troubles à Lyon.

Le 23, troubles à Paris.

Le 9 avril, insurrection à Lyon et dans d'autres
villes du royaume.

Le 13, insurrection à Paris.

Voici ce que dit la *Gazette* après ce dernier mouvement :

« La crise qui vient d'avoir lieu est une démons-
tration de ce que nous avons répété sans cesse, que
la république est impossible en France. De deux
choses l'une : ou le parti républicain de Paris aurait
engagé fortement le combat, et alors il n'aurait pas
pu tenir contre l'armée et la garde nationale qui ne
veulent pas de république, ou il a compris sa situation, et alors son impuissance est également démon-

trée. Ainsi le voilà fini, ce fantôme de république, qui a fait depuis trois ans toute la force du milieu ! Il est prouvé aujourd'hui que rien ne peut plus s'établir à Paris par des voies violentes. Cela est si vrai que la portion la plus éclairée du parti républicain s'était ouvertement prononcée contre le mouvement qui vient d'avoir lieu et avait déclaré qu'on ne pouvait demander que la convocation de la nation.

» Le progrès est donc possible en France puisque la république n'est plus à craindre. La république est à présent, comme la crainte de la guerre civile et de la guerre étrangère, un horizon que nous avons traversé. »

Le 1ᵉʳ décembre nous lisons ces quelques lignes sous ce titre : *Situation* :

« Nous remarquons dans le *Temps* la phrase suivante :

« Il y a deux pentes, deux versants de la montagne, l'un vers la république, l'autre vers la restauration. »

» Ainsi, comme on a passé le versant de la république, on est aujourd'hui sur le versant de la restauration. Il faut, bon gré malgré, qu'on y arrive, attendu que l'immobilité n'est point possible dans

8

les descentes, et que le juste-milieu et le tiers-parti
ne sont que des relais vers la restauration ou la république.

» Le problème est posé maintenant, et l'opinion
de la France l'a déjà résolu. »

La *Gazette* est habile. Nous trouvons un de ses
meilleurs traits le 3 décembre. Le trait a pour titre :
Louis-Philippe-Alger-le duc de Wellington.

» L'abandon d'Alger devait être le prix de la reconnaissance du trône de juillet par le duc de Wellington, alors premier ministre de l'Angleterre.
On se rappelle, d'une part, les aveux de la tribune
anglaise par lord Aberdeen : et d'autre part, le silence gardé sur ce point par le gouvernement doctrinaire qui, ayant servi, plus tard, à l'élévation du
ministère Grey, put se dispenser de tenir les paroles
qu'il avait données ou les quasi-engagements qu'il
avait pris à ce sujet. Le retour du duc de Wellington à la tête du cabinet anglais va-t-il remettre
les choses sur le pied où elles étaient, et va-t-il de
nouveau être question de l'abandon d'Alger par
Louis-Philippe, comme prix d'une nouvelle reconnaissance du ministère tory? C'est de cela que l'on
parle et la mission de M. de Bourqueney à Londres
paraît se rattacher à cet objet. »

La *Gazette de France* du 28 juillet 1835 est curieuse à plus d'un titre. Nous en tirons les trois articles suivants :

PREMIER ANNIVERSAIRE. — PREMIERE MYSTIFICATION.

« Ce jour, disent les programmes, est consacré à la mémoire des hommes qui ont combattu pour les lois et pour la liberté.

» Si ces hommes pouvaient sortir de leurs tombeaux, ils reconnaîtraient que les lois pour lesquelles ils ont combattu ont été enterrées en même temps qu'eux et que la liberté qu'ils avaient conquise est prisonnière au Luxembourg.

» Si les mêmes hommes n'étaient point morts en juillet, ils auraient peut-être été tués en juin ou en avril [1], toujours combattant pour les lois et pour la liberté, mais séditieux et criminels au lieu d'être des héros.

» Si ces combattants avaient survécu aux trois époques de juillet, de juin et d'avril, au lieu d'être enfermés dans les tombes du marché des Innocents, du Louvre et de la rue Froidmanteau, ils seraient enfermés vivants dans les tombeaux de

---

1. En combattant contre la royauté de juillet qu'ils avaient établie.

pierre de Sainte-Pélagie, de la Conciergerie et de
la Force.

» Une garde d'honneur en uniforme est donnée
aujourd'hui aux sépultures de ces héros morts pour
les lois et pour la liberté. Dans les longues heures
de faction cette garde a de quoi réfléchir.

» Elle doit, dans un entretien muet avec ces *glorieux* morts, dire à peu près ceci :

« Les temps sont bien changés : j'ai été un grand
» coupable pendant trois jours ; j'ai fait usage de
» mes armes contre le peuple, accomplissant le plus
» saint des devoirs, j'ai tiré sur mes concitoyens ;
» j'ai été publiquement blâmé dans un grand pro-
» cès et dans des proclamations.

» Naguère j'ai fusillé le peuple révolté, j'ai tué
» plusieurs de mes concitoyens qui réclamaient les
» lois et la liberté, eux sont des brigands et des assas-
» sins, et moi un brave, un héros ; c'est singulier.

» O morts de juillet ! Si vous veniez à recommen-
» cer ce que vous avez fait, ce fusil avec lequel je
» veille autour de vos tombeaux vous retuerait à
» juste titre, et au lieu de vous enterrer au pied du
» Louvre, vos corps seraient jetés à la voirie, et je
» recevrais une belle récompense.

» Dormez en paix, si vous pouvez, morts de juil-
» let ; que l'inconséquence, la confusion et le dé-

» sordre d'idées qui règnent autour de vos tombes,
» ne troublent pas s'il se peut votre repos. »

« Que conclure de ceci ? C'est que le juste milieu
déguise maintenant, comme toujours, sa pensée.
Aujourd'hui il enterre la république et il met une
garde autour de la fosse, crainte qu'elle ne ressus-
cite. Demain et après demain les réjouissances. »

PRÉSENTATION A LOUIS-PHILIPPE DES DÉCORÉS DE JUILLET.

« Aujourd'hui 27, anniversaire consacré aux
douleurs de juillet, des hommes portant la décora-
tion instituée pour récompenser l'héroïsme des insurgés des trois jours se sont rendus aux Tuileries,
afin de présenter à Louis-Philippe l'hommage de
ceux qui l'ont placé sur le trône.

» Leur présence semblait dire à celui qui s'appelait en 1830 *le roi citoyen* : c'est l'insurrection qui
t'a fait roi.

» Et pourtant on ne voyait parmi ces hommes aucun de ceux qui les commandaient en 1830, à l'Hôtel-de-Ville ou au Louvre. Où sont, en effet, les
Cavaignac, les Guinard, les Trélat, les Marrast, les
Vignerte, tous les membres de cette commission,
héritière de la commission municipale de l'Hôtel-

8.

de-Ville, qui fit inscrire sur l'airain, au Panthéon, les noms de tous ceux qui avaient succombé et qui décerna les récompenses et les décorations ?

» Leur vie, depuis cinq ans, s'est écoulée dans les prisons. Il y a quelques jours à peine qu'ils s'insurgeaient contre la juridiction exceptionnelle de cette chambre des pairs qu'ils ont décimée et à laquelle ils ont violemment arraché l'hérédité ; et s'ils n'étaient pas parvenus à tromper la vigilance de leurs geôliers, les anniversaires de la grande semaine les auraient trouvés dans les fers, expiant les conséquences de leur victoire de 1830.

» Que signifie donc cette présentation des décorés de juillet, puisqu'on ne voit pas dans leurs rangs non-seulement ceux que nous avons déjà nommés, mais encore M. Laffitte, M. Audry de Puyraveau, M. Mérilhou ? N'est-ce pas une dérision, une parodie aussi amère pour la révolution que pour Louis-Philippe, qui subit ainsi un des résultats de l'insurrection ?

» Ces rapprochements prouvent que l'abolition de ces anniversaires est dans les vœux et dans l'intérêt de tout le monde, dans celui de la Révolution qui y voit une insulte, et dans celui de Louis-Philippe auxquels ils rappellent d'amers souvenirs ; dans l'intérêt de la France qui ne conçoit pas qu'on célèbre comme des jours à jamais glorieux les anniversaires d'une insurrection dont les chefs sont tous proscrits ou dans la disgrâce.

» Les anniversaires sont donc un reproche et une insulte pour tout le monde. La mystification n'en est pas moins sanglante pour être sous des oripeaux dorés, des arcs de triomphe et des illuminations. »

« Il y a cinq ans la révolte tirait des coups de fusil sur les prêtres qu'elle rencontrait dans les rues; depuis et pendant longtemps aucun ecclésiastique n'a pu se montrer en public revêtu de son habit.

» Ce matin les prêtres de toutes les paroisses allaient, en soutane et le bréviaire sous le bras, prier pour le repos des hommes égarés qui leur tiraient des coups de fusil. Le peuple les voyait passer et les saluait avec respect.

» Puisque l'esprit public a éprouvé un si grand changement, les anniversaires ne sont-ils pas la plus ridicule des inconséquences? »

Le 29, la nouvelle de l'attentat de Fieschi la remplit d'indignation. Sous ce titre HORRIBLE TENTATIVE D'ASSASSINAT, elle écrit :

« Au moment où nous écrivons ces lignes, on vient nous apprendre qu'une machine infernale, dirigée contre Louis-Philippe, a tué plusieurs personnes autour du prince.

» Où en sommes-nous? Quoi, l'assassinat est aujourd'hui un moyen employé par les partis pour arriver à leur but.

» Nous qui nous sommes élevés avec tant de force contre l'effusion du sang que la révolte a provoquée en 1830, nous gémissons profondément sur des violences qui ont leur source, dans ce principe, dont nous sommes les ennemis.

» Il est dans notre conscience que l'atteinte portée à la charte de 1830 pouvait se réparer sans recourir à l'insurrection et à la résistance armée ; nous croyons aussi que les deux grandes violations du principe monarchique et du principe de liberté commises le 9 août doivent trouver leur redressement dans là raison des choses, la liberté de discussion et la force des principes, et que les attentats ne font que reculer le triomphe de la vérité.

» Nous pensons avec Rousseau que « la Révolution la plus heureuse ne saurait être désirée si elle devait coûter le sang d'un innocent. »

» Les machines infernales, les pistolets et les poignards sont des instruments de crimes qui ne servent que les passions des partis ; mais combien ces moyens de vengeance ne sont-ils pas exécrables, lorsqu'ils enveloppent dans un même attentat et l'objet que l'on veut atteindre et des hommes entiè- .

rement innocents du fait politique que les meurtriers veulent punir? L'attentat du 3 nivôse[1], en
faisant périr un grand nombre de personnes étrangères à la lutte des partis, a laissé une flétrissure
ineffaçable à ses auteurs.

» Mais il faut remonter à la cause première, et
nous la trouvons dans l'inconséquence des hommes
sans principes qui ont livré cette société à tous les
désordres, à tous les déréglements intellectuels.
Dans quel jour ce forfait a-t-il été commis? Dans
celui qui voit solenniser le meurtre, l'effusion du
sang, la lutte d'un peuple ameuté contre la force
légale! Le pillage des arsenaux, des magasins d'armes, le bris des réverbères, les vociférations des
malfaiteurs échappés à leurs prisons, les assassinats
commis sur des officiers de l'armée ; les jeunes gens
des écoles, les enfants, les ouvriers lâchés au milieu
de la guerre civile, et apprenant à tuer sans être
vus ; voilà ce que les doctrinaires glorifient aujour-
d'hui. Qu'ils se félicitent! la moisson est mûre : ils
recueillent ce qu'ils ont semé.

» Un maréchal de France et des généraux tués,
des gardes nationaux, des citoyens et des femmes

1. Contre la vie du premier consul, dont Cadoudal fut accusé
d'être l'auteur.

même tombant sous le plomb meurtrier, lancé par l'anarchie, et cela au nom du détestable principe qui a triomphé, il y a cinq ans, quel prélude aux réjouissances de demain ⸮

» Est-ce que ces lampions et ces feux d'artifice ne seront pas éteints demain ? Est-ce que ces joies et ces spectacles résisteront à la douleur publique ? La journée de demain doit être de deuil, et celle qui va finir le dernier des anniversaires.

» Les revues des doctrinaires sont devenues des combats, et leurs fêtes des funérailles. »

En disant le 28 : « Demain et après-demain, les réjouissances, » la *Gazette* semblait avoir la prescience du triste événement du 29.

La *Gazette* ne cesse de crier : « Nous marchons à pas de géant vers la Restauration, la Restauration des restaurations ! Rien n'arrive qui n'en soit une preuve. » Elle écrit le 6 août :

« Nous devons reconnaître d'immenses progrès depuis que l'anniversaire du 29 juillet a été défendu dans toute la France. Il n'est plus question nulle part de la *souveraineté du peuple et de la nécessité*. M. de Broglie et M. Persil, les deux représentants des deux exécrables principes du suicide social, les ont abjurés, et M. Persil a déclaré qu'il voulait tuer la presse qui argumentait de la souveraineté du peuple pour discuter le principe du gouvernement, et M. de Broglie a dit : « Nous devons des actions de » grâces à la Providence qui veille sur le royaume, » et qui le sauve en sauvant le roi. » Le mot d'ordre est donné, et dans toutes les adresses nous lisons que Louis-Philippe n'a été sauvé que par *un miracle de la Providence*. Ces messieurs rétabliront ainsi jusqu'à l'expression d'Enfant du miracle, dont ils se sont tant moqués. La Restauration sort de tous côtés. »

Le même jour, rendant compte de la cérémonie funèbre des victimes du 28 juillet, elle dit : « Tout le monde disait qu'il manquait deux corbillards : un pour la révolution et un pour la presse. » Aussi, écrit-elle le 7 août :

MORT DE LA RÉVOLUTION DE JUILLET.

« Nous avons dit hier que toute la population de Paris se trouvait entre un *De profundis* et un *Te Deum*. L'intelligence publique a saisi toute la portée de ce mot; partout on entend dire : Oui, la révolution de Juillet est morte, et bien morte, on l'a enterrée le 5 août.

» La révolution de Juillet c'est : le pacte conclu en 1827 entre les doctrinaires, les hommes de la

gauche et les républicains ; ce pacte est à jamais
rompu ;

» Le principe de la souveraineté du peuple mis à
la tête de la Charte et le droit d'insurrection ; ce
principe, fusillé à Lyon et à Paris, n'est plus qu'un
mot ; l'insurrection va être exécutée publiquement
par un arrêt de la Cour des pairs ;

» L'égalité et la liberté des cultes ; l'abolition d'une
religion de l'État : le culte catholique est publiquement professé par les pouvoirs politiques qui
vont aujourd'hui même rendre grâces à Dieu d'a-
voir vaincu et enterré la révolution de Juillet ;

» La liberté individuelle, l'inviolabilité du domicile, le jury dans toute son indépendance, rien de
tout cela n'existe plus ;

» Une royauté populaire, régnant sans gouverner,
nn trône entouré d'institutions républicaines, un
gouvernement économique, tout cela est mort depuis longtemps ;

» Enfin, la liberté de discussion, par la voie de la
presse, appuyant le système représentatif et le principe de la souveraineté du peuple ; l'indépendance
de la littérature et du théâtre comme organes de
l'opinion ; M. Persil vient d'apporter à la chambre
le programme des funérailles de ces dernières libertés.

» Ainsi, après cinq ans, nous avons la royauté par la grâce de la Providence, la religion de l'État, la prérogative, le gouvernement, la censure, comme sous la Restauration, et tout cela aggravé du désordre et des rigueurs produites par une situation violente.

» Que reste-t-il donc de tout ce qui s'est passé? Rien qu'UNE RÉVOLUTION DE PALAIS, comme on en a vu dans les siècles derniers à Pétersbourg et à Constantinople;

» Rien que Louis-Philippe roi à la place de Charles X, et Ferdinand-Philippe héritier à la place de Louis-Antoine, avec tous les embarras de la charte de 1814, accrus des difficultés d'une contre-révolution.

» On comprend comment le *De profundis* est pour là défunte révolution de juillet, et le *Te Deum* pour la *grâce de Dieu* que reprend la royauté.

» Pauvre révolution de juillet! *requiescat in pace;* restauration, bientôt restauration! *Te Deum laudamus.*

» Il ne reste donc plus dans cette société qu'une question de personnes. »

La restauration : la *Gazette* n'en démord pas.

22 février 1836, avènement d'un nouveau ministère présidé par M. Thiers. La *Gazette* l'accueille

9

comme elle a accueilli le ministère Périer, en
disant : « Vous êtes à l'œuvre, *rendez-nous heureux,
nous vous laissons faire.* »

Le 25 juin, Alibaud tire sur le roi.

« Un nouvel attentat est venu hier effrayer encore
la France dit la *Gazette.* C'est une flamme de l'enfer
qui a éclairé encore une fois la situation. Comprendra-t-on enfin la nécsssité de détruire l'exécra-
ble maxime proclamée par M. de La Fayette le
29 juillet que l'insurrection est le plus saint des
devoirs? L'insurrection qui autorise le meurtre
d'un gendarme, c'est-à-dire d'un agent de l'autorité
royale, conduit à attaquer cette autorité même. Il y
a une logique dans l'action du temps qui rapproche
les idées qu'on veut séparer. Il faut confesser que la
révolte n'est jamais permise, ou accepter toutes les
conséquences des idées de M. de La Fayette, que
nous voyons se reproduire malgré toutes les lois
d'intimidation. Voilà ce que nous avons dit, et ce
qui nous a fait saisir, voilà ce que nous ne cesserons
de répéter, et les hommes qui se disent les amis de
Louis-Philippe, et qui se glorifient d'être révolutionnaires, sont ses plus grands ennemis. »

Le 6 septembre, avènement du ministère présidé
par M. Molé. Il n'a pas les sympathies de la *Gazette.*

Le 30 octobre, éclate à Strasbourg le complot du prince Louis-Napoléon.

« L'affaire de Strasbourg, dit la *Gazette*, a cela de remarquable quelle montre de quel côté viennent véritablement les dangers qui menacent la société. Ce ne sont point ceux que les doctrinaires nomment républicains et les anarchistes qui ont fait cette levée de drapeau, ce sont des hommes qui, comme le colonel Vaudrey, après avoir en juillet figuré au premier rang dans l'insurrection qui renversa la monarchie, s'étaient rangés du côté de la répression. Il en est de même de M. Parquin, qui sans doute avait mérité par des services rendus au gouvernement actuel, le commandement qu'il exerçait dans la garde municipale de Paris.

» Ainsi les doctrinaires attendaient la tentative de révolution du côté des hommes de la république; c'est par les hommes du milieu qu'elle leur vient. Ils redoutaient les officiers, et ce sont les colonels qui ont pris les armes.

» Ce mouvement est donc venu révéler un danger tout nouveau pour le gouvernement actuel. Il prouve que tous les ouvrages de défense qu'on avait tournés contre les républicains ne sont plus appropriés à la situation. Le système doctrinaire n'a pu ni prévoir ni peser ce coup. C'est son instrument de répression qui se tourne contre lui. Le roseau sur lequel il s'appuyait lui perce la main.

» Tant il est vrai qu'il est bien difficile de se confier, pour rétablir l'ordre, aux instruments qui ont servi à détruire un gouvernement établi. Deux classes d'hommes ont concouru à la révolution : le mouvement et la résistance ; des hommes du mouvement ont fait les journées de juin et d'avril, des hommes de la résistance ont fait la conjuration de Strasbourg.

» Il n'y a que les hommes du principe monarchique qui puissent servir à une monarchie. »

Charles X est mort à Goritz le 6 novembre. Ce n'est que le 16 que la *Gazette* publie la lettre qui lui apporte cette douloureuse nouvelle, et qu'elle fait suivre de ces lignes :

« L'événement qui préoccupe ce matin toute la capitale et qui va bientôt émouvoir toute la France appelle l'attention de la presse sur notre situation particulière. Nous pouvons le dire, rien n'est changé dans cette situation. Elle se fonde sur des principes et nullement sur des questions de personnes ; ce que nous avons cru irrévocable l'est toujours à nos yeux. Nous appartenons à la France et à sa constitution.

» Le *Temps*, les *Débats*, le *Messager*, le *Courrier*

Français disent que le duc d'Angoulême avait renouvelé son abdication en faveur de son neveu.

» Nous ne voyons donc, dans l'état actuel des choses, qu'un jeune prince de dix-sept ans près de la fille de Louis XVI, et cette image que nous avons aimé à présenter, de la reine Marie-Thérèse, tenant d'une main le testament sublime de son père, et de l'autre l'enfant du miracle, héritier de la déclaration du 23 juin 89, ce monument immortel qui aurait préservé la France d'un demi-siècle de révolutions, cette image se reproduit encore à nos yeux.

» Quelle sublime cause que celle qui est ainsi représentée par l'innocence et la vertu, près d'un tombeau où sont ensevelis maintenant tous les souvenirs de nos divisions et des malentendus qui les ont causés. »

« Le roi de France qui vient de mourir sur la terre d'exil n'a jamais été et ne sera jamais aux yeux de la politique sincère que la victime du pacte constituant de 1814. La charte octroyée renfermait les coups d'État ; Louis XVIII les avait légués à son frère. La faute de ce prince n'est donc pas d'avoir fait les ordonnances de juillet, mais d'avoir fait le serment d'observer un acte qui attentait à la fois à tous les droits de la religion, de la royauté et de la liberté. La confusion de Rambouillet n'a été que la révélation du chaos de la charte doctrinaire.

» Mais les réflexions politiques doivent s'arrêter en ce moment devant les sentiments que fait naître cette mort imprévue, adoucie par la piété et la religion. Il nous semble que tous les Français aujourd'hui doivent s'unir pour réclamer les cendres d'un Bourbon. Sans doute la branche cadette donnera l'exemple d'un deuil qui sera porté dans toute l'Europe; mais ce qu'elle se doit à elle-même, et ce qu'elle doit à l'honneur de la France, la portera assurément à ne pas vouloir laisser vide une tombe de Saint-Denis et à obtenir de l'étranger que les restes du roi de France viennent se reposer auprès du corps de Louis XVIII. »

27 décembre, attentat de Meunier.

« Cet événement, dit la *Gazette*, a fait éclater dans le parlement des témoignages d'affection pour Louis-Philippe et pour sa femme, et réuni l'opposition et le parti ministériel dans le même sentiment d'horreur pour le crime et de satisfaction de voir cette famille échappée encore une fois à la haine des assassins. »

La *Gazette de France* est le journal qui a eu le plus de procès. Le 13 janvier 1837, elle dit à propos d'une nouvelle condamnation :

« Personne, sans doute, n'aura été surpris de la condamnation qui, hors de notre présence, a été prononcée contre la *Gazette*, sur le réquisitoire de M. Plougoulm; pour nous, du moins, nous n'en avons éprouvé aucune surprise. N'est-ce pas là la destinée qui nous attend? N'est-ce pas la destinée que nous avons acceptée depuis six ans? Notre lot est de souffrir, avec bien d'autres, pour la vérité; ce n'est point un mauvais partage : à ceux-ci le triomphe du moment, à nous le triomphe de l'avenir; car l'avenir appartient à la vérité.

» D'ailleurs qu'est-ce donc qu'un procès et qu'est-ce qu'un procès de plus dans ce temps-ci? Tout n'est-il pas en litige? Les procès ne sortent-ils pas de tous les côtés? Comptons :

» Procès du *Courrier Français;*
» Procès du *Siècle;*
» Procès du *Temps;*
» Procès du *parce que* et du *quoique;*
» Procès de la rue Saint-Sébastien;
» Procès de Strasbourg;
» Procès de Meunier;
» Procès des doctrinaires avec le tiers-parti;
» Procès des ministres entre eux;
» Procès de la révolution;

» Procès de l'administration par le pays contre la centralisation ministérielle ;

» Procès de Charles V contre Christine ;

» Procès de don Miguel contre donna Maria ;

» Procès de Barcelone contre Madrid ;

» Procès des cantons Suisses contre la police de la France ;

» Procès devant Bilbao ;

» Procès de l'Irlande contre l'Angleterre ;

» Procès de la réforme anglaise contre l'aristocratie de Londres;

» Procès de la liberté nationale de tous les peuples contre le monopole constituant, imité de l'Angleterre.

» Devant ce tableau fort abrégé de tous les procès pendants, devant les tribunaux de toutes les juridictions, nous aurions bien mauvaise grâce de nous plaindre du réquisitoire de M. Plougoulm contre la *Gazette de France.*

» Notre procès a trouvé un tribunal, des juges et une conclusion. Mais les autres procès?... Eh bien, croit-on donc que les autres procès ne s'instruisent pas, ne se discutent pas, ne se jugent pas? Au contraire, depuis six ans, l'instruction dure, les débats sont ouverts, les avocats plaident, les jurés s'éclairent, le pays écoute, et l'arrêt sera rendu, car il

faut bien que les affaires] se vident. De quel côté
sera la justice de Dieu, laquelle pourait bien ne pas
être celle de M. Plougoulm? C'est ce que nous pourrions dire d'avance. ·

» La révolution de 1830 n'a eu lieu que pour donner un grand spectacle au monde. »

L'enfantement du ministère dit *du 15 avril*, présidé par M. Molé, à été laborieux. Durant les négociations du roi avec les hommes de divers partis
pour la composition de ce Cabinet la *Gazette* n'a
cessé de faire pleuvoir sur le pouvoir et sur les
doctrinaires les épigrammes les plus acérées. Le
16 avril elle annonce ainsi le nouveau ministère :

» Les incertitudes sont finies; c'est la combinaison
Molé qui a prévalu. La liste suivante, apportée à la
Chambre, a été confirmée par l'apparition de M. Molé, ,
qui a reçu les félicitations de ses amis. M. Guizot a
quitté le banc des ministres.

» M. Molé, président du conseil.

» M. Montalivet, intérieur.

» M. Barthe, justice.

» M. Lacave-Laplagne, finances.

» M. Bernard, guerre.

» M. Salvandy, instruction publique.

» M. Martin (du Nord) commerce.

» Le ministère retirera, dit-on, les lois d'apana-

ges, et se bornera à demander à la Chambre, pour
M. le duc de Nemours, des rentes dont on laisserait
la fixation à la générosité des députés.

» Ainsi, après vingt-trois jours, nous voici re-
tombés dans un ministère Molé qu'on a déjà essayé
et qu'on appelait le *petit ministère*, pour indiquer
l'exiguité du rôle qu'on l'appelait à remplir. L'apparition de ce ministère après une crise aussi longue est un fait aussi grave que la crise elle-
même, car il prouve l'impossibilité où l'on a été
de la terminer par la reconstitution du pouvoir.

» Toutes les chances de durée de ce ministère
dépendent du bon plaisir des partis qui sont dans
la Chambre; car le jour où MM. Thiers, Guizot et
Odilon Barot voudront lui donner ses passe-ports,
force lui sera de faire ses paquets. Il s'agira donc
seulement de savoir si les partis voudront prendre
quelques mois de trêve avant les grands combats
qui sont inévitables. Dans ce cas, on se contentera
des concessions qui seront faites et on pourra clore
cette session, pourvu qu'il ne vienne pas de ces
incidents où les assemblées vont plus vite et plus
loin qu'elles ne veulent. Dans l'état de la Chambre,
tous les mouvements sont possibles; car où sont
les ténèbres et le chaos, les hommes ne sont pas

toujours ce qu'ils veulent et ne valent pas toujours ce qu'ils font. »

Le 10 mai, à l'occasion de l'amnistie du 8, elle embouche ainsi la trompette :

« Le système des sept années est fini.

» L'ordonnance d'amnistie signée Louis-Philippe et contre-signée Barthe, nous reporte à une autre ordonnance signée Louis-Philippe, lieutenant-générale du royaume et contre-signée Dupont (de l'Eure).

» C'est là un fait immense.

» Honneur à MM. Molé et Montalivet! Honneur au jury de Strasbourg, qui, en renversant les doctrinaires, a préparé ce grand événement.

» Deux systèmes sont détruits par ce fait : le système de M. Guizot, système d'intimidation ,système impitoyable, et le système bâtard du tiers-parti, qui voulait que les amnisties ne pussent être accordées que par les Chambres.

» Nous voilà donc dans une nouvelle ère. Il ne nous reste de M. Guizot que son discours avec la souscription de M. Martin (du Nord), discours tiré à cent mille exemplaires, monument des dernières illusions du ministère de la nécessité!

» M. Molé et M. Montalivet ont pris le seul moyen qui pût empêcher le retour de leur prédécesseur; car on ne tue les hommes politiques qu'en se plaçant dans le mouvement des idées contraires à celles qui les avaient élevés.

» C'est ainsi que M. de Martignac rendit impossible le retour de M. de Villèle en engageant le roi dans un système opposé à celui qui portait le nom de cet homme d'État.

» Il ne restera du règne de M. Guizot que les lois de septembre, qui sont aujourd'hui une anomalie, et cet étonnant aveu qu'il y avait en France un *pays légal* hors de la nation.

» La réforme détruira le pays légal comme l'amnistie a détruit l'intimidation.

» Vive l'amnistie! vive la réforme. »

Voici le 30 mai la nomination de M. Pasquier a la chancellerie :

« M. Molé, après avoir déclaré qu'il était le ministre des circonstances, vient de faire chancelier M. Pasquier, le chancelier des circonstances, c'està-dire chargé d'enregistrer sous la dictée de la nécessité.

» Il sera curieux de voir tout ce qui, dans dix ans, aura figuré dans ce registre. »

Même date. Dans un article intitulé *Récapitulation*, on lit :

« Le duc d'Orléans se marie à Fontainebleau avec une princesse protestante. »

Le 13 octobre, le drapeau tricolore est arboré sur les murs de Constantine. La *Gazette* nous dit le 25 :

« La nouvelle de la prise de Constantine n'a produit à Paris aucune sensation. Cette froideur, si peu naturelle en France lorsqu'il s'agit d'un succès obtenu par nos armés, doit être attribuée au peu de confiance qu'inspire pour l'avenir la conduite passée du gouvernement actuel à l'égard de notre colonie d'Alger.

« L'hommage que rendent tous les journaux indépendants au courage de nos soldats est accompagné d'avertisements sévères donnés au pouvoir. »

Le 9 mai 1838, commence le procès Laity devant la Cour des pairs.

« Le conflit qui s'est manifesté cette année entre la pérogative et la Chambre, dit la *Gazette*, a sa source dans un conflit bien plus profond : c'est celui qui existe entre les principes du 30 juillet et du 7 août. Le 30 juillet, victoire de la révolution parlementaire, et le 7 août intronisation d'un pouvoir investi d'un titre royal, et fort résolu, à ce qu'il paraît, à prendre ce titre au pied de la lettre.

» Il faut reconnaître que le parti du 30 juillet s'est laissé ¡plus d'une fois distraire de son principe et de son but, tandis que le 7 août n'a jamais cessé de marcher vers le sien. Juillet à eu peur des émeutes, et le 7 août a profité de cette peur pour augmenter et développer son pouvoir; mais les émeutes passées, juillet s'est raffermi et a forcé son antagoniste à des concessions qui semblaient devoir sceller leur union.

» Vaines espérances! le favoritisme placé à la tête de la police et de l'administration et maintenu malgré la Chambre, l'esprit des élections faussé, les aides-de-camp au ministère, les habits de cour, les lois de quitus et enfin le procès Laity, venant un an après l'amnistie renouer la chaîne du système d'intimidation, ont prouvé à juillet que le 7 août s'était arrêté un moment, mais qu'il n'avait pas changé de route. »

Le lieutenant Laity est condamné à 5 années de réclusion et à 10,000 francs d'amende. La *Gazette* s'écrie le lendemain 13 juillet :

« L'intimidation redevient la devise du pouvoir, et il est curieux de voir les changements que quelques jours ont opérés dans l'attitude du ministère.

» Pendant que la Chambre discutait les lois de la conversion, de l'état-major et des chemins de fer, le ministère se parait dans ses journaux et à la tribune de modération, de longanimité et de conciliation. Il se glorifiait de l'amnistie ; il acceptait

sans irritation les allusions à sa faiblesse et à sa
bonhomie... Mais à mesure que la session approchait
de son déclin, il devenait plus guerroyant et plus
altier ; il engageait la chambre des pairs dans un
conflit avec la chambre élective. Il faisait insulter
les défectionnaires ; il se montrait disposé à la violence contre l'opposition jusqu'à ce qu'enfin la chambre élective, étant à moitié partie, il a fait le procès
Laity, suivi du procès du *Temps*. Ainsi, ce ministère
a parcouru en quelques mois l'immense intervalle
qui séparait l'amnistie des lois de septembre.

» Et qui sait où il s'arrêtera dans sa marche rétrograde ? Nous ne serions pas étonné de voir se
réformer avant peu le ministère des états de siége
et des états de trouble. Il ne faut pour cela que
donner à M. Montalivet le maréchal Soult pour auxiliaire. »

La naissance du comte de Paris le 24 août donne
lieu à la *Gazette* de rappeler la naissance du duc de
Bordeaux et de faire des rapprochements qui sont
tout à l'avantage de cette dernière. Les acclamations
qui parviennent jusqu'à elle l'importunent, elle
voudrait les réprimer.

« On comprenait, en 1820, dit-elle, l'enthousiasme
qui éclatait à la naissance du duc de Bordeaux et
les honneurs rendus à cet enfant royal. Le principe

de légitimité protégeait son berceau. Sa naissance était son titre; on fêtait sa naissance. Mais ici l'élection a été le principe de la royauté de Louis-Philippe. Tout ce qui se fait pour célébrer une naissance semble en contradiction avec le titre actuel. C'est donc une faute politique, car ce qui nous nuit en politique profite à nos adversaires. »

Et plus bas :

« Le titre de comte de Paris a été pris par la famille du prince nouveau-né, mais ne lui a pas été donné par le vœu des habitants. Que sont donc des titres qui ne rappellent ni un droit ni une élection?

» Il en est de même des louanges, des dons, des discours et des fêtes, dont nous parlent les organes de la cour. Autrefois la cité célébrait la naissance du prince : la cité avait de l'enthousiasme, de l'amour ; elle offrait des berceaux, elle illuminait, elle ordonnait des réjouissances publiques. C'était le temps ou la population avait ses magistrats, ses corporations, ses franchises ; aujourd'hui, que voyons-nous à la place de la cité? M. de Rambuteau, venant exprimer des opinions et des sentiments qui peuvent lui être personnels, du moins on doit le supposer, mais sans aucun rapport avec la population au nom de laquelle il est censé s'exprimer. Qu'est-ce, en effet que M. de Rambuteau? C'est l'élu de Louis-Philippe.

l'intime et le favori des Tuileries. Donc tout l'enthousiasme, tous les éloges, toutes les flatteries, toute
la joie officielle que M. de Rambuteau apporte avec
lui viennent des Tuileries. Heureux celui qui lui a
mis l'encensoir dans les mains. Nous allons sans
doute voir ainsi à l'œuvre tous les thuriféraires officiels des 86 départements; mais la fumée de leur
encens ne sera pas assez épaisse pour voiler la vérité. »

Le 31 mars 1839, le ministère *du 15 avril* tombe;
il est remplacé par un ministère intérimaire jusqu'au 10 mai, jour de l'avènement du cabinet présidé par le maréchal Soult. La *Gazette* se contente de
dire le 13 :

« Le duc Wellington a donné un grand exemple
au maréchal Soult, en appelant M. Peel pour lui
donner la place de premier ministre. Si le maréchal
Soult avait appelé le chef du parti parlementaire à
former le cabinet au lieu de vouloir le former lui-
même, il n'aurait pas éprouvé toutes les difficultés
qu'il a rencontrées. Il est évident que MM. Thiers et
Barrot, ministres, auraient formé une majorité avec
le centre gauche et les ministériels, ou bien ils auraient cassé la Chambre et cherché une majorité dans
de nouvelles élections. Voilà une solution constitu-
tionnelle; mais c'est ce qu'on ne voulait pas. Les

principes représentatifs n'étaient bons que contre
Charles X. »

Au début de la séance de 1840, des pétitions arrivent de toutes les parties de la France contre la dotation du duc de Nemours. Le 20 février elle est rejetée par la Chambre. Voici ce que dit à ce sujet la
Gazette du 21.

« L'habileté tant vantée vient de recevoir un échec
définitif. La loi de dotation est rejetée sans discussion.

» Ainsi on s'est précipité aveuglément sur l'argent,
sans tenir compte des avertissements donnés lors de
la loi des apanages.

» On s'est fié aux fonctionnaires de la Chambre,
au rejet de la proposition Gauguier, aux flatteries
de l'adresse; la Chambre crut se sauver des pétitions
de la réforme en donnant satisfaction aux pétitionnaires de la dotation; mais il ne faut pas perdre de
vue que la forte minorité qui a voté contre cette loi
anti-nationale, est composée d'hommes dont on ne
doit rien attendre et qui disparaîtraient de la Chambre si le monopole était détruit.

» Que la Chambre ait rejeté sans discussion, cela
ne doit pas surprendre; la minorité seule est un fait
inconcevable. On ne doit pas oublier que c'est la

même assemblée qui a rejeté la proposition Gauguier et voté l'adresse.

» Quoi qu'il en soit, les conséquences de cette affaire sont immenses. La Chambre a reculé devant
l'opinion publique. Le ministère sera sans doute emporté du coup, et la réforme va faire de nouveaux
progrès.

» Si l'opinion a obtenu satisfaction sur un point,
elle l'obtiendra sur les autres, et voilà comment la
cour a tout compromis par son avidité et par les questions d'argent !

» Toutes leurs passions ont leur Moscou. »

Le 2 mars, elle annonce ainsi le nouveau Cabinet
dit *du 1er mars* :

« Le ministère paraît décidément composé de la
manière suivante :

» Présidence du conseil, affaires étran- gères.	M. Thiers.
» Culte et Justice.	M. Vivien.
» Intérieur.	M. de Rémusat.
— sous-secrétaire d'état.	M. de Malleville.
» Guerre.	M. le général Cubières.
» Marine.	M. l'amiral Roussin.
» Commerce.	M. Gouin.
» Travaux publics.	M. Joubert.
» Instruction publique.	M. Cousin.
» Finances.	M. Pelet (de la Lozère.)

» Les ordonnances doivent paraître demain au
Moniteur. »

« La composition et l'acceptation du nouveau ministère ont été annoncées hier presque officiellement à la Chambre, dit-elle ensuite. Cependant on ne conçoit pas pourquoi les ordonnances n'ont pas été signées dans la soirée et insérées ce matin au *Moniteur*. Si l'on était décidé dès hier, pourquoi a-t-on voulu gagner un jour? Ce retard a semblé singulier à tout le monde.

» Quoi qu'il en soit des motifs de ce délai, bien des questions semblent à résoudre avant qu'on puisse savoir quelles chances de viabilité sont laissées au nouveau cabinet. Est-il accepté ou subi. S'il était subi comme une nécessité fatale, la position de M. Thiers serait fort gênée...

» Si le cabinet formé par M. Thiers n'est pas selon le cœur des hommes de cour, il s'en faut qu'il inspire une grande confiance à l'opinion. Une chose surtout frappe à la vue de sa composition, c'est la parfaite nullité politique des neuf personnages que M. Thiers a recrutés. Dans ce ministère, il n'y a que lui qui ait de la valeur, et quoique tout le monde rende justice à sa capacité personnelle, il n'en peut avoir pour dix ministres.

» En arithmétique, l'unité devant neuf zéros a la valeur d'un million; il n'en est pas de même en politique, l'unité devant les zéros ne fait qu'une seule unité; aussi ne voit-on que M. Thiers dans les dix noms dont se compose la liste, et ses neuf collègues ne comptent que par leurs inconvénients. »

Le 6 août, grande rumeur à Paris : le prince Louis-Napoléon vient de débarquer à Boulogne. La première émotion passée, c'est-à-dire le 10, la *Gazette* s'exprime ainsi :

« L'événement de Boulogne est venu ajouter des complications aux complications. Le ministère du 1er mars, déjà débordé par les affaires d'Espagne et d'Orient, fléchissant sous le poids de la convention de Londres, se trouve avoir encore une affaire de la plus haute gravité et dont les conséquences sont inculculables. Jamais victoire plus embarrassante n'a été remportée que celle du 5 août sur la plage de Boulogne ; ceux qui ont arrêté le prince Louis-Napoléon et cinquante Français avec lui, au moment où ils allaient se rembarquer, ont rendu au pouvoir actuel le plus mauvais de tous les services.

» Que faire, nous le demandons, d'un Bonaparte et de généraux et d'officiers, venus pour renouveler la tentative du 20 mars? Si on les traduit devant la Cour des pairs, ils auront donc pour juges les hommes qui étaient à l'ile d'Elbe, et qui ont débarqué à Fréjus pour faire une révolution. Ils seront donc condamnés par les maréchaux et les généraux qui, à cette époque, ont pris les armes pour une usurpation ! Leur arrêt sera donc signé par MM. de Grouchy, Gérard, Soult, et autres compagnons de la tentative de Napoléon ! une telle contradiction ne peut se supporter ; mais il y en a une plus grande encore.

» Dans un pareil procès, la défense sera inexorable. Si l'on accuse le prince Louis-Napoléon d'attaque contre Louis-Philippe, appelé au trône par le vœu de la nation, l'accusé répondra que cette élection a été faite par 219 députés, nommés par 150 mille électeurs, tandis que l'empire héréditaire a eu pour lui 4 millions de votants. Que répondre ? Quel argument opposer à un calcul aussi simple, aussi politique que celui-là ? Vous vous appuyez sur la souveraineté du peuple, et on vous prouve qu'une grande partie de cette souveraineté a prononcé. Ce n'est pas la peine de triompher sur le rivage, pour être battu sur le terrain du raisonnement.

» Lui dira-t-on qu'il n'y a point de sympathie dans le pays pour l'empire ? Il vous montrera la colonne de la place Vendôme parée d'immortelles, et le monument que M. Thiers fait élever aux Invalides, et toutes les images établies dans nos rues.

» Lui objectera-t-on que si la France rend hommage au génie et à la gloire de celui qui fut empereur, il ne s'ensuit pas qu'elle veuille reporter ce respect sur les héritiers de son nom, il vous répondra : Qu'en savez-vous?

» Ne voyez-vous pas que vous êtes sur un principe qui rend logiques les plus grandes témérités. Il y a dans les sociétés secrètes des hommes qui datent de l'an 40 de la république et prennent le titre de citoyens.

» Ainsi, au nom du même principe, le prince Louis datera de l'an 35 de l'empire et réclamera ses 4 millions de votants, son Sénat, son corps législatif et sa grande armée. Il vous dira qu'en écartant la légitimité, la révolution devait remettre les choses en l'état où elles étaient au commencement de 1814.

» Ce sont des folies, nous le savons : mais ce sont des voix qui sortent comme les oracles de la colonne de la Bastille et de la colonne de la place Vendôme pour confondre les autéurs de ces monuments.

» Les embarras matériels ne sont rien; pour les cinquante conjurés on aura des prisons, des gendarmes, une Cour des pairs ou des tribunaux, et en définitive quelque donjon pour les garder; mais il n'est pas aussi facile de trouver des arguments victorieux.

» Le *Constitutionnel* dit que M. Louis s'est mis en tête qu'il avait des droits à la couronne, et que

33 millions de Français peuvent avoir cette prétention aussi bien que lui ! Nous demanderons au *Constitutionnel* ce que signifie la souveraineté du peuple? Que ce journal y prenne garde!

» Il est évident qu'il y a ici une impossibilité morale. La seule voix qui puisse répondre aux arguments du héros de cette tentative est la voix de la
nation. Il faut supposer que ces entreprises sont des
appels aux vœux de la France. Ayez donc une représentation véritable de la France, et, à l'instant, les
partis se tairont; et il y aura des tribunaux et des
juges compétents pour réprimer avec sévérité tout
ce qui porté atteinte à l'ordre public et au gouvernement national.

» Nous ne voyons qu'un parti raisonnable à prendre sur cet incident; c'est de prononcer amnistie
entière pour tous les délits politiques et de convoquer la nation d'après les principes du droit commun.» Devant une assemblée formée par huit millions de contribuables, les prétendants tels que le
prince Louis, ainsi que les républicains, seront bien
obligés de se soumettre. Ils verront que la nation
ne veut pas d'eux. Jusque-là le principe d'insurrection, debout sur sa colonne de bronze, donnera
continuellement le signal de toutes les révoltes, et
il n'y aura ni sécurité, ni repos pour le pays.

» Une Chambre nommée par la nation, voilà le remède à tous nos maux. Quel parti oserait s'agiter devant une représentation véritable de la France ! Nous avons prouvé que les étrangers, qui se coalisent contre une Chambre de monopole, s'arrêteraient devant une assemblée nationale ; nous prouvons maintenant que les partis seraient obligés d'abdiquer devant la représentation de la France. Qu'on en vienne donc enfin à reconnaître cette vérité, et tous nos maux sont finis. On l'a dit depuis longtemps, un pays est sauvé aussitôt qu'au sentiment de son mal se joint la claire connaissance du remède qui peut le guérir. »

La *Gazette de France* profite de toutes les circonstances pour lancer ses diatribes contre le gouvernement de juillet. Elle connait le défaut de sa cuirasse, et cette manœuvre de tous les jours, elle l'exécute avec une grande habileté.

L'ordonnance royale du 13 septembre, relative aux fortifications de Paris, trouve la *Gazette* rétive.

Le 14 octobre, les travaux sont entamés, la *Gazette* qui, le 12, avait déjà fait cette citation du Prince de Machiavel :

» Le prince qui a plus de peur de ses sujets que de l'étranger doit avoir des forteresses ; mais il ne doit point en avoir, s'il craint plus les étrangers que ses sujets. »

Lui emprunte encore celle-ci :

« Les princes ont été généralement dans l'usage, pour se maintenir, de construire des forteresses, soit afin d'empêcher des révoltes, soit afin d'avoir un lieu sûr de refuge contre une première attaque. J'approuve ce système parce qu'il fut suivi par les anciens. »

Les 5, elle fait cette troisième citation :

« De notre temps, nous n'avons vu que la comtesse de Forli tirer avantage d'une forteresse où, après le meurtre de son mari, le comte Girolamo, elle put trouver un refuge contre le soulèvement du peuple, *et attendre qu'on lui eût envoyé de Milan le secours au moyen duquel elle reprit ses États...* Cette même forteresse lui fut peu utile dans la suite, lorsqu'elle fut attaquée par César Borgia, et que le peuple, qui la détestait, put se joindre à cet ennemi. Dans cette dernière occasion, comme dans la première, il lui eût beaucoup mieux valu de n'être point haïe que d'avoir des forteresses. »

Toutes les armes sont bonnes à la *Gazette*, même celles de ses plus mortels ennemis.

Elle dit le 16 :

« M. Thiers n'a pas pour lui le parti de la guerre,

il a contre lui le parti de la paix, et c'est dans ce
défilé que la cour va l'écraser.

» M. Villemain disait que le ministère du 12 mai,
dans la loi de dotation., avait été étranglé entre
deux portes par des muets. Le ministère Thiers,
cette fois, peut disparaître dans un scrutin sur la
présidence qui sera encore plus muet que le scrutin
de la loi de dotation. »

Le 17 octobre, la *Gazette* donne d'après un journal ministériel des détails sur l'attentat de Darmès
contre la vie du roi.

Le 28 octobre, nous sommes en pleine crise ministérielle. La *Gazette* écrit :

« La crise ministérielle n'est pas encore terminée.
Nous concevons que des hommes d'esprit et d'expérience hésitent avant de s'embarquer sur une mer
aussi orageuse. Des marins ne montent pas sur un
navire, surtout pour braver les tempêtes, sans avoir
visité les agrès et sans s'être assurés que le vaisseau
est en état de tenir la mer.

» Le dévouement au pays est une action louable
sans doute, mais il faut qu'il soit éclairé, car le
dévouement aveugle est souvent plus funeste qu'u-
tile.

» Nous ne comprendrions donc pas la formation
d'un ministère si les difficultés de la situation n'a-

vaient pas été résolues au moins en théorie, et si l'on s'engageait dans des périls évidents sans savoir d'avance les moyens qu'on emploiera pour les surmonter. »

Le lendemain 29, jour de l'avènement du ministère Guizot et à la veille de l'ouverture de la session, elle parle ainsi :

« Notre ligne est tracée pour la session qui va s'ouvrir. Nous ne manquerons pas à la France : nous ne connaissons qu'elle.

» Nous jugerons avec une impartialité sévère tous les actes, tous les discours.

» Devant la gravité de la situation, toute idée de parti doit disparaître. Tous les ménagements seraient coupables.

» Nous ne verrons que l'intérêt national.

» Nous dirons la vérité sans acception de précédents de partis, ni de personnes.

» Nous ferons ressortir tout ce qui partira d'un esprit éclairé sur les véritables exigences de la situation et d'un cœur dévoué à la France.

» Nous attaquerons tout ce qui tendrait à continuer ou à obscurcir une situation périlleuse ou déshonorante pour le pays.

» Chacun pourra juger si nous sommes fidèles à cet engagement; car notre symbole est connu : c'est l'ordre, la liberté, la nationalité et la dignité de la France.

Elle n'y manquera pas certainement ; mais pareil engagement, elle ne l'eût pas pris sous la Restauration. La *Gazette* qui parle d'or aujourd'hui, manquait donc de franchise avant 1830.

Quoi qu'il en soit, le 1er novembre elle adjure en ces termes le nouveau cabinet :

« Ministres du 29 octobre, vous voilà placés maintenant aux sommités de la société. De ce lieu élevé vous pouvez jeter vos regards sur la France, voir l'état des partis à Paris et dans les provinces, reconnaître les positions occupées par les hommes de l'insurrection, de la souveraineté du peuple et de l'omnipotence parlementaire : enfin toutes les complications nées des malentendus de ces vingt-cinq années sont maintenant sous vos yeux.

» Vous devez le reconnaître, nous sommes dans un moment suprême, et les mesures qui doivent être prises seraient inefficaces si elles n'étaient à la hauteur des dangers publics.

» Nous sommes donc arrivés aux dernières extrémités, et le sort de la France dépend de la conduite que vous allez tenir.

» Les attaques de vos ennemis peuvent contribuer à tracer votre ligne.

10.

» On vous accuse d'avoir servi le gouvernement de la Restauration et le principe monarchique qu'il représentait jusqu'à suivre ce principe sur la terre étrangère. Nous en devons conclure que vous avez regardé alors ce principe comme essentiel à la France.

» Tous les journaux de l'opposition sont remplis des preuves d'attachement que vous avez données au principe de l'ordre.

» Eh bien ! toutes ces affinités que vous avez eues avec la droite, et les paroles qu'on vous attribue aujourd'hui sont précisément ce qui peut faire espérer que vous comprendrez les seuls moyens qui existent de sauver la patrie.

» Tout ce qu'on a essayé pendant ces dix ans pour résister au mouvement de révolution ne saurait être repris, puisque c'est en suivant ces voies qu'on est arrivé à la situation actuelle.

» Nous nous souvenons des trois séances de 1831, où MM. Guizot et Barrot se posèrent, l'un comme voulant arrêter la révolution, et l'autre la développer. Il est évident aujourd'hui que M. Barrot est près de triompher dans le parlement, et qu'il est sûr de la victoire dans les colléges électoraux. M. Barrot, depuis la réunion d'avant-hier, est aujourd'hui le chef du ministère futur.

» Ce n'est point une supériorité de talent et de
capacité qui a produit ce triomphe : c'est qu'il était
dans les principes de 1830, dont M. Guizot ne s'était
approché que pour les modérer.

» C'est donc quelque chose de nouveau qu'il faudrait introduire, car il est évident qu'en suivant lès
errements où l'on a marché, on arriverait aux
abîmes. »

Elle dit ensuite :

« Nous résumons en trois points les demandes
que nous faisons au ministère actuel :

» La liberté de discussion, en réprimant ce qui
serait provocation ou diffamation;

» La liberté d'enseignement, c'est-à-dire la concurrence loyalement acceptée entre les établissements particuliers et les établissements universi-
taires;

» Enfin une loi électorale à deux degrés, telle
qu'elle a existé en France à toutes les époques, sous
la monarchie, sous la constituante, sous l'empire,
telle qu'elle existe dans tous les pays libres, y compris les États-Unis d'Amérique. »

La *Gazette* est bien libérale ! Mais son libéralisme
est il de bon aloi ?

Les cendres de Napoléon sont à Paris.

« Il ne faut pas disconvenir, dit la *Gazette* du 15

décembre, que la translation en France du cercueil de Napoléon a profondément remué les populations; mais cet événement ne réveille que des souvenirs; souvenirs que la vue des réalités rend amers et cuisants; aucune espérance ne peut surgir d'un tombeau, mais il y a des mots qui, s'ils étaient prononcés par le pouvoir, ne produiraient pas une impression moins vive et moins profonde dans toutes les classes de la population, des mots qui n'éveilleraient pas des regrets, mais des espérances; qui ne nous ramèneraient pas dans le passé, mais qui nous rendraient l'avenir.

» Ces mots sont ceux-ci :

» Vote universel; *convocation de la France; révision des traités de* 1815; *remaniement de l'Europe !*

» Tout le monde comprend aujourd'hui que ces mots auraient pour conséquences : *Réunion des partis, réconciliation générale, rétablissement de la puissance française en Europe, limites du Rhin, liberté, ordre, gloire, prospérité, longue paix et nouveaux développements de la civilisation générale et de la puissance française.*

» Voilà les pensées, voilà les images qu'il aurait fallu offrir à ce pays pour l'arracher aux tristes préoccupations de sa situation. M. Thiers ne l'a pas voulu, M. Guizot ne le veut pas, nous le leur avons

demandé, nous le demandons depuis dix ans à toutes les assemblées, à tous les pouvoirs, à tous les
partis.

» Nous l'obtiendrons de l'intérêt de tous et de la
volonté de la France. »

Elle dit encore :

« Quand sous le directoire, Bonaparte, revenant
d'Égypte, se présenta avec des soldats dans l'enceinte du Corps-Législatif, il dit au gouvernement
d'alors : Qu'avez-vous fait de la France? Je l'avais
laissée victorieuse, je la trouve menacée par l'étranger; je vous avais laissé des armées, un esprit public, tous les éléments d'un gouvernement fort, je
ne trouve plus, au lieu de tout cela, qu'un pouvoir
énervé, que la corruption, les dilapidations, l'anarchie. Et quand l'assemblée invoqua, pour toute réponse aux interpellations du général, la constitution, il répondit : Vous l'avez violée.

» Aujourd'hui Napoléon revient après vingt-cinq
ans. Il ne pourrait pas dire qu'il avait laissé la
France victorieuse, mais qu'il l'avait laissée grande
au milieu de ses revers et respectée par l'Europe,
qui était forcée de reconnaître sa puissance morale
quand sa puissance matérïelle avait succombé. Il
trouve encore comme sous le directoire les dilapidations, la corruption, l'anarchie, le pouvoir public

énervé et la France plus menacée par l'étranger, plus humiliée qu'elle ne l'était au 18 brumaire, car maintenant elle est déchue de son rang, elle est privée de toute influence dans les affaires de l'Europe, elle est resserrée par la coalition, et pendant que l'Autriche, la Prusse et la Confédération allemande organisent leurs armées sur le Rhin, la France semble réduite à fortifier sa capitale !

» En l'an VII, Napoléon prit le pouvoir et releva le sceptre et l'épée échappés des mains du directoire.

» Aujourd'hui son image n'apparaît que pour accuser les gouvernants, pour faire ressortir toutes les misères de la situation : c'est le soleil de la gloire qui brille pour montrer l'humilité, c'est le fantôme de la force qui rend plus sensibles les réalités de la faiblesse, c'est la grandeur qui aide à reconnaître la petitesse. Mais les maux du présent se manifestent cette fois sans réparation possible. Au 18 brumaire, c'était un général jeune et plein d'avenir, qui dévoilait l'impéritie et l'insuffisance du pouvoir ; aujourd'hui tous ces symptômes d'atonie, de dissolution et de mort, sont mis en évidence par le débarquement et par l'entrée triomphale... d'un cercueil. »

Le 16, elle fait précéder son compte-rendu des

funérailles de Napoléon, qui ont eu lieu la veille, de
cet article :

« Cette journée du 15 décembre a vu s'accomplir
un grand événement. Le gouvernement du 7 août a
enterré la gloire militaire de la révolution de
France.

» Aucun ministère ne méritait mieux que celui
qui occupe aujourd'hui le pouvoir de présider à ce
résultat.

» La cérémonie d'aujourd'hui termine très-bien
la série de faits que nous avons vus se produire depuis quelques mois : Le traité du 15 juillet, les Memorandum, les notes diplomatiques, les missions
données à MM. Périer et Walewski pour conseiller
des concessions au pacha, le rappel de l'amiral La-
lande et le retour de la flotte française à Toulon,
pendant que l'Angleterre prenait à coups de canon
possession de la Syrie, pendant que ses vaisseaux
paraissaient à Alexandrie, le discours d'ouverture,
l'adresse de la pairie, le projet d'adresse de M. Dupin, la discussion qui s'est élevée sur cette adresse,
le discours de M. Guizot, enfin tout ce qui se rattache à la politique extérieure ; après tout cela il n'y
avait plus qu'à ensevelir pompeusement dans la nef
des Invalides, en présence de tout le gouvernement
du 7 août, l'homme qui fut l'éclatante personnifi-

cation de la guerre ; ce qui vient de se faire aujour-
d'hui, avec une solennité que rien, heureusement,
n'a essayé de troubler. Ce qu'il y a de remarquable,
c'est que le *Journal des Débats* de ce matin contient,
après l'annonce de cette cérémonie, toutes les pièces diplomatiques échangées entre l'amiral Napier
et Méhémet-Ali, et qui ont eu pour conclusion, le
triomphe de l'Angleterre et la soumission du pacha
d'Égypte, le dernier allié de la France[1]. »

L'attentat de Quenisset sur le duc d'Aumale, le
15 septembre 1841, n'inspire à la *Gazette* que du
dégoût.

Le 14 juillet 1842, elle raconte la mort du duc
d'Orléans dans un article qui se termine ainsi :

« Cette année a été remarquable en leçons et en
funérailles : Le maréchal Clauzel, M. Humann,
M. Aguado, l'amiral Dumont-d'Urville ; aujourd'hui,
M. le duc d'Orléans. »

Nous sommes en pleines élections, et les royalistes
se sont donné du mouvement pour faire réussir leurs
candidatures. Après la lutte, le 15 juillet, la *Gazette*
insère ceci :

« Nous recevons un grand nombre de lettres de

---

1 Il est à peine inutile de rappeler que le *Journal des Débats*
était l'organe aimé du château sous la royauté de 1830.

tous les points de la France sur la lutte que nous venons de soutenir en faveur de la monarchie représentative contre les idées de pouvoir absolu et de pouvoir constituant. Ces lettres sont écrites avec chaleur, et la plus vive sympathie s'y manifeste pour les principes de l'antique nationalité française qui constitue la ligne monarchique.

» Nous publierons une partie de ces lettres, qui sont la manifestation spontanée des sentiments de nos lecteurs ; on verra que les questions de salut de la société française sont admirablement comprises, et que les progrès de l'esprit public sont immenses maintenant.

» Nous sommes convaicus que ces progrès ne pourront que prendre de nouveaux développements à dater de ce jour.

» Nous devons remercier tous ceux qui, depuis douze ans, nous ont soutenus contre les clameurs et les calomnies de nos ennemis et de nos amis.

» Il viendra un jour où l'on trouvera dans les archives de la *Gazette* le *Livre d'or* de la monarchie.

Le 27 février 1844, la *Gazette* s'exprime en ces termes, au sujet du désaveu infligé à l'amiral Dupetit-Thouars, qui avait occupé Taïti le 5 novembre précédent.

« La glorieuse conquête de Taïti par M. Guizot finit par une amende honorable à l'Angleterre.

» Il a suffi d'un froncement de sourcil du Jupiter de Waterloo pour que le maréchal Soult rappelât M. Dupetit-Thouars et rétablit le pavillon de la reine Pomaré sur la hutte royale.

» Il est vrai que tout cela se passe en plein Océan Pacifique, et sous le Napoléon de la paix. Mais alors, pourquoi ces velléités de conquêtes? Il faut en rester à l'entente cordiale.

» On a livré la Belgique à Léopold, l'Égypte à l'Angleterre, Constantinople à la Russie et Madrid aux colons anglais.

» Voilà les conditions du système doctrinaire! S'il en veut sortir, il ne trouve que la honte et la flétrissure. »

Et le 28, après avoir dit « qu'il faut être à Paris pour juger la gravité de la situation des pouvoirs politiques, » elle ajoute :

« La honte coule à pleins bords de la coupe ministérielle, et l'entente cordiale reçoit un terrible démenti.

» Que deviendrait l'Angleterre, disait lord Chatam, si, à l'égard de la France, elle se gouvernait toujours d'après les principes de la justice?

» Le *Journal des Débats* avait ouvert ses colonnes

au récit glorieux de la conquête de Taïti, et huit jours après il enregistre la débâcle du *Moniteur*.

» Un homme célèbre, dont. le sentiment national s'exprime parfois avec une amère ironie, disait que les Français qui voyageaient à l'étranger devaient porter des culottes de fer blanc, pour éviter les coups de pied britanniques.

« Toutes les puissances, s'écriait naguère M. Gui-
» zot, toutes les puissances ont fourni à leur ma-
» rine des points d'appui, et le moyen de toucher
» partout le gouvernement, le drapeau, la force du
» pays, et vous voulez que nous renoncions à offrir
» à nos matelots des avantages de cette nature! Le
» gouvernement du roi ne s'y prêtera pas; il croi-
» rait manquer à ce qu'il doit à la marine française
» et aux braves qui la composent. »

Et la *Gazette* de faire suivre cet article de cette citation de Machiavel, prise dans les discours sur Tite-Live liv. II, chap. xiv :

« Un homme d'État, qui veut rester dans les voies de l'honneur, ne doit pas céder l'objet qu'on lui demande s'il peut ou croit pouvoir le conserver. Quand les choses en sont venues au point qu'il ne peut en faire l'abandon sans manquer à la dignité du pays qu'il représente, il vaut mieux céder à la force qu'à la crainte de la force. Si c'est la crainte de la

guerre qui vous détermine à céder, vous n'éviterez
pas la guerre pour cela, car celui auquel vous aurez
fait cette concession par une lâcheté manifeste, loin
d'être satisfait, exigera de vous quelque concession
nouvelle, et ses prétentions s'accroîtront en raison
du mépris que vous lui aurez inspiré. D'un autre
côté vous ne trouverez que des alliés glacés par
votre faiblesse, par votre lâcheté même. »

La *Gazette* du 12 juin nous donne la biographie et
l'éloge du duc d'Angoulême, mort le 8 à Goritz.
Nous en citons la fin :

« La France s'associera tout entière à la nouvelle
affliction que cette mort a excitée au sein d'une
royale famille et à ce nouveau coup qui frappe une
grande princesse, dont on a dit que ses héroïques
douleurs, si noblement supportées, étaient une des
grandeurs de la France. »

Une apostrophe à M. Thiers dans le numéro du
24 juin :

« Toutes les erreurs comme toutes les vérités se
tiennent.

» M. Thiers, qni a foulé aux pieds les droits du
roi, a nié les droits du peuple quand il a dit que les
Français n'avaient de droits que ceux que la Chambre leur confrère, et aujourd'hui il nie les droits de
l'Église, en disant qu'elle doit être soumise à l'État.

» Ainsi, M. Thiers ne veut ni de la royauté indépendante, ni de la liberté indépendante, ni de la religion indépendante, et il se donne pour un homme de liberté.

» Il n'est, ainsi que M. Guizot, qu'un homme de tyrannie. »

Le désaveu de l'amiral Dupetit-Thouars a entraîné le désaveu du lieutenant de vaisseau d'Aubigny qui a renvoyé Pritchard de Taïti; Tanger et Mogador ont été bombardés par M. le prince de Joinville, la bataille d'Isly, gagnée sur les Marocains par le maréchal Bugeaud; tous ces événements nous brouillent de plus en plus avec l'Angleterre, l'*entente cordiale* est fortement compromise : cependant le roi se prépare à se rendre à Windsor. Sur tous ces événements la *Gazette* écrit beaucoup, à son point de vue toujours, c'est à dire en attribuant justement au gouvernement toutes les humiliations qui nous sont infligées par l'Angleterre et que nous supportons gratuitement. Il faut donc choisir; nous tâchons d'avoir la main heureuse.

Voici ce qu'elle écrit le 19 août :

« L'agitation produite à Paris par les nouvelles de Tanger trompe les calculs du ministère. On croyait que le bombardement de cette ville ferait *une diversion* aux tristes affaires de Taïti : C'est *une complication* qu'on y a vue, et les intérêts se sont alarmés des deux côtés du détroit en pensant que les événements grandissent de telle sorte qu'ils peuvent échapper à la direction des gouvernants.

» Au reste, des faits dont le caractère est encore inconnu viennent ajouter à ces causes d'inquiétude. Que va faire M. de Nesselrode à Londres, et que fait dans le Sund cette formidable escadre russe, dont la destination est un mystère? Pourquoi le pacha d'Égypte a-t-il quitté Alexandrie? Pourquoi son fils Ibrahim ne prend il pas en main le gouvernement que son père abandonne? Sont-ce les Anglais qui vont devenir les souverains de l'Égypte? Cela se fait-il d'accord avec la Russie? Devons-nous enfin assister à ce partage de l'Orient qui nous a tant agités il y a quatre ans, et rester en dehors de tous les événements du monde? La France peut-elle accepter la déchéance complète à laquelle on la condamne?

» En laissant de côté ces questions, pour s'en tenir aux faits connus, le départ d'une escadre anglaise pour Taïti dans les circonstances actuelles doit porter au plus haut point l'irritation de l'honneur national. Se fait-on l'idée d'une force de 320 canons anglais arrivant dans ces parages éloignés, débarquant Pritchard et le réinstallant dans l'île dont MM. d'Aubigny et Bruat auront été retirés par la France? Cet abaissement de notre puissance pourra-t-il être supporté par nos marins, et si les Anglais veulent appuyer par la force la réaction qu'ils vont opérer, qui peut dire ce qui résultera de ce conflit à 400 lieues de l'Europe?

» A l'intérieur, la situation n'est ni moins compliquée, ni moins alarmante. Les symptômes de décomposition éclatent partout. Les hommes et les institutions sont également au-dessous des circonstances. Le ministère est déjà à demi disloqué, et tout le système gouvernemental, à peine assez fort pour vivre dans le calme parfait des populations et dans l'absence de tous embarras extérieurs, se montre ébranlé devant la seule apparence d'une tempête.

» L'ordre est entamé partout, et si l'anarchie n'éclate pas, c'est qu'il y a heureusement dans tous les esprits une telle modération, que tout le monde s'arrête devant les situations produites par l'affaiblissement des institutions. Ainsi les avocats sont séparés des juges et se contentent de ne pas plaider, évitant d'irriter une division qu'ils n'ont pu prévenir; les élèves de l'école polytechnique ont quitté l'école, et à cet âge où l'injustice enflamme le sang, ils savent se contenir dans les sentiments de leur droit méconnu. Cette modération des hommes rend plus sensible le détraquement du pouvoir. Ni les Chambres, ni les colléges électoraux, ne se sentent la force et la cohésion nécessaires pour offrir au gouvernement les moyens de dominer les circonstances.

» Tout cela, nous le répétons, est très-grave, et loin que l'absence de la tribune soit favorable au ministère, nous pensons qu'elle accroît encore les difficultés de la situation, en joignant à l'inquiétude des faits officiels toutes celles que l'imagination peut puiser dans les mystères de l'avenir. »

Le roi est parti le 6 octobre, M. Guizot part à son tour :

« Ce qui nous étonne, dit la *Gazette*, c'est l'étonnement des adversaires de M. Guizot en le voyant partir pour l'Angleterre.

» M. Guizot appartient à cette école genevoise anglaise et anglicane par le cœur ; il était l'ami de madame de Staël qui a écrit dans ses *Considérations sur la révolution française* une phrase dont voici le sens :

« Si l'on me donnait le choix de la destruction de » l'Angleterre ou de la France, quoique avec une » douleur profonde, je préférerais la destruction de » la France [1]. »

.1. Voici la phrase textuelle de madame de Staël, dont la

» M. Guizot n'a cessé d'écrire dans le sens de la révolution de 1688 et de la constitution anglaise. En 1818, il fit un manifeste que nous attaquâmes, et dans lequel il formait la France dans les voies britanniques.

» Toutes les spéculations de son esprit, il les réalise aujourd'hui.

» Il est Anglais par la tête et par le cœur. Il fait les affaires de l'Angleterre, et il les fait avec conviction. M. Thiers lui a tracé la route; lui aussi il a fait son voyage en Angleterre, et dans son discours-ministre il a rendu impossible que M Guizot soit plus agréable à l'Angleterre que lui.

» N'est-ce pas d'ailleurs M. Thiers qui avait donné à M. Guizot l'ambassade de Londres et l'y avait envoyé comme l'homme politique le plus propre à plaire aux hommes politiques de ce pays?

» Il n'y a donc d'étonnant dans tout ceci que la surprise de ceux qui s'étonnent.

Gazette rend le sens : « Je l'avancerai, je ne puis approcher de ce sujet sans qu'un tremblement intérieur me saisisse ; et cependant, s'il fallait, je ne craindrais point de le dire, qu'une des deux nations, l'Angleterre ou la France, fût anéantie, il vaudrait mieux que celle qui a cent ans de liberté, cent ans de lumières, cent ans de vertus, conservât le dépôt que la Providence lui a confié. »

11.

» M. Guizot pense de l'Angleterre ce que disait la belle-mère de son ami M. de Broglie :

» Là nation anglaise tout entière est l'aristocratie » du reste du monde par ses lumières et ses vertus. »

» Madame de Staël disait encore :

« La nation anglaise est la plus religieuse, la plus » morale et la plus éclairée dont l'Europe puisse se » vanter. »

» Elle a dit aussi :

« L'Angleterre nous présente l'admirable monument de la grandeur de l'homme. »

Une boutade du 18 avril 1846 :

« Que veulent dire les récriminations perpétuelles de certains journaux contre nous ?

» Pendant quinze ans nous avons défendu la royauté ?

» Depuis quinze ans nous défendons la liberté ?

» Nous en veut-on de notre présent ou de notre passé ?

» Non, on nous en veut de ce que nous sommes également attachés à la royauté et à la liberté. »

Le 16, Lecomte a tiré sur le roi. La *Gazette* s'écrie le 19 :

« Est-ce un vain mot que le mot de réforme, en face des coups de carabine de Fontainebleau ?

» Est-ce un vain mot que le mot de réforme en face des déficits et des budgets écrasants ?

» Est-ce un vain mot que le mot de réforme, en face des factions, des coteries et des Anglais à Paris ?

» Est-ce un vain mot que le mot de réforme en face des bastillés où le despotisme peut un jour arborer son drapeau, et dont les partis violents peuvent s'emparer à leur tour ?

» Est-ce un vain mot que le mot de réforme en face de la Pologne, de l'Italie, de l'Espagne et de la Suisse agitée !

» Est-ce un vain mot que le mot de réforme en face de l'Europe absolutiste et de l'Angleterre peut-être demain en guerre avec les États-Unis?

» Est-ce un vain mot que le mot de réforme en face d'une situation qui demain peut surgir en France de l'instabilité des choses humaines et des factions de la cour et du parlement?

» Autrefois un déficit, une régence éventuelle, une situation grave au dehors suffisaient pour demander la convocation de la nation. Aujourd'hui on a toutes ces raisons à la fois, et l'on s'étonnerai que la France tout entière se levât pour la demander? »

Elle dit plus bas :

« Les détails qui sont donnés sur l'attentat de Fontainebleau prouvent que Louis-Philippe a fait preuve d'un sang-froid remarquable et d'un courage qu'il avait déjà manifesté dans les journées de juin et à l'affaire Fieschi. Il est Bourbon et prince français; il est tout simple qu'il en ait été ainsi. L'histoire jugera un jour les questions qui existent entre ce prince et nous; mais nous devons déclarer que nous le regardons comme infiniment au-dessus de ce qui s'est groupé autour de lui et qui ne s'est élevé et n'a vécu que par lui.

» Il est donc véritablement tout le système, et le parlage de M. Thiers et les folles théories de M. Barrot ne peuvent prévaloir sur l'ascendant du maître.

» Mais plus il est supérieur à tout ce qui l'entoure, et plus il est inconcevable qu'il ne comprenne pas la nécessité de convoquer la nation, car la nation seule peut dominer les hommes qu'il domine. Après lui il n'y a rien dans les hommes de parlement et de ministère qui l'entourent; aussi le coup de carabine de Fontainebleau a éveillé toutes les idées de prévoyance. »

Après avoir donné les détails sur cet attentat, elle dit encore :

« Le coup de carabine de Fontainebleau doit ré-

veiller la France. Il est temps qu'elle s'occupe sérieusement de metttre à l'abri des commotions et
des hasards des surprises la liberté, la civilisation,
les richesses, la prospérité et la grandeur de la société française.

» Au moment où le pays légal va s'assembler,
on dirait que la providénce a voulu réveiller les
Français et les forcer à s'occuper enfin d'obtenir
une assemblée nationale.

» Toutes les voix doivent aujourd'hui faire entendre ces vérités à la France.

» Français, pour vous sauver, il vous faut beaucoup moins de courage que vous n'en développez
sur les champs de bataille. Veuillez être libres,
et vous le serez. Il est temps de bien comprendre
votre situation. »

Suit un éloquent manifeste aux FRANCAIS.

Elle dit dans le même numéro :

« La première question qu'il faudrait toujours
examiner quand il s'agit de voter des dépenses publiques et des crédits, c'est de savoir à quelle
politique on donne ces moyens de puissance.

» Les dépenses de la marine, par exemple, les
quatre-vingt quinze millions qu'on vient de forcer
le gouvernement à accepter, sont-ils bien utiles
dans un système politique qui a rappelé la flotte de

Beyrouth et qui vient d'accorder, sous les menaces de l'Angleterre, l'indemnité Pritchard?

» La question des questions, c'est donc de savoir si l'esprit de la politique sera changé, car s'il ne l'est pas, on n'aura que des augmentations au budget. Un gaspillage de millions et un gaspillage de gloire, voilà tout ce qu'il y a de plus clair dans les discussions et les votes de la chambre, et les Bedford, les Arondel, les Talbot modernes, réunis dans la tribune diplomatique, ont eu raison de se montrer radieux au sortir de cette séance. »

Le 10 octobre, mariage du duc de Montpensier avec la sœur de la reine d'Espagne. La *Gazette* du 16 s'en occupe de la sorte :

« Pendant que deux cours se marient à Madrid, pendant que des princesses convient à leurs noces les hommes politiques et les généraux chamarrés d'or et de cordons qui gouvernent l'Espagne, ainsi que les romanciers et les artistes de France; pendant que l'Espagne des Maures prodigue le feu de son imagination à la fois galante et prestigieuse à cette royauté encore opulente des anciens trésors du Pérou, un jeune prince, longtemps prisonnier dans l'exil, n'ayant ni trésors, ni courtisans, ni alliés, ne possédant rien au monde que d'héroïques amis proscrits et persécutés comme lui, accepte les

austérités et les dangers d'une vie de combats,
et s'apprête à conquérir à la pointe de l'épée le
droit de sauver sa patrie. A lui les veilles pénibles,
les marches forcées, les nuits passées sur les cimes
glaciales des montagnes, en contact avec le ciel où
s'élèvent ses réclamations et ses prières.

» Pourquoi cette différence de destinées entre les
rejetons de la même tige royale? Parce que les
filles de Ferdinand ont été élevées au trône par la
violation des lois fondamentales de leur pays,
tandis que le fils de Charles V a, par les mêmes
lois, le droit de se dire roi d'Espagne.

» Le droit, au siècle où nous sommes, est condamné aux plus grandes épreuves; mais sa part est
encore la meilleure; la lutte qu'il soutient est glorieuse, elle intéresse l'humanité tout entière, car
c'est le combat de la force morale contre la volonté
injuste, du dévouement contre l'égoïsme, de tout ce
qu'il y a d'élevé dans la nature contre tout ce qu'il y
a d'inférieur.

» L'Europe est donc attentive à ce qui va se
passer dans la Péninsule, et les bulletins descriptifs
des fêtes de Madrid ne sont pas, on peut le croire,
le principal objet de son intérêt. »

Et la *Gazette* se fait écrire de Madrid que la révolution est accomplie en Espagne par les mariages et

que Charles VI ne peut plus remonter sur son trône que par la guerre civile.

Nous lisons dans la *Gazette* du 19 mai 1847 :

« La chambre a tellement fatigué l'opinion, que les séances les plus scandaleuses n'ont plus même la puissance d'exciter l'intérêt de la curiosité qui s'attache à ce qui est anormal.

» La séance d'hier, qu'on aurait trouvée piquante à une autre époque, semble fastidieuse parce qu'elle n'est plus que la répétition des misères dont nous sommes excédés.

» Autrefois, un rapporteur qui se contredit, une commission en désarroi, un ancien ministre s'aplatissant de plus en plus devant ses collègues qui l'ont frappé, tous ces faits auraient alimenté la malignité publique et servi de texte aux commentaires de la presse. Aujourd'hui, on est si habitué à ce spectacle, que la vue ne s'y arrête même pas. La pensée de tout le monde est au-delà du présent : on détourne les yeux de ce qui est pour regarder ce qui sera. »

Cette indifférence publique que semble constater la *Gazette* n'est cependant qu'apparente ; elle même va nous le dire :

« Que sont devenus les cris de Paris pendant les trois jours ? Vive Napoléon II ! Vive la république !

Vive la charte! Vive Lafayette! Vive le duc d'Orléans! Vive l'opposition libérale!

» Tous ces cris sont remplacés par le cri de *Vive
la réforme!* La réforme, en effet, c'est l'appel de la
nation, et la nation finira tout. »

Aussi écrit-elle le 22 juin avec une sorte de
contentement qu'elle ne cherche nullement à dissimuler :

« On s'occupe à Paris du banquet qui doit avoir
lieu pour l'inauguration du mouvement réformiste. Il y a eu plus de vingt mille signatures pour
la pétition de la réforme il y a quelques années, on
ne doute pas que ce chiffre ne s'élève cette année
à plus du double.

» La pétition est mieux faite et le principe qu'elle
contient est plus large que celui de la première
pétition, qui se bornait à dire : « Tout garde na-
« tional est électeur et éligible. »

» Nous pouvons assurer que les hommes de dévouement pour cette belle cause, la cause du droit
commun, ne manquent pas à Paris dans toutes les
nuances.

» Des hommes très-haut placés croient et disent
qu'avant un an il y aura une révolution dans Paris.
Nous assurons, nous, que si l'on entre vivement

dans le mouvement réformiste, la révolution sera conjurée.

» Le gouvernement serait donc coupable au premier chef s'il essayait d'opposer son arbitraire aux manifestations pacifiques et légales qui vont avoir lieu. »

Et le 11 juillet, pendant que le procès des anciens ministres Teste et Cubières s'instruit :

« Hier, tandis que la corruption était au Luxembourg et le déficit au palais Bourbon, la réforme était à Montmartre, elle dominait Paris, elle dominera la France. Il n'y a ni fort ni enceinte qui puisse lui résister. »

Ce procès fameux l'occupe au moins autant que le mouvement réformiste. Voici ce qu'elle dit le 14 juillet :

« Quel drame que celui qui se déroule devant la cour des pairs! Un des plus grands esprits de ce temps, l'aigle du barreau français, une des lumières de la magistrature, est engagé dans une de ces luttes fatales où l'on risque plus que la vie! Quel spectacle! quelle leçon!

» Le malheur de M. Teste, c'est d'avoir passé à travers les affaires d'un système dégradant, parce qu'il n'admet aucun principe.

» Le malheur de M. Teste, c'est d'avoir été en

affinité avec l'esprit qui a fait ce système et qui le domine.

» Dans un autre temps, dans un autre parti, M. Teste aurait été un des hommes les plus éminents de France, un de ses plus grands citoyens !

» M. Teste est une des victimes du système et de l'époque.

» Le jour où l'on a fait de la corruption un moyen de gouvernement, on a ouvert la porte à toutes les tragédies, à tous les scandales que nous voyons et que nous verrons probablement encore.

» Il y a bien d'autres coupables que ceux qui sont dévoilés. »

Même numéro :

« L'inquiétude est partout. Deux hommes qui ont été ministres de la guerre et de la justice, qui ont nommé les officiers et les magistrats, sont traduits devant une cour judiciaire; ce fait explique toutes les rumeurs et toutes les alarmes. Quand on extirpe un cancer, on se demande si l'opération n'emportera pas le malade que le cancer aurait tué. Il y a quelque chose de pareil dans l'anxiété des hommes du système. »

Le 15 :

« Nous venons de traverser quelques années pendant lesquelles on aurait cru, en regardant seule-

ment les choses dans leur apparence, que tout était
perdu en France, et que la maxime de préférer toujours le bien général au bien particulier était du
radotage et de la vieillerie.

» Aujourd'hui le procès Cubières à produit une
réaction morale dans tous les esprits, et l'opinion
force les hommes du pouvoir de prendre son langage. Seulement M. Delangle a dit que l'affaire de la
Cour des pairs satisfait à toutes les plaintes qui
s'élevaient contre la corruption, que la justice a
atteint tout ce qu'il y avait de corrompu, et qu'il ne
restait plus rien à poursuivre.

» C'est là une singulière prétention ! Le public
croit tout autre chose. »

Le 17, elle dit du ministère :

« Il semble que ce ministère ne doit pas tomber
parce qu'on l'attaque, mais parce que personne ne
peut le défendre. »

La *Gazette* continue la guerre qu'elle a entreprise
contre le pouvoir et ne cesse de combattre en faveur
des principes qu'elle a proclamés. Ainsi qu'elle l'a
pour ainsi dire prophétisé, la révolution est faite.
Elle dit au lendemain, c'est à dire le 26 février 1848 :

« Aujourd'hui nous n'avons rien autre chose à
faire qu'a prouver notre sincérité. Nous avons dit
que nous ne voulions rien que par la nation, unissons-

nous donc partout à ceux qui veulent réellement
que sa volonté s'élève au-dessus de tout. Cette
volonté de la France, c'est la loi suprême. Nous ne
devons pas avoir d'autres préoccupations que de
mettre ce grand peuple en possession de ses destinées. A lui de dire ce qu'il veut, il faut qu'il en ait
le droit; ce qu'il veut doit être la loi de tous. »

Avant de clore ce chapitre, il est nécessaire de
jeter un coup d'œil rétrospectif sur l'histoire de la
Gazette.

La révolution de 1830 avait failli l'emporter.
M. de Genoude, son propriétaire, à la vue des barricades, s'était enfui à son chateau de Plessis-les-
Tournelles. Mais M. Lubis, homme de tête, et de
résolution, qui était resté à Paris, prit sur lui de
faire reparaitre le journal sans consulter M. de
Genoude, lequel ne tarda pas à revenir à Paris.

Pendant cette période de dix-huit années que nous
venons de parcourir, M. de Genoude a été l'âme de
la *Gazette*. Du commencement à la fin il a fait au
gouvernement de juillet une guerre ingénieuse,
habile, mais implaçable.

La *Gazette* a payé par de nombreuses amendes
ses attaques au pouvoir. Elle subit en Cour d'assises
soixante-neuf procès et versa dans les caisses du
fisc 257 mille francs.

M. de Genoude alla en prison, il y envoya son beau-frère M. de Fleury; pas un des gérants du journal ne put y échapper : M. Aubry Foucault, l'un d'eux, compte à lui seul six années de captivité.

Comme on l'a vu, M. de Genoude, le premier, a posé nettement, carrément la question du suffrage universel. Les républicains pensant que le suffrage universel ferait aboutir la république, ne manquèrent pas de faire chorus avec lui. Cependant M. de Genoude vit ses espérances trompées par la révolution de février : il avait été le plus ardent apôtre du suffrage universel, et le suffrage universel le laissa dans l'oubli.

La *Gazette* eut pendant un temps beaucoup de succès. Ce succès était dû en premier lieu à la plume infatigable que M. de Genoude trempait dans de si bonne encre. Nous avons extrait bon nombre de ses articles qui foisonnent dans ce journal. Ils sont courts. Ce sont des mots piquants, des images vraies, des pensées ingénieuses, des éclairs. Les articles de longue haleine, dont nous avons fait des extraits sont de M. Lourdoueix, esprit très-élevé et très-habile dialecticien. En second lieu de Genoude avait installé l'imprimerie de la *Gazette* sur la place du Carrousel, en face même du château des Tuileries, pensant que le jour où une émeute sérieuse pénétre-

rait jusque-là son but serait atteint, c'est à dire que
la royauté des barricades aurait vécu. Ce singulier
voisinage donna lieu à un article de fondation que
M. de Beauregard publia pendant de longues
années sous le titre de *Lettres de la Voisine*. La plupart de ces lettres sont de véritables pamphlets,
spirituels, mordants, acerbes, qui ne contribuèrent
pas peu au maintien de la vogue de la *Gazette* et
surtout de son chiffre d'abonnés.

Depuis le 33 mars 1831, le titre de *Gazette* est en
lettres gothiques comme aujourd'hui. Le 16 août
1839, l'*Europe Monarchique* est réunie à la *Gazette de
France*. Ce journal change plusieurs fois de format,
de titre et de sous-titre. Il s'est appelé l'*Étoile,
Gazette de France*. À l'époque où nous sommes parvenus, il s'appelle *Gazette de France, journal des principes monarchiques et des libertés nationales*.

VI

La République. — Satisfaction de la *Gazette*. — Les premiers
articles. — La *Gazette* à ses amis politiques. — Déclaration.
— Nouveaux articles. — Manifeste à l'Europe, convocation des
assemblées électorales. — *Circulaire électorale* de la *Gazette*.
— *Circulaire* de M. Ledru-Rollin. — Ce bon M. de Vaublanc,
MM. de La Bourdonnaye, de Marcellin et de Puymaurin. — Les
voltigeurs de Louis XV. — Cordeliers, Jacobins, la Montagne.
— Boutade. — L'ostracisme de la démocratie. — M. de Genoude.
— La Gazette et le pouyoir héréditaire. — La République du
National, ou la République de la *Gazette de France*. — Mots
de la *Gazette*. — Le 15 mai, Barbès, Blanqui, Cabet, Hubert,
Sobrier, Louis Blanc, Albert et Raspail. — Détails. — Le mot
démocratique, l'adjectif de la République. — Le milliard sur
les riches et la guerre universelle. — M. Caussidière. — La
République à la base et l'hérédité au sommet. — Le système
de M. de Lamartine et l'ordre avec le désordre. — M. Clément
Thomas. — M. Louis-Napoléon. — La *Gazette* jette le masque.
Henri de France. — Les journées de juin. — Le général Cavaignac et le pape. — M. Marrast résiste. — L'état de siége et
la suspension de la presse. — Louis-Napoléon Bonaparte. —
MM. Ledru-Rollin, Louis Blanc, Raspail, etc. ; le général Cavaignac. — Louis-Napoléon. — Mort de M. de Genoude. — Assemblée legislative. — Le socialisme, l'hérédité. — L'expédition de Rome. — M. Ledru-Rollin, la Convention au Conservatoire des Arts et Métiers. — Le pape à Rome. — *Appel au
peuple*. — *Question de principe*. — Le 2 décembre. — Plébiscite du 20 décembre. — *Te Deum* du 2 janvier. — Les manifestes démagogiques et le manifeste du comte de Chambord.
— Proclamation de l'Empire. — M. de Lourdoueix et la rédaction de la *Gazette*, ses titres, sous-titres, devises, épigra-
phes et programmes. — Partie littéraire de la *Gazette*. — Ses
procès.

Nous nageons en pleine république et la *Gazette*
s'en frotte les mains. Ce n'est pas sans arrière-

pensée sans doute, quoi qu'elle dise plus bas, car comme tous les partis celui qu'elle représente se propose de pêcher en eau trouble. Toutefois la *Gazette* a le droit de triompher, car les idées qu'elle prêche depuis longtemps ont prévalu en dépit des journaux conservateurs qui se moquaient d'elle et lui riaient au nez.

Elle entre dans l'arène par une série d'articles qui sont presque tous autant de déclarations. Nous choisissons les plus saillants, les plus opportuns. Voici ce qu'elle dit le 27 janvier 1848.

« La chose publique, la chose de tous, le *res publica*, la république française en un mot, c'est maintenant la situation de la France.

» Le gouvernement provisoire a proclamé un fait existant.

» La phase qui est devant nous doit assurer et garantir à jamais les libertés et tous les droits.

» L'édifice social est à reprendre par les bases, et il faut que ces bases soient solides, fondées sur l'égalité des droits et sur la vérité de la représentation nationale.

» Il est temps que la France soit à jamais à l'abri, par ses institutions, des déceptions et des roueries, et que ce peuple si noble et si confiant n'ait plus rien à craindre de personne.

12·

» Vienne donc l'Assemblée nationale que nous appelons de tous nos vœux ! Nous n'avons jamais cessé de dire que quand la France serait représentée, elle étonnerait le monde par sa sagesse autant qu'elle l'a étonné par son courage, par son héroïsme et par sa générosité.

» Depuis dix-huit ans nous n'avons cessé de demander que la France proclamât, dans la plénitude de sa liberté et de son droit, toutes les institutions qui lui sont nécessaires.

» Là est l'œuvre, là est la tâche de tous les bons citoyens, là est l'esprit véritable du mouvement qui se fait aujourd'hui.

» Plus de partis! Plus d'arrière-pensées! Plus de réserve ! Nous allons travailler tous à élever un édifice dans lequel tout le monde soit à l'aise.

En apparence ce n'est pas la bonne volonté qui manque à la *Gazette*.

« On a dit souvent que toutes les libertés se tiennent par la main, dit-elle plus bas; non-seulement elles se tiennent, mais encore il en est qui sont nécessaires à l'exercice des autres et les précèdent pour ainsi dire.

» Ainsi le droit national du consentement de l'impôt et du concours à la formation de la législation, a pour compagnons indispensables le droit de réunion et d'association, et la liberté de la presse, qui est le corollaire de la liberté électorale et représentative.

» L'association, la presse, la tribune : voilà l'ordre de cette trinité de liberté.

» Le gouvernement qui s'apprête à convoquer la nation doit donc, comme préliminaires de cette grande mesure, abolir les lois faites contre les associations et contre la presse. Il faut qu'il rétablisse, en le régularisant, le droit de se réunir en assemblées politiques, qu'il brise les entraves fiscales et judiciaires qui tiennent la presse enchaînée.

» Si la convocation de la nation résulte d'un droit naturel, imprescriptible, inaliénable, qui domine le gouvernement lui-même, les autres droits inhérents au droit représentatif participent de sa nature et sont inviolables, imprescriptibles comme lui.

» Il ne s'agit pas ici de faire des lois ; il s'agit, pour mettre en vigueur le droit national, de suspendre tout ce qui peut lui faire obstacle. Un pouvoir même provisoire, est compétent pour cela.

» Nous demandons donc que les lois de septembre, les lois sur le timbre des journaux et les lois rendues contre les associations soient abolies. »

Elle dit encore :

« Les chartes constituantes de 1814 et de 1830 sônt anéanties.

» Les priviléges et les monopoles qu'elles avaient fondés n'existent plus.

» C'est là un sujet de joie pour toutes les âmes qui veulent le progrès des idées d'égalité et de liberté. »

Le 29, il y a déjà du revirement ; après avoir dit :

« Le peuple de Paris s'est levé pour la réforme ; c'est là le mouvement réel des trois journées dernières. Ce mouvement produira son résultat qui doit être la vérité de la représentation nationale, si ce n'était pas aujourd'hui. »

Elle s'écrie :

« Par quelle fatalité tous les partis sont-ils conduits aux mêmes fautes ?

» Les royalistes de 1814 ont fait du pouvoir constituant.

» Les conservateurs de 1830 ont fait du pouvoir constituant.

» Les républicains de 1848 font du pouvoir constituant.

» Qu'est-il résulté de cette situation en 1814 et en 1830 ?

» Que chaque opinion a marché isolement et que la France n'a pas eu la force de sa puissante unité.

» Que les hommes qui ont aujourd'hui le pouvoir écoutent notre voix. Que les élections soient faites de manière à assurer la plénitude de la liberté; que personne ne puisse jamais mettre en doute que la volonté nationale ait eu son expression dans la manifestation des comices électoraux, et dans les actes de l'assemblée prochaine, et toutes les opinions se soumettront à tout ce qui sera bien réellement le vœu du peuple français. »

La *Gazette* n'est pas seule à conseiller le pouvoir et l'on conçoit que le pouvoir n'en fasse qu'à sa tête.

L'article suivant, à la date du 1er mars est important au point de vue de la ligne politique de la *Gazette*.

A NOS AMIS POLITIQUES

« Nous espérons, au fond du cœur, que le gouvernement actuel n'éprouvera aucun obstacle ni à l'intérieur, ni à l'extérieur. Celui qui, au nom d'un parti politique, chercherait à agiter le pays serait coupable. Après ce qui vient de se passer, quand les armes sont tombées devant les poitrines des hommes du peuple qui se présentaient aux bayonnettes avec un sang-froid et une intrépidité héroïques, les gouvernements étrangers qui voudraient attaquer la France seraient aussi aveugles que Louis-Philippe, car la grande nation qui ne veut plus rien conquérir pour elle, veut seulement le droit national pour tous les peuples.

» Il n'y aura donc pas plus d'obstacles à l'extérieur que d'obstacles à l'intérieur. Il n'y a devant nous qu'une question pratique qui se résoudra d'elle même.

» Nous croyons devoir communiquer à nos amis politiques nos sentiments et nos vues sur la situation, et nous sommes sûrs de nous trouver d'accord avec eux.

» La phase dans laquelle nous entrons est la phase de la liberté. On ne doit pas avoir d'autre pensée que d'en assurer les garanties.

DÉCLARATION

» Tout le monde sait que depuis dix-huit ans nous défendons l'égalité des droits politiques, et que nous n'avons cessé de lutter par la presse ou dans les élections et dans les assemblées, pour la réalisation de ce principe, la seule base possible de l'ordre dans les sociétés éclairées.

» Le peuple français a conquis en quelques heures ces droits dont hier encore on niait jusqu'à l'existence; nous sommes heureux de sa victoire, nous sommes pleins de confiance dans l'avenir que le triomphe du droit national a ouvert au monde.

» L'action que nous continuerons à exercer sera donc dans le sens du mouvement d'émancipation et de progrès auquel nous sommes tous associés. Des élections vont appeler l'universalité des Français à nommer une assemblée vraiment nationale, nous irons à ces élections dans un esprit de patriotisme pur, mettant au-dessus de tout l'intérêt de la France et nous nous engageons à n'accorder nos suffrages qu'à des hommes dont le caractère moral, l'énergie, la sagesse et les lumières nous donneront la certitude que dans la constitution, ils feront inscrire les droits imprescriptibles des citoyens avec toutes les garanties de l'égalité, de la liberté et de l'ordre, et qu'ils concourront de tous leurs efforts à l'amélioration du sort des classes ouvrières.

» Enfin nous prenons l'engagement de ne nous préoccuper que de l'intérêt du peuple français, de son bonheur et de sa gloire.

» Nous sommes unis au gouvernement provisoire, dont la mission est d'assurer la paix publique, le maintien de l'ordre, la grandeur et l'ascendant de la France au dehors, *la défense du territoire si jamais il était menacé*, pour tout ce qu'il fera pour la réalisation du grand principe de la souveraineté de la na-

tion, si bien définie en 1789 par l'Assemblée constituante dans les articles suivants de sa constitution.

» La souveraineté est une, indivisible, inaliéna-
» ble et imprescriptible; elle appartient à la nation.
» Aucune section du peuple, aucun individu ne peut
» s'en attribuer l'exercice.

» La nation de qui seule émane tous les pouvoirs,
» ne peut les exercer que par délégation.

» La loi est l'expression de la volonté générale.
» Tous les citoyens ont droit de concourir person-
nellement ou par leurs représentants à sa formation. »

» Ces principes sont constitutifs en France ; ils
doivent servir de base et de règle au gouvernement
et à tous les citoyens dans leur conduite politique.

» Nous ne doutons pas que leur réalisation ne
donne à la France le calme au dedans et la force
au dehors.

» Nous sommes prêts à faire tous les sacrifices
pour l'indépendance du territoire et pour l'ordre
intérieur, comme pour la vérité de la représentation nationale, la condition de l'ordre et de l'unité.

» Notre état politique a été conquis par l'égalité.
Le privilége est descendu au tombeau, aucun effort
humain ne l'en fera sortir.

» Il n'y aura de vrais représentants que les repré-

sentants choisis par une majorité nationale. L'élection par une minorité serait un mensonge; ce serait un coup d'État contre la société; ce serait une
révolte contre l'égalité des droits.

» Pour les bons citoyens il n'y a plus de partis en
France, il n'y a que la France. Nous nous dévouons
sans arrière-pensée à la garantie et à la conquête
des droits de tous.

» Notre action appartient tout entière à la chose
publique. La république doit être la liberté, l'égalité et le droit, sans quoi elle ne serait plus la chose
de tous, elle serait le despotisme et l'oligarchie. »

Suivent trente-six signatures d'adhérents à la déclaration de la *Gazette*.

Nous lisons le 2 mars.

« Le mouvement qui vient de s'accomplir n'est
pas une révolution contre la révolution de 1830.
C'est au contraire le rétablissement du principe de
souveraineté nationale proclamé à cette époque et
qu'on avait escamoté au 7 août.

» Nous avons souvent établi dans cette feuille que
l'événement de 1830 avait eu pour but l'abolition
de l'octroi de la charte et la révision des traités
de 1815.

» Ce qui vient de se passer aujourd'hui est le rétablissement de la souveraineté nationale, la pro-

clamation du vote universel; et la fin d'un système
qui avait proclamé les traités de 1815 comme la
base du droit public européen.

» Ce n'est donc pas une révolution nouvelle, c'est
le développement de ce qui a été fait en 1830; c'est
une nouvelle phase de la révolution.

» Il est très-important de fixer le sens des mots
pour qu'aucune confusion n'existe dans les esprits. »

La *Gazette* suit les événements et n'épargne pas
les avis:

« Il est nécessaire, dit-elle le 4, qu'il se forme
partout des comités nationaux pour assurer la liberté et l'universalité des votes. Ces comités se
chargeront de constater partout les faits électoraux.

» La violence ne serait pas moins condamnable
que la corruption du régime qui vient de finir, et
n'entacherait pas moins les élections !

» Songeons bien que l'épreuve qui va être faite
est de la plus haute importance. Des élection vraies
sauveront le pays, des élections faussées remettraient
encore son avenir au hasard. »

La *Gazette* du 6 parle en ces termes :

« Deux actes importants sont publiés aujour-
d'hui : le manifeste à l'Europe et la convocation

des assemblées électorales pour le 9 avril prochain.

» Le gouvernement provisoire prononce à l'intérieur et à l'extérieur les mots que nous n'avons cessé
de répéter depuis dix-huit ans :

« Les traités de 1815 n'existent pas.

» Tous les citoyens sont électeurs et éligibles. »

« Nous demandions ces deux actes avec leurs véritables conséquences.

» Nous voulions qu'un congrès fût provoqué pour
le remaniement de l'Europe, et l'on sait où se trou-
veraient les compensations pour chacun.

» Nous voulions l'assemblée nationale par le vote
universel ; mais nous voulions que la loi fût faite de
telle sorte qu'il y eût universalité et sincérité des
votes. Le vote direct ne peut donner ces résultats,
parce que les citoyens seront loin de leur résidence,
et que dans tous les cas ils seront forcés de voter
pour des candidats qu'ils ne connaîtront pas.

» Le gouvernement provisoire s'est trompé. Sa
première faute a entraîné toutes les autres. Il devait convoquer la nation en entrant à l'Hôtel-de-
Ville. Il ne l'a pas fait. Il a produit toutes les confu-
sions de ce temps.

» Nous espérons que la sagesse de la grande nation réparera toutes les fautes commises et qu'elle

surmontera les difficultés dans lesquelles on s'est engagé. »

Le 18, la *Gazette* applaudit à la proclamation du
gouvernement provisoire relative aux prochaines
élections.

Nous lisons à cette date :

« On nous affirme que des manifestations en faveur d'Henri V ont eu lieu hier dans quelques
groupes. Nous condamnons avec tous les bons citoyens ces démonstrations; elles ne pouvaient être
suscitées que par des ennemis de la paix publique,
par ceux qui mettraient la désunion des Français au
nombre de leurs calculs égoïstes. »

Le 7 avril, la *Gazette* publie une *Circulaire électorale* délibérée par les adhérents à sa déclaration du
1ᵉʳ mars. Elle y demande formellement :

« La liberté individuelle :

» La liberté de la presse :

» La liberté religieuse;

» Le droit d'association, qui seule peut nous
donner une bonne organisation du travail :

» La sincérité de l'institution du jury.

» La liberté d'enseignement.

» L'inviolabilité de la propriété et la plus grande
économie dans les dépenses publiques. »

Cette circulaire qui émane du comité électoral

est signée : Genoude, président ; de Castillon, secrétaire.

La fameuse circulaire de M. Ledru-Rollin portant
instructions sur les opérations préparatoires relatives à la tenue des assemblées électorales, inspire
à la *Gazette* un article de fond très-curieux, mais
très-long dont nous devons nous contenter de donner le début. Il est du 9 avril et est intitulé : *De la
dernière circulaire de M. Ledru-Rollin :*

« M. Ledru-Rollin vient de faire un grand miracle.
Il a ressuscité, retrouvé la chambre introuvable de
1815. Les circulaires vont lui donner une assemblée
d'hommes fidèles, purs, dévoués et sans tâche. C'est
à faire envie à ce bon M. de Vaublanc, à MM. de La-
bourdonnaye, de Marcellus et de Puymaurin, s'ils
vivaient encore. Ce ne seront pas, si l'on veut, les
voltigeurs de Louis XV, avec le chapeau à lampion,
les ailes de pigeon, l'habit chamarré, les épaulettes
en faux-fuyant et l'épée en queue de singe. Nous au-
aurons ceux des Cordeliers, des Jacobins et de la
Montagne, citoyens très-actifs malgré leur âge, et
qui soutiendront la république comme les autres
ont soutenu la monarchie, à force d'épurations et
de catégories. »

Boutade du 24 avril :

« On peut dire que huit millions huit cent mille

citoyens doivent leur participation aux droits politiques, à la persévérance de M. de Genoude à demander le vote universel.

» M. de Genoude est exclu de la liste des démocrates. Comment cela s'appelle-t-il? L'ostracisme
de la démocratie. »

M. de Genoude a en effet à se plaindre et il se
plaint en ces termes le 23.

« M. de Genoude ne se trouve porté ni sur la liste
des démocrates, ni sur celle des aristocrates, ni sur
celle des théocrates. Les absolutistes, les socialistes
le repoussent également, parcequ'il veut le vote
universel, l'hérédité du pouvoir, les limites na-
turelles de la France et sa véritable constitution.

» Toutes ces exclusions sont la récompense de
la netteté de ses opinions et de sa persévérance. »

On reproche à la *Gazette* de revenir à son pouvoir
héréditaire, mais la *Gazette* a bec et ongles et elle se
défend à merveille.

« Quand le principe d'hérédité fut renversé en
1830, dans la personne de Henri de France, dit-elle
le 4 mai, nous examinâmes avec soin comment la
nation avait pu consentir même un moment à l'u-
surpation de Louis-Philippe, et il ne nous fut pas
difficile de juger que nous ne nous étions pas trompés en 1815 et en 1820 quand nous avions vu dans

le monopole électoral des cent écus une cause de ruine pour l'hérédité.

» Tous nos soins furent consacrés à faire rendre à la France le vote universel, parce que nous savions que c'était la seule base sur laquelle on pût établir un gouvernement solide et durable.

» Si le gouvernement de Louis-Philippe eût été basé, comme il le disait, sur le vœu national, la demande de la réforme ne l'aurait pas tué.

» Nous sommes donc certains qu'un pouvoir héréditaire existerait parfaitement sur cette base républicaine. En serait-il de même d'une démocratie ? Nous ne le croyons pas, et déjà on remarquera que des démocrates s'élèvent contre les résultats du vote universel direct avec scrutin de listes, quoique ce ne soit pas là le vote national consacré par la tradition et par le bon sens français.

» Il faudra donc, bon gré mal gré, qu'on arrive à ces deux lois : le vote universel et le pouvoir héréditaire, seules conditions de la liberté et de la stabilité en France [1].

1. Que M. de Genoude n'a-t-il vécu plus longtemps ! ce qu'il désire ici s'est produit en 1852, non pas avec Henri V, comme l'espérait sans doute l'éminent publiciste, mais avec un Bonaparte dont le pouvoir est héréditaire sous le régime du vote universel.

» Nous devons signaler dès aujourd'hui un plan de conduite qui nous paraît adopté par quelques personnes, et qui se résume dans ce mot : *Laissons essayer la république démocratique jusqu'à sa dernière conséquence.*

» Ces personnes espèrent que la France, reconnaissant l'impossibilité de la démocratie, c'est-à-dire du gouvernement du peuple lui-même, se rejettera du côté du pouvoir absolu, et que la république véritable, le vote universel, sera entraînée par la ruine de la démocratie. »

Elle y revient encore en ces termes le 14 mai :

« Quelques personnes croiraient sortir de la République en admettant l'hérédité. Ces personnes sont dans une grande erreur. La quinquennalité, la décennalité, l'inamovibilité et l'hérédité, ne sont que des modes divers qui se concilient tous avec le principe républicain, qui n'est autre chose que l'organisation du peuple en vue de l'exercice de ses droits et de son bien-être.

» C'est donc une question d'avantage qui se rapporte à l'utilité du peuple, et ce n'est pas une question de principes puisque la République est de droit absolu dans la civilisation !

» Ainsi nous avons eu raison de dire : Nous sommes républicains, mais nous ne sommes ni démocrates, ni théocrates, ni aristocrates. Nous ne croyons pas plus à la possibilité d'une aristocratie et d'une théocratie qu'à la possibilité d'une démocratie.

» La question sera bientôt posée ainsi : Quelle est la République qui convient le mieux à la France de la République du *National* ou de la République de la *Gazette de France*?

» Nous ne saurions trop le répéter, il n'y a dans tout ceci qu'une question d'adjectif. La République est irrévocablement acquise, et l'on ne peut différer que sur le moyen de la gouverner. »

La *Gazette* est pleine de mots. En voici un du même jour :

« Quelqu'un disait : L'Assemblée actuelle n'a rien de la Constituante ni de la Convention. Elle ressemblerait plutôt à la Législative qui n'a été qu'une transition d'une brillante Assemblée à une Assemblée terrible. »

Un autre :

« Nous allons à la monarchie! » C'était là le mot répeté dans tous les groupes des représentants à la chambre après la dénonciation de M. Durrieu et l'installation connue des commissaires à l'Élysée-Bourbon et au Petit-Luxembourg, en attendant les Tuileries. Il est certain que puisqu'on est sorti de la démocratie, on se trouve dans l'oligarchie, qui

n'a jamais été qu'une transition vers la monarchie. »

Voici ce que dit la *Gazette* le lendemain du
15 Mai :

« Nous devons nous borner à rendre compte suc-
cinctement des grands événements qui se sont accomplis dans cette journée.

» La manifestation annoncée en faveur de la Pologne s'est rendue vers une heure à la Chambre des
députés ; elle se composait de délégués des clubs et
de plusieurs corporations avec leurs bannières et
sans armes. N'ayant point trouvé d'opposition sur
le pont de la Concorde, la colonne s'est répandue
autour du palais de l'Assemblée jusque sur là place
où elle a trouvé les grilles fermées.

» Plusieurs membres des clubs se sont hissés
entre les colonnes, et étant descendus dans la cour,
ils ont ouvert la grille à la foule, qui est entrée sans
que le très-faible détachement de la garde nationale
qui stationnait dans la cour ait pu s'y opposer.

» La foule a immédiatement envahi les tribunes
publiques, les couloirs et jusqu'à l'enceinte. Une
grande agitation s'est manifestée dans l'Assemblée,
dont les membres sont restés à leur place et ont
conservé un sang-froid plein de dignité. Le citoyen
Raspail a paru dans l'enceinte et s'est dirigé vers la

tribune. Un grand nombre de représentants a voulu
s'opposer à son passage. Une véritable lutte s'est
engagée; les assaillants l'ont emporté et se sont em-
parés du bureau.

» Après une demi-heure d'un tumulte inexprima-
ble, le citoyen Raspail, malgré quelques vives protestations parties des bancs des représentants, a lu la
pétition pour la Pologne, concluant à l'envoi im-
médiat d'une armée sur les bords du Rhin.

» Le citoyen Blanqui a parlé dans ce sens, et le
citoyen Louis Blanc qui a paru dans ce moment au
bureau du président, a été accueilli par des applau-
dissements frénétiques. Après une heure de tumulte
et la foule augmentant toujours, le citoyen Barbès
a déclaré au nom du peuple que l'Assemblée était
dissoute, que la guerre en faveur de la Pologne allait
avoir lieu immédiatement et que l'on décrétait un
milliard d'imposition pour y faire face.

» La foule est ensuite partie pour aller installer
à l'Hôtel-de-Ville un gouvernement composé, dit-
on, ainsi qu'il suit :

» Les citoyens :

» Barbès, Blanqui, Cabet, Hubert, Sobrier, Louis
Blanc, Albert et Raspail.

» *Six heures du soir.* — Les légions de la garde
nationale, dont quelques bataillons seulement

avaient été convoqués dès le matin, sont maintenant sous les armes.

» Les représentants sont rentrés en séance.

» On assure que plusieurs arrestations ont été faites : le général Courtais a été remplacé.

» M. le général Baraguay-d'Hilliers a été nommé commandant de la garde nationale, et le général Négrier commandant de la division militaire.

» *Sept heures du soir.* — Le général commandant la division se porte à l'Hôtel-de-Ville, accompagné d'un régiment de dragons, de deux batteries d'artillerie et de plusieurs régiments de troupes de ligne.

» Ces troupes sont accueillies sur leur passage par les cris unamines de : Vive l'Assemblée Nationale !

» *Huit heures.* — L'Hôtel-de-Ville est maintenant occupé par la garde nationale et la troupe de ligne.

» Il paraît certain qu'au moment où la force publique est entrée à l'Hôtel-de-Ville, plusieurs chefs du mouvement ont été surpris dans une salle où ils délibéraient, et arrêtés par la garde nationale. »

Le 17, la *Gazette* revient sur ce mouvement.

« La parole est aux événements, dit-elle.

» Aujourd'hui comme au 24 février, comme toujours, ils viendront confirmer nos avertissements et notre langage.

» Qu'avons-nous répété depuis deux mois? Que le mot *Démocratique*, joint si étourdiment au mot *République*, était une source de désordre, une cause d'inquiétude qui arrêtait le travail, détruisait le crédit et tenait suspendue sur la société la menace des collisions et des guerres civiles.

» Eh bien! le cri de *Vive la République démocratique!* était le cri de ceux qui proclamaient à l'Hôtel-de-Ville le gouvernement provisoire des citoyens Barbès et Blanqui.

» Nous avons dit aussi que la démocratie avait le communisme pour conséquence et pour développement : on peut voir la liste de ce gouvernement provisoire, composée à la fois de montagnards et de socialistes. Est-ce clair?

» Il faut donc, si l'on veut éviter le désordre de retours pareils à ceux que le bon esprit de la garde nationale a conjurés, *changer l'adjectif de la République.* »

Le même jour elle dit :

« Le défaut d'unité dans le gouvernement a failli perdre hier la représentation nationale.

» Que ce besoin d'unité soit donc le sentiment dominant des membres de cette assemblée. »

Elle dit plus bas :

« Pendant quelques heures, on a pu croire à Paris

13.

qu'une révolution *Montagnarde* et *socialiste* était accomplie.

» Les faits étaient conformes à tous les précédents de ce genre : l'Assemblée nationale envahie et dissoute au nom du peuple, un gouvernement provisoire proclamé; s'installant à l'Hôtel-de-Ville, et la garde nationale sans direction, attendant dans les mairies des ordres qui ne venaient pas, c'étaient bien là les images d'une des phases de révolutions auxquelles il nous a été donné d'assister; mais ce n'é-- taient que des images. En France, aujourd'hui toutes les pensées gravitent vers l'ordre. Nous l'avons dit souvent :

» Les révolutions qui finissent ne ressemblent pas aux « révolutions qui commencent. »

Elle dit encore :

« La tentative d'hier était coupable et insensée; mais ce n'est pas par le défaut de logique qu'elle péchait.

» Ne comprendra-t-on pas que le mot démocratie, qui signifie *le gouvernement du peuple,* autorise les factions qui se disent les organes des sentiments et des intérêts populaires, à essayer par la violence de dominer et de destituer les gouvernements et les assemblées quand ils ne font pas ce qu'elles croient être la volonté du peuple.

» Dira-t-on que ces assemblées sont élues par tout le peuple? Mais les gouvernants eux-mêmes ont assuré, lors des élections, que tous les abus d'influence leur étaient permis, parce que le peuple subissait le joug d'une bourgeoisie égoïste. D'ailleurs, dans la pensée des démocrates, une assemblée qui résiste aux conséquences des principes démocratiques ne saurait représenter le peuple. Et les conséquences de la démocratie, c'est la mise en commun des richesses, soit dans les mains de l'État, comme le voudrait M. Cabet, soit par le partage des terres, comme le voudraient d'autres socialistes.

» Montesquieu a dit : « La loi agraire est de » l'essence de la démocratie. »

» Ayons donc de la logique si nous voulons avoir de l'ordre autrement que par le dévouement énergique des citoyens armés. Que nos constituants nous fassent une République qui se défende d'elle-même ; et ils auront bien mérité de la garde nationale qui les a sauvés par son admirable esprit. »

Le 18, la *Gazette* achève de caractériser le mouvement par ces appréciations et ces citations curieuses :

« Les démocrates n'ont été un moment triomphants à l'Assemblée nationale et à l'Hôtel-de-Ville que pour afficher aux yeux de la France entière ce qui arriverait si leur triomphe était complet.

» Le milliard sur les riches, la guerre universelle, point d'Assemblée possible, un comité de salut public composé de démocrates et de communistes, voilà donc ce qu'il y avait au fond de ce mot démocratique dont on a subi l'empire au 24 février.

» M. Caussidière a tué la République hier par un mot plein de bon sens : « Je me suis trouvé sans » force. Moi, préfet de police, j'ai été réduit à l'état » de gendarme. Cela vient de cette manie que tout » le monde a de vouloir être général et de com- » mander. »

» C'est parce que tout le monde veut être général et commander, que nous disons sans cesse : *La République à la base et l'hérédité au sommet.* »

» Tout le système de M. de Lamartine, qui a consisté à dorer l'anarchie, s'est trouvé résumé par M. Caussidière dans cette parole :

« J'ai voulu faire l'ordre avec le désordre. »

Voici le prélude des journées de juin dans la *Gazette* du 17 :

« M. Clément Thomas, commandant de la garde nationale, a annoncé à l'Assemble une prochaine bataille à livrer dans les rues de Paris. Quelle situation ! »

Le citoyen Louis-Napoléon Bonaparte élu à Paris et dans deux départements a écrit au président de

l'Assemblée pour l'instruire qu'il n'accepte pas la
représentation. La *Gazette* dit ce à propos le 18 juin :
« Louis-Napoléon a rendu nécessaire la solution de
la question que nous ne cessons de développer :

« Le gouvernement de la République doit être
» proclamé par le peuple entier. »

» Et cela doit se faire sans retard, si l'on ne veut
pas réduire la France à une situation pire que celle
qu'elle a subie à Waterloo. »

Le lendemain 19, la *Gazette* se démasque. Écoutons-la :

« S'il pouvait exister des doutes sur la question de
savoir quelle est la combinaison politique qui peut
ramener en France la confiance, le crédit et la
prospérité publique, il suffirait, pour les dissiper,
de la considération suivante :.

» Il y a trois prétendants aujourd'hui connus au
gouvernement de la France.

» MM. Louis Bonaparte, le prince de Joinville et
Lamartine.

» Il y a, de plus, un principe d'hérédité en vigueur
depuis huit siècles, et qui se personnifie dans Henri
de France.

» Si M. Louis Bonaparte, ou M. de Joinville, ou
M. de Lamartine, devenait chef du gouvernement,
. le gouvernement aurait contre lui deux des trois

prétentions que nous venons d'indiquer, sans compter toutes celles qui ne sont point encore affichées : sans compter non plus le principe d'hérédité, à la nécessité duquel ses nombreux partisans ne cesseraient pas de croire.

» Si Henri de France était le chef de la République, on peut affirmer que ni M. Louis Bonaparte, ni M. de Joinville, ni M. de Lamartine, ni aucun aspirant connu ou inconnu à la présidence, ne maintiendrait sa prétention devant un droit de mille ans retrempé dans la souveraineté nationale.

» Cette combinaison est donc la seule qui puisse faire disparaître les compétitions, les brigues et les divisions de partis; c'est la seule qui puisse amener une solution définitive. Toutes les autres ne seraient que des phases de révolutions : que des moyens de continuer pour un temps plus ou moins long les malheurs et les misères de la France. »

La *Gazette* résume ainsi la situation après les journées de juin, c'est à dire le 28 :

« La garde nationale de Paris vient de reprendre sur les barricades le mouvement qui lui avait été escamoté en février. On peut le dire de la manière la plus positive, les ateliers nationaux n'avaient été qu'un moyen, pour la commisson qui s'était faite gouvernement provisoire à l'Hôtel-de-Ville, de

comprimer la garde nationale elle-même. Les socialistes ont passé, grâce au mot de réforme poussé par
la garde nationale. S'ils avaient mis sur leurs bannières, en février, la *République démocratique et
sociale*, ils n'auraient pas été un seul instant maîtres
des rues de Paris, et par suite du pouvoir. Les journées qui viennent de se passer ont été le Waterloo
des socialistes démocrates ; il ont perdu leur armée,
au mois de juin, comme Napoléon en 1815. Bonaparte perdit sa bataille le 18 juin, et revint à Paris
le 21 : n'ayant plus son armée, il ne put rien pour
reprendre le pouvoir, et se débattit misérablement
pendant quelques jours. Les démocrates socialistes
sont aujourd'hui des jacobins sans peuple. La garde
nationale a repris la tête du mouvement, elle ne le
laissera plus prendre à personne. »

A la veille de l'élection présidentielle, le général
Cavaignac est loin d'avoir les sympathies de la
Gazette. On n'en sera pas étonné après avoir lu ce
qui suit, sous la date du 5 décembre.

« Nous avons affirmé que c'était là politique de
M. Cavaignac qui avait renvervé la puissance du pape
à Rome, et nous avons cité à l'appui de cette assertion un article du *National* où l'on disait expressé-
ment que la République de Paris donnait la main à
la République de Rome. La réforme préparée par le

pape est devenue une révolution, grâce aux hommes du 24 février. Comment recevoir le souverain pontife, après lui avoir enlevé sa couronne, comment lui dire : « Vous êtes notre chef spirituel, puisque » vous êtes le chef des catholiques, mais votre pou- » voir temporel est tombé, et nous en sommes bien » aise. »

» Il aurait autant valu enlever le pape comme la République et Napoléon. Il y avait là une hypocrisie de moins.

» La République française a créé la République romaine, et la République romaine a chassé le pape.

» M. Marrast écrit au nonce des lettres en faveur de l'évêque de Rome, et le *National* proteste contre l'union du pouvoir spirituel et du pouvoir temporel. C'est à dire contre la papauté.

» Gâchis! gâchis !

» La question de la souveraineté du pape paraît complexe au premier abord ; cependant elle est nue. Le pouvoir temporel est essentiel, est nécessaire au pouvoir spirituel ; le pape ne peut pas être le sujet de l'empereur d'Autriche ni du roi de France, encore moins du roi de Prusse ou d'Angleterre. Trente papes ont dû consacrer par leur sang leur indépendance en présence des empereurs de Rome ; ils ont dû défendre à ce prix devant les empereurs romains la liberté spirituelle.

» Jamais le mot de Tacite : *Omnia serviliter pro-dominatione* n'a trouvé une application plus juste que dans les hommes du pouvoir.

» Leur conduite envers le pape est peut-être ce qu'il y a de plus singulier encore dans tout ce qu'ils ont fait pour prendre le pouvoir. L'état de siége, la suspension de la presse, ce n'était que de la palinodie et de l'apostasie ; mais quel nom donner à leur conduite envers le pape? Ils vont couronner de fleurs cette auguste victime et fraterniser avec ceux qui l'ont chassé et dont les balles ont atteint son palais. »

Le 8, la *Gazette* que nous avons vue préconiser Henri de France comme chef de la République, la *Gazette* porte en tête :

« Tous les journaux qui veulent la liberté contiennent l'avis suivant :

» Les bulletins de vote doivent porter ces mots dans l'ordre que nous indiquons :

LOUIS-NAPOLÉON BONAPARTE.

» Ils peuvent être écrits, imprimés ou lithographiés. *Ils doivent être sur papier blanc, à peine de nullité.*

» Toute désignation inconstitutionnelle, telle que celle de *prince, roi, empereur, consul, président à vie*, entraînerait la nullité du vote.

» Nous apprenons que des *bulletins en papier de couleur* sont répandus. Les électeurs les refuseront et les déchireront. Ceux qui les leur remettent veulent leur faire exprimer un vote nul. »

Cet intérêt que la *Gazette* prend à l'élection de Louis Napoléon Bonaparte ne doit pas surprendre le lecteur. Le but de la manœuvre des royalistes était visible et depuis longtemps, sur ce point, on leur a dit leur fait.

Elle a dit le 11 décembre.

« Le scrutin ouvert aujourd'hui va nous donner la preuve que les démocrates du 24 février, ayant à leur tête MM. Ledru Rollin, Louis Blanc, Raspail, etc., ont très-bien fait de ne pas consulter la nation sur la forme du gouvernement. On va voir quel aurait été au 25 février le nombre de bulletins inscrits pour M. Ledru-Rollin qui a fait triompher la république démocratique et sociale. Le scrutin va montrer en quel nombre sont les républicains de la veille et les républicains de naissance.

» Les voix pour M. Cavaignac sont des voix d'employés et, par conséquent, ne comptent pas. Les voix qu'obtiendra Louis-Napoléon ajoutées aux voix qui s'abstiendront montreront ce que veut véritablement la majorité en France, et que l'ordre sera rétabli dans les intelligences, et dans les cœurs, lorsqu'on demandera sincèrement, franchement à la France de dire la constitution qu'elle regarde comme la sienne. Cette seconde épreuve du vote universel doit nous rassurer complétement sur la troisième.

» Une des choses qui nous ont le plus choqué dans la guerre de la présidence, ce sont ces mots sans cesse répétés : Que veut Cavaignac? Que veut Louis-Napoléon? Que veut Ledru-Rollin? Il nous semble que la seule chose que nous ayons à demander c'est : Que veut la France? »

L'élection est faite. La *Gazette* dit le 15 décembre :

« C'est en vain que les journaux démocratiques veulent faire prendre le change à l'opinion. Ils parlent de réaction, de coalition pour imposer à la France autre chose que ce qu'elle veut. Il n'est pas un parti aujourd'hui qui aspire à établir quoique ce soit dans ce pays sans le consentement formel du peuple. Nous voulons, nous, la volonté nationale, comme lu souveraine arbitre de tous les différents ; toute notre action tend à provoquer sa manifestation. Nous croyons que tous ceux qui ont voté avec nous pour Louis-Napoléon, sont les amis du vote universel.

» Il ne s'agit donc pas de questions de personnes dans tout ceci, il s'agit de la France. Les Armagnacs et les Bourguignonss ne sont pas dans nos rangs; les ennemis publics sont ceux qui veulent faire prévaloir leur volonté, leur système, leurs opinions sur la volonté du pays; ceux-là se retranchent, dans ce moment, dans ce qu'ils ont fait sans le consentement du peuple. Le gouvernement vient de leur échapper par une manifestation éclatante; ils en auront encore deux qui leur enlèveront leurs barricades parlementaires. Alors la France sera complétement libre, et jamais elle n'aura été plus grande et plus prospère. Ce que la France a voulu depuis soixante ans, c'est sa constitution : elle l'aura. »

Enfin la *Gazette* est presque au comble de ses vœux puisqu'elle écrit le 20 :

« La confiance renaît, le commerce reprend de l'activité, les fonds publics se relèvent, les transactions deviennent plus faciles, tout reprend l'activité et la vie.

» C'est qu'au lieu des conséquences révolutionnaires, nous avons les conséquences du suffrage universel. Les insurrections, les pavés, les barricades, les constitutions faites à *priori*, les dictateurs.

les états de siège, voilà ce qui détruit. Le vœu national, la justice, le règne des lois, voilà ce qui édifie.

Encore un scrutin et une Assemblée nouvelle, et la confiance et le crédit reposeront sur des bases solides que rien ne pourra ébranler. »

On lit dans la *Gazette de France* du 25 avril 1849.

« La France et la cause nationale, la religion, la politique et les lettres viennent de faire une perte immense : M. Eugène de Genoude, directeur de la *Gazette de France*, est mort à Hyères le jeudi 19 de ce mois. Cette mort a été presque instantanée ; elle a été occasionnée par un épanchement de sang dans la poitrine. Hier, le télégraphe avait annoncé cette triste nouvelle ; mais il était permis de conserver quelque espérance. Aujourd'hui des lettres de M. René, le second fils de M. de Genoude, et des correspondances particulières, parvenues à des membres de l'Assemblée nationale, n'ont plus laissé de doutes sur la réalité du déplorable événement. Il a été, de la part des hommes de toutes les opinions, l'objet de vifs regrets et d'honorables témoignages de considération et d'estime.

» Plongés dans la plus profonde douleur, les coopérateurs et les amis de M. de Genoude ne peuvent se livrer à tous les sentiments dont leur âme est remplie. On ne doit pas attendre d'eux, dans ces pénibles moments, le tribut qui est dû à un homme dont toute la vie a été consacrée à la défense de la religion, de la monarchie et de la liberté, dont la dernière pensée a été pour cette France qui avait tout son amour. Tout ce qu'ils peuvent faire dans cette douloureuse circonstance, est de recueillir leurs forces et de s'inspirer plus que jamais de la pensée qui leur a servi de guide.

» Nous pouvons dès aujourd'hui annoncer que la *Gazette de France* ne fléchira pas dans sa mission ; les hommes dévoués, qui, depuis deux mois, ont consacré leurs soins à remplir le vide laissé par l'absence de M. de Genoude redoubleront d'efforts, et ils espèrent pouvoir annoncer bientôt les mesures qui auront été prises pour que la direction et la rédaction du journal n'éprouvent aucun affaiblissement.

» M. de Genoude laisse deux fils dignes de lui, MM. Henri et René ; le premier, absent, est attendu prochainement à Paris ; le second, chargé de la triste mission de ramener la dépouille mortelle de son père, dont il a recueilli le dernier soupir. »

Pendant que la France est en train d'élire une nouvelle Assemblée, la *Gazette* du 18 mai dit :

» La chance de l'empire est déjà traversée ; les élections ne sont plus en rapport avec le vote du

10 décembre. L'Assemblée en refusant de se dissoudre à l'avènement du président avait créé un regime
qui est usé aujourd'hui dans tous ses éléments. Quatre mois ont suffi pour épuiser cette phase. L'idée
de l'empire n'aurait sans doute plus pour elle ni le
peuple ni l'armée. La révolution a pris un autre
cours, et la république de février parait chercher
une autre manière de mourir.

» Le socialisme, s'il sort de l'urne électorale,
comme l'espèrent ses adeptes, comme le craignent
ses adversaires, passera-t-il dans les faits, ou avor-
tera-t-il comme l'empire en restant à l'état d'idée?
C'est ce que nous ne tarderons pas à savoir. Quand
il devrait triompher, il ne serait qu'une phase passagère, car il ne peut produire ni un gouvernement
ni une société nouvelle. Nous trouverions auprès de
lui ce qui est au-dessus de lui : les principes éternels
qui ont constitué la France et le droit souverain du
peuple entier à reconnaître ces principes et à y revenir.

» Le peuple français a hâte d'épuiser l'erreur
pour arriver plus vite à la vérité! C'est dans cette
pensée qu'on doit chercher la cause du mouvement
inattendu qui parait aujourd'hui se manifester. La
soudaineté de ce mouvement est pour nous une raison d'espérer que ce peuple se jetterait tout armé

soudainement dans la voie du salut s'il voyait du sang et des ruines dans celle où il est entré.

» Tant que le vote universel restera en vigueur, nous ne cesserons d'avoir foi dans l'avenir de la France, parce que nous avons foi dans le peuple français. Nous cherchons toujours à comprendre sa pensée en la rapprochant de la raison la plus haute, et la raison la plus haute, aujourd'hui, c'est que la France ne saurait s'établir dans la situation que les républicains de la veille et du lendemain lui avaient faite, pas plus qu'elle ne s'établirait dans celle que MM. Ledru-Rollin et Proudhon voudraient lui faire. »

Les élections faites, la *Gazette*, qui ne perd pas de vue son objet, dit le 20, après examen du résultat :

« La situation est déjà dessinée pour les hommes politiques.

» Le fait républicain a produit son dernier terme : LE SOCIALISME.

» Par cette raison même, l'intérêt social produira dans les idées son dernier terme : L'HÉRÉDITÉ. »

L'expédition de Rome donne lieu dans la Chambre à de violents débats provoqués par la gauche et dans lesquels M. Ledru Rollin attaque le gouvernement avec une extrême violence. Il prétend que la constitution a été violée par l'attaque de Rome; il dit que si la guerre continue il se croira en droit de défendre la constitution même *par les armes*, et propose la mise en accusation du président de la République. Une situation ainsi tendue ne pouvait durer longtemps. Elle aboutit en effet le 13 juin à l'échauffourée du Conservatoire des Arts-et-Métiers.

La *Gazette* du 15 dit à propos de ces événements :

« Si quelque chose doit surprendre dans les événements d'hier, c'est l'aveuglement des hommes qui ont fait cette tentative insensée contre l'ordre social et la paix publique. Il était évident pour tout le monde que rien, dans les dispositions de la population, ne répondait aux passions qui agitaient les tribunes et les écrivains de la presse socialiste. Jamais Paris n'avait été plus tranquille, jamais les physionomies n'avaient semblé plus paisibles; et c'est seulement quand on a vu les factions donner le signal de la guerre civile, que les regards se sont empreints de tristesse et d'inquiétude.

» Nous pouvons donc l'affirmer : l'excellent esprit du peuple de Paris, non moins que l'habileté des chefs militaires et la fermeté intrépide de l'armée, a sauvé Paris et la France d'un des plus grands dangers qu'ils aient pu courir. »

Nous prenons à la même date cette partie du récit des événements :

« *Neuf heures du soir.* — On amène dans des fiacres, au palais de l'Assemblée, les sept représentants arrêtés au Conservatoire des Arts-et-Métiers, sous l'escorte d'un détachement de dragons et de gardes républicains.

» Les voitures entrent par la rue de l'Université et s'arrêtent devant le perron de la présidence. Dans la première voiture se trouvent MM. Deville et Fargin-Fayolle, le premier représentant des Hautes-Pyrénées, et le second de l'Allier; dans une seconde voiture MM. Boch et Daniel ; dans une troisième, MM. Fawier et Pilhes, et dans la quatrième, M. Jules Maigne.

Ils descendent successivement des voitures et sont conduits dans l'un des salons de la présidence. Ils sont placés sous la garde de M. Yon, commissaire du palais de l'Assemblée.

» Des juges d'instruction, assistés de substituts du procureur de la République, commencent immédiatement l'instruction. M. Suchet, représentant du Var, est déposé dans une pièce séparée, où il a déjà été interrogé.

» Un fait significatif signale l'entrée des prison-

niers dans le palais de la présidence. Les dragons et
la troupe de ligne qui en gardaient les issues, ainsi
que la garde nationale, ont crié : A bas les rouges !
Vive l'Assemblée législative. Ces sept représentants
étaient réunis dans une salle du Conservatoire des
Arts-et-Métiers, occupés à rendre plusieurs décrets
comme Convention nationale.

» MM. Ledru-Rollin, les sergents Rattier, Boichot
et Commissaire sont parvenus à s'évader par le
jardin du professeur du Conservatoire, M. Pouillet. »

Le 16, elle résume de la manière suivante le caractère de l'émeute :

« L'histoire de la dernière crise est aujourd'hui
mise en lumière par l'ensemble des récits des divers
journaux.

» L'appel aux armes de M. Ledru-Rollin, fondé
sur une prétendue violation de la constitution, était
une tentative extrême pour sauver la République
mazinienne de Rome, dans l'intérêt du triomphe de
la révolution démagogique européenne.

» Renverser l'Assemblée et le président, instituer
à Paris une convention et un comité de salut public, afin de venir en aide à toutes les insurrections
d'Allemagne et d'Italie : voilà, à ce qu'il semble, le
but politique de cette tentatative désesperée qui

prenait pour prétexte un défaut de légalité dans la conduite du gouvernement français.

» On se demandait, en voyant le chef de la Montagne s'engager aussi témérairement dans la voie de l'appel aux armes, sur quels éléments se fondait sa résolution. Il paraît qu'il comptait sur le concours de l'artillerie de la garde nationale et des 5e et 6e légions. Il avait été trompé, comme cela arrive toujours aux hommes de parti, sur l'étendue du concours qu'il devait trouver dans ces corps dont la généralité était bien loin de justifier sa confiance. »

Les Français sont maîtres de Rome, les armes et l'autorité pontificales y sont relevées et rétablies à à la grande satisfaction de la *Gazette*. Le pape a même quitté Gaëte, et il est rentré dans la ville éternelle sous la protection des bayonnettes françaises.

En 1850, la *Gazette* soulève une grave question : elle demande l'appel au peuple. Voici comme elle s'exprime le 4 avril dans un article ayant pour titre : *Appel au peuple, — Question de principe :*

« L'appel au peuple, comme toute vérité éclatante et incontestable, compte des ennemis nombreux dans tous les camps et dans tous les partis. Républicains, bonapartistes, orléanistes, tous ont plus ou moins jeté la pierre à l'appel au peuple, et cela ne nous étonne pas ; mais ce qui nous étonne, et ce qui nous afflige, c'est qu'un grand nombre de légitimistes sérieusement intéressés à l'honneur de la France et aimant la patrie pour elle-même, aient ajouté leurs reproches aux fades plaisanteries et aux banales injures de ceux que la vérité, toujours évitée, mais toujours présente, peut et doit blesser...

» Raisonnons maintenant dans l'hypothèse de notre triomphe. L'héritier légitime est reconnu par la nation. En quoi encore notre principe est-il atteint ? La nation a-t-elle choisi un homme, un prince appelé Henri de Bourbon ? A-t-elle créé quelque chose ? A-t-elle ouvert ses mains et en a-t-elle fait sortir une puissance ? Non, elle n'a pas choisi un homme, elle a choisi un principe, et par conséquent elle n'a rien créé, car un principe ne se crée pas. Il est là de toute éternité, vivace ou engourdi, glorifié ou dédaigné, peu importe, il est là. La France se serait inclinée devant lui. Notre triomphe ne serait pas une élection passagère ajoutée à tant d'autres, ce serait une reconnaissance du passé, de la délégation primitive, de la royauté et de la liberté françaises, ce serait un magnifique hommage rendu à la sagesse de nos pères.

» Entre ceux qui nous accusent de détruire l'hérédité légitime et nous, que l'on juge!... »

Laissons la *Gazette* à la poursuite de ses rêves, et arrivons aux événements qui leur donnèrent un démenti si cruel pour ce journal.

Nous sommes au 3 décembre 1851. On lit en tête de la *Gazette* :

« L'état de siége de Paris et de la première division militaire est décrété dans l'une des proclamations qu'on va lire et qui ont été placardées ce matin dans tout Paris.

» Dans la situation qui nous est faite, nous sommes forcés de faire connaitre à nos abonnés les actes publics et de remplir autant que nous le pouvons le rôle d'historiens. »

Dans les numéros qui suivent, la *Gazette* se borne à rendre compte des événements par des extraits des autres journaux.

Elle donne sans commentaires les résultats du plébiscite du 20 décembre.

Le 1er janvier 1852, elle dit :

« L'apaisement des troubles intérieurs va nous permettre de donner place dans nos colonnes aux travaux variés de nos collaborateurs sur les hautes questions de la politique spéculative, de l'économie, de l'administration, des sciences, de la littérature et des arts. »

Le résultat des votes émis par les citoyens français pour l'adoption ou le rejet du plébiscite suivant :

« Le peuple français veut le maintien de l'autorité de Louis-Napoléon Bonaparte et lui délègue les pouvoirs nécessaires pour établir une constitution sur les bases proposées dans sa proclamation du 2 décembre 1851, »

Est proclamé.

L'aigle française est rétablie sur les drapeaux de l'armée.

Elle est également rétablie sur la croix de la Légion-d'Honneur.

Le 2 janvier, la *Gazette* rend compte de la cérémonie du *Te Deum* chanté à Notre-Dame, et suivi du *Domine Salvum fac Ludovicum Napoleonem.*

On lit ensuite à l'article Paris :

« Si la *Gazette* ne contient pas des appréciations développées sur les événements, nous désirons que nos lecteurs ne croient pas que nous soyons déconcertés en rien par le dénouement des dernières crises.

» Ils savent quels jugements nous avons portés dès 1849 sur la politique des chefs de l'Assemblée, les efforts surhumains que nous avons faits pour les détourner de la voie où ils entraient, et la constante improbation que nous avons exprimée pendant les trois dernières années contre le système de conduite qui a prévalu malgré nos conseils.

» L'événement qui a confirmé tous nos jugements, n'a donc pu dérouter notre esprit; si nous avons si bien vu et les fautes des partis et leurs conséquences, ce n'est pas en vertu d'un don de prophétie ni d'une seconde vue miraculeuse, c'est parce que nous étions établis au milieu des vérités de tous les temps et de tous les lieux.

» Nos lecteurs ne peuvent croire que ce point de perpective, qui nous a si bien servi dans la place précédente, nous fasse à présent défaut; notre logique n'a pu être brisée par les événements qui, sur tant de points, lui donnent raison. Jamais nous n'avons entendu nos principes dans leur acception étroite; c'est toujours dans leur sens le plus large que nous les avons exposés et défendus, et c'est à l'intérêt de la société que nous avons rapporté leur utilité et les bienfaits que nous devions en attendre. Nous sommes aujourd'hui tout aussi dégagés d'intérêts de parti, de préventions et de passions que nous l'étions il y a un mois,

» Nous ne faisons qu'ajourner nos réflexions sur la situation générale ; nous les reprendrons avec impartialité, modération et patriotisme, aussitôt que la nouvelle constitution qui se prépare aura fixé les devoirs et les limites dans lesquels devra s'exercer la mission des écrivains. »

H. DE LOURDOUEIX.

Nous sommes à la veille d'un nouveau plébiscite. La *Gazette* écrit à ce sujet le 26 novembre :

« Le plébiscite dont on proclamera dans quelques jours les résultats met fin au régime républicain ; et sous ce rapport, il vient ajouter la confirmation d'un nouvel exemple à cette logique des révolutions qui fait sortir la forme impériale des impossibilités du gouvernement démocratique.

» Ces impossibilités avaient produit à Rome l'institution de la dictature. Dans ce pays, la république se faisait monarchie dans les grands dangers publics et la dictature conduisait nécessairement à l'Empire.

» Une raison honorable pour le peuple français, a déterminé un grand nombre de votes pour l'empire, c'est le désir de soutenir l'autorité établie, et d'affermir ainsi l'ordre public. Beaucoup d'électeurs croyaient qu'ils n'auraient pu repousser le sénatus-consulte sans ébranler le gouvernement. Quand un pouvoir est jugé nécessaire à l'ordre, on l'accepte, non comme on le conçoit, mais tel qu'il se conçoit lui-même.

» Il ne faut donc pas croire qu'il n'y ait eu que de l'entraînement dans le vote d'avant-hier. Ce vote a été déterminé par un sentiment très-raisonné de la situation appréciée au point de vue populaire, c'est-à-dire en faisant abstraction des principes théoriques et en ne voyant que les intérêts immédiats de l'industrie et du travail.

» Que d'autres mobiles se soient joints à celui-ci, tels que les souvenirs d'une grande époque, le prestige d'un nom glorieux, la reconnaissance pour un grand service rendu à la société, nous ne voulons certainement pas le contester; mais le désir d'appuyer le pouvoir et de lui donner de la force contre les anarchistes, a fait ce plébiscite, comme il avait fait celui du 20 décembre. Il n'y a dans ce fait rien que d'honorable pour les populations et pour le pouvoir qui reçoit d'elles un si magnifique témoignage de gratitude et de confiance.

» Les obligations de ce pouvoir sont donc toutes dans le sens de l'ordre. Le résultat du plébiscite, après la publication des manifestes démocratiques

et terroristes, lui montre sa force et sa mission
dans des voies opposées à celles de la révolution, et
met ainsi à néant les sophismes et les conseils de
M. Proudhon. »

La *Gazette*, qui dénonce les manifestes démagogiques, nous entretient aussi du Manifeste du comte
de Chambord. Ayant lu dans le *Nouvelliste de Hom-
bourg* que ce manifeste n'avait produit à Saint-Pétersbourg qu'un sentiment pénible, elle dit que s'il
a obtenu peu de succès en Russie, c'est une raison
de plus pour qu'il ait du succès en France...

Le 2 décembre, elle dit :

« La vraie question du Manifeste, celle qui domine de très-haut tout ce qu'on peut dire pour ou
contre l'opportunité de sa publication, c'est celle
de savoir si les pensées qu'il exprime, si les principes et les droits qu'il invoque sont fondés dans la
vérité, dans la justice et dans la raison; si les sentiments et les promesses qu'on y trouve sont en
désaccord avec les faits précédents, ou si tout cela
est faux, controuvé, injuste, illogique, contraire au
droit public de la nation française, à ses idées, à
ses mœurs, à ses intérêts, à sa raison. »

Les consécrations développées par la *Gazette* au
sujet du Manifeste du comte de Chambord ont sans
doute un but fort louable à son point de vue; la

persistance avec laquelle elle oppose à la politique nouvelle les principes qu'elle professe et qu'elle préconise n'est certainement pas moins honorable; mais la majorité de la nation ne l'entend pas, ne la comprend pas, ou ne pense pas comme elle, et le 2 décembre, elle s'aperçoit, peut-être un peu tard, qu'elle en est pour ses frais d'éloquence.

Le 3, elle donne de très-amples détails sur les cérémonies qui ont accompagné et suivi la proclamation de l'Empire.

A la mort de M. de Genoude, M. de Lourdoueix prit en mains la direction de la *Gazette*. A dater de cette époque, il ne se passe presque pas de jours qu'elle ne contienne un premier article signé de son nom. Ses collaborateurs les plus actifs sont MM. Brisset, son gendre, qui fait aussi la revue des théâtres dans le feuilleton, de Beauregard, Benjamin Laroche, d'Urbin, Alexandre Weill, Louis de Laroque, Tiengou, aujourd'hui chargé de la revue des théâtres à l'*Union*.

Depuis l'avènement de la République, la *Gazette* a plusieurs fois changé de titre et de sous-titres. Le 27 février 1848, elle s'appelle *Journal des droits de tous et du vote universel ;* le 6 août, *Journal de l'appel au peuple*. Le 30 août, la *Gazette de France*, devient le *Peuple Français, Journal de l'appel à la nation,* avec cette devise : *Tout pour le peuple et par le peuple*, et ces mots en épigraphe : *Vouloir étouffer la pensée par l'arbitraire, c'est vouloir emprisonner la vapeur*. Le 30 août, le *Peuple Français* fait place à *l'Étoile de la France, Journal des droits de tous*. Le 25 octobre, l'*Étoile de la France* redevient la *Gazette de France, Journal de l'appel à la nation*, avec l'étoile au-dessus du centre de son titre, sa devise : *Tout pour le peuple et par le peuple*, et cette nouvelle épigraphe : *Quand la nation est debout, que sont les représentants?* (Rapport de la Convention lors de l'envoi au peuple de la constitution de 93.) Enfin en 1852, elle redevient le *Journal de l'appel au peuple*, avec étoile et devise sans épigraphe.

La plupart de ces sous-titres sont accompagnés de programmes politiques que nous n'avons pas cités parce qu'ils reçoivent des modifications presque chaque jour. Tant de variations ne laissent pas d'étonner : on dirait que la *Gazette* ne sait pas ce qu'elle veut.

La *Gazette de France* qui, sous le gouvernement de Louis-Philippe, avait à peine publié deux romans de MM. de la Landelle, et Félix Tournachon (Nadar), a donné sous la République une plus grande place au roman-feuilleton. Nous distinguons la *Maison Dombey père et fils*, de Charles

Dickens, traduit par M. Benjamin Laroche; *Les Quatre Restaurations*, de M. Alexandre Dumas fils; *Les Deux sœurs*, signé Camille Wolf; *Marthe, ou le Kiosque dans l'Ile*, par Sophie Des Nos; *Le Vieux pauvre, extrait des Mémoires d'un écrivain public*, signé Sophie de Lourdoueix; l'*Écosse*, par Louis Énault; *Roquevert l'Arquebusier*, par Molé-Gentil-homme.

Sous la République la *Gazette* essuya plusieurs procès pour des articles très-spirituels, mais aussi très-vifs, portant des titres tels que ceux-ci : *Article qui remue toute la chambre et qu'on se passait de main en main; La force et le droit; Il faut qu'une porte soit ouverte ou fermée.* Un article de six lignes fut in-criminé. Mais ce procès pour six lignes fut pour elle l'occasion d'un triomphe, car elle fut acquittée.

VII

Physionomie de la *Gazette* après l'avènement de l'Empire. — Le renouvellement de l'année. — Le *Moniteur* de la fusion. — Les héritiers du comte de Chambord. — M. Gustave Janicot, M. le baron de Planhol, M. de Chantelauze. — M. Granier de Cassagnac et les Bourbons; la *Gazette* et Bonaparte. — La guerre et la paix. — La fusion et la rue de Poitiers. — La question d'Orient. — Composition de l'armée. — Communications russes, relatives à la Turquie, reponses du gouvernement Anglais. — *Tout se voit en France.* — L'empereur Nicolas et l'ambassade Menschikoff — Défiance de la *Gazette de France.* Graves paroles. — La nouvelle garde impériale — M. Dupin, l'*Univers et le Siècle.* — Bataille de l'Alma. — Joie de la *Gazette.* — Réjouissances en Angleterre. — L'année 1855. — Conférences de Vienne. — Mort de l'empereur Nicolas. — Son profil politique. — Asiles de Vincennes et du Vésinet. — Les conférences de Vienne rompues. — La Russie ne voulait pas la paix. — Pianori. — Prise de Sébastopol. — Appréciation de la *Gazette.* — Le traité de Paris. — L'Italie, l'Angleterre et l'armée piémontaise. — Résumé de la situation. — Mort de l'archevêque de Paris. — La guerre des Indes. — Attentat du 14 janvier 1858. — Les réfugiés. — La révolution. — Procès, exécution. — Mort de la duchesse d'Orléans. — L'affaire Mortara. — M. de la Bédollière et le pape. — L'*Univers*, la *Civilla cattolica* et le *Siècle.* — M. Taxile Delord. — La Lombardie et la Vénétie. — Vive Victor Emmanuel! — Attitude de la *Gazette.* — La révolution, l'orléanisme et M. Prévost-Paradol. — S. A. R. Madame la duchesse d'Orléans. — Réception du 1er janvier 1859; l'empereur et M. de Hubner. — Note du *Moniteur.* — La question Lamartine.

De vive, pétulante et militante qu'elle était sous la République, la *Gazette,* après l'avènement de l'Empire, est presque incolore. Elle donne sous forme de bulletin un résumé des nouvelles du jour. Elle semble s'interdire les questions d'intérieur et traite les questions anglaises auxquelles elle paraît porter un vif intérèt. Cependant la *Gazette* est ingénieuse, et le 2 janvier 1853, elle nous donne cet échantillon de son savoir-faire :

« L'importance qu'on attache au renouvellement de l'année n'est point consacré par le christianisme. L'Église tolère plutôt qu'elle n'admet cette coutume venue du paganisme. Notre religion, essentiellement raisonnable, parce qu'elle est divine, ne se prête pas à cette fiction d'une année ayant ses destinées particulières et apportant sa part de bonheur et de malheur aux sociétés et aux nations.

» Il y a certainement des périodes distinctes dans la vie d'un peuple; il y a des phases dans ses révolutions. Ces périodes et ces phases ont leurs causes et leur raison d'être dans le respect ou dans la violation des principes, des lois morales, des vérités absolues, éternelles, établies de Dieu pour le gouvernement de l'humanité.

» Le bonheur ou le malheur des peuples et des particuliers dépend donc de leur soumission aux lois morales ou de leur révolte contre ces lois; il ne dépend pas du parcours du soleil dans ses douze

palais. Les révolutions des astres et les révolutions
de l'esprit humain n'ont pas de rapport entre elles.
Le développement des idées vraies ou fausses et la
périodicité des saisons sont des ordres de faits
différents, si ce n'est contraires : l'un appartient à
l'ordre moral, l'autre à l'ordre physique; l'un à
l'esprit, l'autre à la matière.

» Ne l'oublions donc pas : 1853 ne peut rien nous
apporter que ce qui était enfermé dans les événements de 1852, qui furent eux-mêmes le développement de ceux de 1851. — Une génération de faits
au sein de cette société; ces faits seront de la même
nature que ceux dont ils doivent sortir : ils parti-
ciperont des conditions logiques et morales qui se
sont manifestées à l'origine.

» Ni les panégyriques des écrivains, ni leurs cri-
tiques, ni le zèle des apologistes, ni la malveillance
des adversaires, ni les paroles, ni les écrits, ni les
hymnes, ni les phrases n'y feront rien. L'arbre se
développera selon son germe, et son fruit le fera
juger.

» Laissons donc se décider cette question, que
nous n'avons pu empêcher de se poser elle-même
au sein de la France; mais que cette nation conserve, en assistant au spectacle qui lui est donné,
son esprit public, son jugement, sa consistance in-

tellectuelle et morale que, jusqu'ici, aucune révolution n'a pu détruire; qu'elle reste ferme dans les sentiments du bien et du mal, dans cette appréciation juste, exquise de la vertu et de la défaillance, de l'honneur et de la dégradation, de l'héroïsme et de l'égoïsme vulgaire, appréciation qu'elle a su conserver dans tous les temps, même dans ceux où la confusion semblait irremédiable.

» L'identité est la vie des nations comme celle des individus. Un homme qui détruit son identité se tue; et plus ses précédents et ses traditions étaient haut dans l'estime publique, plus sa chute est terrible. Il en serait de même des nations, si elles détruisaient leur identité, si elles cessaient d'honorer ce qui est honorable, de blâmer ce qui est blâmable; si elles n'avaient plus de respect pour leurs traditions; si enfin elles détruisaient leur identité, elles détruiraient leur vie.

» Restons donc en 1853, comme en 1852, — comme toujours, — dans cette région des principes, des idées et des lois morales, où nous avons trouvé tant de force dans les époques de faiblesse, tant de lucidité dans les époques de trouble, tant de droiture dans les égarements et les déviations, tant de consolations dans les tristesses que devaient nous causer les chutes et les apostasies. Que nos

amis s'attachent de plus en plus à ces principes
éternels; qu'ils s'établissent dans ces vérités im-
muables que la morale indique, que la religion
sanctionne, que les traditions consacrent et que
l'expérience confirme; dans cette position, ils verront passer les tempêtes au-dessous d'eux; ils verront tomber les étoiles à leur droite et à leur
gauche, et ils n'en seront pas émus, ils attacheront
moins d'importance aux hommes et plus de valeur
aux choses, car les hommes sont faillibles et les
vérités ne le sont pas; les caractères peuvent se détruire, mais les principes sont éternels. »

Voilà ce qui s'appelle prêcher. De même que
M. de Lourdoueix s'est sans doute cru en chaire,
nous nous croirions presque à l'église. Cette tirade
est assurément fort pathétique; mais à quel temps,
à quels hommes cela s'adresse-t-il?

La *Gazette* est en guerre avec l'*Assemblée nationale*,
le *Moniteur* de la *fusion*. Cette dernière feuille lui
reproche de regarder comme les héritiers légitimes
et éventuels de M. le comte de Chambord à la couronne de France, *des princes espagnols ou italiens*.
Elle cite à l'encontre d'une telle prétention cette
phrase de l'appel aux Français du chef de la maison
de Bourbon.

« *Pendant quatorze cents ans, les Français, seuls*

entre toutes les nations de l'Europe, ont toujours eu à leur tête des princes de leur nation et de leur sang. »

La *Gazette* ne se paye pas de ces raisons.

« Fidèle au système des *fusionites*, consistant à faire croire que l'autorité est pour eux et non pour nous, dit-elle le 3 janvier, l'*Assemblée nationale*, essaie de fausser le sens d'une phrase officielle, pour s'autoriser à dire que nos opinions, en fait de successibilité, *sont désavouées.*

» C'est donc sur ce terrain que la discussion est transportée.

» Un prince est donc *Espagnol* ou *Italien* par cela seul qu'il est né en Espagne ou en Italie; et les princes de sang français, nés à l'étranger, ne sont donc plus de notre nation? Ils perdent donc pour ce fait leur droit éventuel et légitime à la couronne de France?

» L'article de l'*Assemblée* veut dire cela, où il ne veut rien dire.

» Eh bien! l'*Assemblée nationale* détruit le droit éventuel qu'avait le père de M. le comte de Paris à régner sur la France; *car le fils aîné de Louis-Philippe était né à Palerme en* 1810. Il était resté en Italie jusqu'à la Restauration.

» Selon l'*Assemblée nationale*, M. le duc de Chartres était donc *Italien ;* il n'était donc pas de *notre nation.* La phrase du Manifeste citée par ce journal a donc pour portée d'exclure le père de M. le comte de Paris, et l'*Assemblée*, qui maintient le droit de ce prince, est donc *désavouée* par la phrase qu'elle cite.

» On le voit, le terrain de l'*Assemblée* manque sous ses pieds. Elle ressemble à ces champions trop ardents qui voulant porter une botte à fond se découvrent et s'enferrent.

» Maintenant nous dira-t-elle que M. le duc de Chartres, quoique né en Italie, était Bourbon des deux côtés; qu'il devait le jour à un père français et à une mère italienne?

» Elle fortifiera ainsi notre thèse; car les deux enfants de madame la duchesse de Parme sont Bourbons des deux côtés; et si, comme M. le duc de Chartres, ils sont nés en Italie, ils doivent le jour à une mère française et à un père italien.

On remarquera que les questions posées par nous n'excluaient pas les princes d'Orléans, elles les plaçaient dans l'ordre de successibilité au rang qui leur appartient comme branche collatérale, c'est-à-dire après la descendance directe de Louis XIV. L'*Assemblée* détruit le titre de M. le comte de Paris. »

Par le temps qui court, après avoir lu, on se demande si l'on est bien éveillé. Hélas! S'il est vrai

15.

que la France ne doive être heureuse qu'à la condition d'avoir à sa tête un Bourbon, quand sera-t-elle
heureuse? Tous ceux qui partagent les croyances de
la *Gazette* ont le temps d'attendre.

Le 10 février, pour la première fois, nous voyons
apparaître M. Gustave Janicot, le secrétaire de la
rédaction de la *Gazette* qui signe l'entre filet suivant :

« Notre honorable ami, M. le baron de Planhol,
qui a écrit dans la *Gazette* des articles si remarquables et si remarqués, a été soumis, dimanche matin,
aux rigueurs d'une perquisition de police dans ses
papiers et ses correspondances ; elle s'est passée de
la part du magistrat avec tous les égards que moti-
vait d'ailleurs la parfaite courtoisie de M. de Planhol.

» La visite de ces volumineux papiers n'a amené
que la saisie de sept à huit pièces sans importance
politique actuelle. En conséquence, le mandat dis-
crétionnaire d'arrestation qui était joint au mandat
de perquisition est resté heureusement sans effet.

» M. de Chantelauze, fils de l'un des ministres de
Charles X, qui habite Lyon et qui n'est à Paris que
passagèrement, où il n'est ni rédacteur ni corres-
pondant d'aucun journal, a aussi subi chez lui une
descente de police. Dans une lettre adressée à un
journal, il dit qu'il était absent. « Cinq agents,

» ajouta-t-il, ont brisé toutes mes serrures, et se
» sont retirés n'ayant trouvé aucune pièce qui pût
» me comprometttre. »

La *Gazette* a fort à faire avec M. Granier de Cassagnac qui attaque l'opinion légitimiste et les Bourbons dans le *Constitutionnel*. La *Gazette* réplique en
attribuant à Bonaparte tous les malheurs qui acca-
blèrent la France.

La *Gazette* s'est déjà demandé si nous aurions la
guerre ou la paix : le 10 août elle pense que « la paix
de l'Europe paraît avoir surmonté l'épreuve la plus
redoutable à laquelle elle pût être soumise, car l'entreprise de l'empereur de Russie contre la Turquie
blessait au vif les intérêts nationaux de l'Angleterre,
les intérêts politiques et religieux de la France, et
exposait aux plus fortes tentations le gouvernement
qui régit cette dernière puissance. »

Elle croit, sauf accident, cette épreuve traversée.

Nous lisons le 11 septembre :

« Nous ne parlons plus depuis longtemps de la fusion parce que, si nous voulions profiter de tous les
avantages que les événements nous donnent, nous
passerions notre vie à triompher de nos amis, quand
nous partageons la défaite qu'ils ont attirée sur notre cause. Il nous est cependant impossible de ne
pas constater l'épanouissement relatif de l'illusion

qui, pendant cinq ans, retenait hors de leurs principes une fraction importante de notre parti, et de ne pas tirer de cet événement prévu et annoncé par nous l'enseignement précieux qu'il renferme.

» Nous dirons donc qu'un fait récent a détruit, dans l'esprit même des anciens serviteurs de la branche d'Orléans, la dernière espérance de voir les princes de cette maison reconnaître le principe dans lequel cette fusion, de l'aveu unanime de ses partisans, était seulement raisonnable et réalisable.

» Nous savons qu'une démarche tentée dans une occasion que nous pouvons appeler suprême, par un des personnages les plus considérables du gouvernement de juillet, a rencontré un refus absolu, et qu'il est revenu de Claremont, convaincu enfin que les rameaux détachés de la tige de notre antique royauté avaient été flétris jusqu'à la moelle par le vent de la révolution, et qu'ils ne pourraient plus reverdir.

» Nous nous tairons sur l'occasion de cette tentative et sur le fait qui l'a suivie. Nous dirons seulement que ce fait est d'une telle nature, qu'il a rendu la séparation des rameaux et de la tige plus grande encore, que l'usurpation de 1830 n'avait pu le faire.

» Si nous mettons en relief ce résultat, c'est d'abord parce qu'il se rattache à l'histoire politique de

ce siècle et qu'il a par conséquent de l'intérêt pour
les générations présentes, et ensuite, parce qu'il
montre ce qui serait arrivé si la coalition parlementaire qui s'était formée dans la rue de Poitiers en 1848
avait réussi dans la tentative de 1852. On disait aux
légitimistes, membres de cette coalition, que les
princes d'Orléans dont on voulait se servir pour saisir le pouvoir, le remettraient très-certainement à
M. le comte de Chambord ; et les hommes notables
du parti orléaniste se portèrent garants de cette pro-
messe, qui seule pouvait sauver la loyauté des chefs
légitimistes dans le concours sans condition et sans
garanties qu'ils apportaient à d'anciens adversaires.

» Il est aujourd'hui prouvé que si cette coalition
avait donné le pouvoir aux princes d'Orléans, ils
l'auraient gardé pour eux et qu'ils se seraient très-
peu souciés des engagements de leurs amis. Nos
chefs parlementaires concouraient donc à relever
l'usurpation de 1830 ; c'est à ce but qu'ils sacri-
fiaient toutes les positions acquises par les royalistes
dans leurs dix-huit années de luttes contre le gouvernement de Louis-Philippe.

» Nous étions donc dans la vérité et dans le sentiment éclairé des intérêts de notre cause, quand nous
combattions cette direction funeste. La *Gazette* et ses
amis auraient sauvé la monarchie par la liberté si

le grand orateur qui exerçait cette direction n'avait,
par des manœuvres que tout le monde sait, fait
manquer notre élection à Marseille et dans le Gard,
et arrêté ainsi un mouvement d'opinion qui aurait
replacé notre parti dans ses principes et dans sa politique véritable.

» La guerre que la direction parlementaire faisait
à la *Gazette* aurait profité à l'usurpation : voilà ce
qui est aujourd'hui prouvé. Nous trouvons quelque
consolation à penser que l'action exercée par nos
amis et par nous ait été tellement liée à la cause de
nos principes, qu'on ne pût attaquer l'une sans livrer les autres. »

Cet article est surtout intéressant en ce qu'il nous
dévoile les curieux mystères de cette ridicule coalition de la rue de Poitiers formée de deux partis qui
se trompaient hypocritement l'un l'autre et qui s'ap-
prêtaient à disposer d'un empire qui les repoussait
également.

Malgré les prévisions de la *Gazette* le vent souffle
à la guerre, elle aura pour cause les prétentions injustes de l'empereur Nicolas. Mais sur cette question
la *Gazette* a émis ses idées sur lesquelles elle revient
en ces termes le 1er mars 1854 :

« Nous avons suffisamment exposé nos idées sur
la question d'Orient, et sur la position que la France

nous semblait devoir prendre dans ces contrées pour
empêcher les Russes d'étendre sur le Bosphore leur
domination déguisée en protectorat. Nous voulions
que l'Europe ôtat tout prétexte à cette protection
envahissante de la Russie en rétablissant dans leur
nationalité et dans leur indépendance les peuples
chrétiens conquis par l'islamisme. Nos opinions
n'ont pu jusqu'ici prévaloir. La France est entrée
dans une autre politique : ses forces unies sur mer
et sur terre à celles de l'Angleterre, soutiennent et
maintiennent l'Empire-Ottoman contre l'agression
de la Russie.

» Nous sommes trop bons Français pour vouloir
opposer une contradiction systématique à une politique qui va se traduire par une lutte armée dans
laquelle nous sommes engagés d'une autre manière
que nous ne l'aurions voulu ; et sans abandonner
nos convictions, sans retirer aucune de nos prévisions sur le dénouement de cette crise par les principes qui la constituent et qui la dégageront successivement, nous laisserons aux événements le soin
de nous justifier. Nous considérons comme décidée
la question de la position et de la conduite de la
France, et nous ne pouvons que faire des vœux pour
le succès de la politique adoptée pour que nos armées et notre flotte y trouvent une nouvelle gloire. »

C'est là le début d'un article signé de M de Lourdoueix. Le ton en est singulier, on l'avouera, et il
justifie parfaitement ces mots : « Nous sommes trop
bons Français » que l'on est surpris d'y trouver.

La composition de l'armée d'Orient a paru au
Moniteur, mais rien ne bouge. La *Gazette* dit le 17
mars :

» La crise politique se prolonge sans se dénouer ;
on marche vers la guerre, mais on ne la fait pas ;
on prépare les expéditions, mais elles ne sont pas
encore parties ; les Russes ne passent pas le Danube ;
l'Autriche et la Prusse s'affermissent dans leur attitude expectante, sous le nom de *neutralité*. Un ministre anglais a déclaré dans le parlement que « l'a-
miral Napier n'avait pas encore reçu l'ordre
d'entrer dans la Baltique. » Des propositions d'ar-
rangement vont encore de Saint-Petersbourg à
Paris et à Londres, en passant par Vienne. L'Europe hésite à s'ébranler ; il semble que toutes les
puissances craignent l'irrévocable !

» Partout on étudie les effets accomplis dans
cette année de crise. La Russie tâte le pouls à la
Turquie pour savoir si sa vitalité s'est accrue ou
affaiblie par la protection de l'Angleterre et de la
France. Le sultan peut se demander si l'intégrité de
sa souveraineté est aussi certaine que l'intégrité de

son territoire. La France examine si sa protection
n'écrase pas son allié, si elle ne sert pas ainsi dans
l'avenir une ambition qu'elle combat dans le présent. L'Angleterre supporte, par une balance de
profits et pertes, les chances d'un embrasement. La
guerre, en devenant imminente, semble rapprocher
tout le monde des idées de paix. A notre avis, un
congrès, un concert des puissances pour régler la
question d'Orient, est moins difficile aujourd'hui
qu'il y a six mois, lorsque nous l'avons conseillé
pour la première fois. Si ces puissances s'enten-
daient pour régler la question des chrétiens d'Orient
d'après les principes de la civilisation universelle,
la Turquie ne pourrait refuser à l'Europe entière
ce qu'elle refuse à ses sujets insurgés. La prétention
de la Russie au protectorat pourrait être abandonnée
sans humiliation par le Czar, puisqu'elle n'aurait
plus de prétexte à s'exercer.

» Dans l'État des choses et des esprits, une initiative généreuse venant de la France pourrait encore sauver le monde.

» Sans doute ce n'est pas une simple réforme que
nous avons demandée en Turquie ; mais avant
tout, nous désirons éviter à notre pays et à l'humanité les désastres d'une conflagration universelle, et
si cette conflagration doit avoir lieu, ne faudra-t-il

pas, pour la plus grande gloire du gouvernement providentiel, qu'a côté des terribles extrémités auxquelles on s'abandonne, on entrevoie tout près de soi la possibilité de les éviter?

» Sans nous faire illusion sur ces perspectives incertaines, sans prendre pour le beau temps cette éclaircie qui se montre à travers les nuages sombres amoncelés à l'horizon, nous croyons que toute espérance d'éviter la guerre n'est pas entièrement évanouie, et qu'il y a dans ce moment suprême une disposition générale qui n'aurait besoin que d'une bonne disposition pour se convertir en fait.

» Que Dieu envoie cette inspiration à ceux qui ont le pouvoir de la réaliser. »

Cependant la publication des communications relatives à la Turquie, faites par l'empereur de Russie au gouvernement anglais, et des réponses à ces communications modifie quelque peu le langage de la *Gazette*.

Nous lisons le 21 mars :

« Le *Moniteur* nous donne ce matin deux pièces officielles communiquées au parlement anglais, se rapportant aux propositions faites par la Russie à l'Angleterre pour le partage de l'Empire-Ottoman.

» Une de ces pièces est un *Memorandum* de M. de Nesselrode adressé au cabinet britannique par suite des communications verbales qui avaient été faites par le Czar pendant son voyage à Londres, en juin 1844.

» L'autre document est une lettre de sir Seymour, ambassadeur anglais à Saint-Pétersbourg, faisant connaître une conversation qu'il avait eue avec le Czar. Cette lettre est du 11 janvier 1853.

» Nous donnons plus bas ces deux documents, trop importants pour être analysés.

» Il résulte du premier qu'en 1844, sous le gouvernement de Louis-Philippe, il s'agissait du partage de l'Empire-Ottoman sans consulter la France. On ne comptait pas avec nous : l'Angleterre et la Russie étant d'accord, la Russie répondait de l'Autriche et ne doutait pas que la France ne suivît l'impulsion qu'elle recevrait du concert de ces trois puissances.

» Nous voyons, par le second document, que la Russie qui, en 1844, avait fait ces ouvertures à l'Angleterre en vue du partage, paraît avoir voulu, en 1853, prendre pour elle seule l'héritage qu'elle avait promis de partager. Cela justifierait, il faut en convenir, la grande colère de nos voisins, à part l'*indignation* que les propositions de l'empereur auraient causée aux ministres anglais.

» Ce qu'il y a de plus clair dans tout cela, c'est

que le czar n'a pas cru à la possibilité de l'alliance
de l'Angleterre avec l'Empire napoléonien. Il ne savait pas ce mot d'un célèbre frondeur [1] : « Tout se
voit en France ! »

La *Gazette* qui continue la publication de ces documents importants, les fait précéder d'appréciations
qui ne manquent pas de justesse, mais qui justifient
les préparatifs de guerre.

Elle dit le 22 mars :

« L'importance et l'étendue des documents officiels
publiés en Angleterre sur les ouvertures faites par
l'empereur de Russie au ministère anglais pour le
partage de l'Empire-Ottoman, nous forcent d'ajourner encore notre réponse à M. de Girardin [2].

» On verra par les pièces insérées aujourd'hui,
que la pensée de la mort de l'empire turc était à
l'état de conviction chez l'Empereur Nicolas dès le
commencement de 1853, et qu'ainsi l'ambassade
Menschikoff, demandant un protectorat sur les chrétiens grecs, avait pour but réel d'imprimer au
colosse chancelant de l'islamisme, une secousse qui
déterminât sa chute.

» Cette ambassade a donc été bien appréciée en

1. Le cardinal de Retz.
2. Il s'agit d'une polémique entre la *Gazette de France* et la
Presse sur l'interprétation de la raison de Dieu.

Occident, et il faut reconnaître que les documents rétrospectifs publiés aujourd'hui ne laissent pas intact le caractère de l'empereur de Russie, si on les rapproche de ses Manifestes et des Notes de sa chancellerie où il déclare vouloir seulement la confirmation des traités déjà obtenus. Ce qu'on a peine à comprendre, c'est qu'après avoir reconnu, dès 1814, la nécessité de se ménager au moins le concours de l'Angleterre dans l'inhumation de l'Empire turc, et après avoir essayé de nouveau, en 1853, de la tenter par le partage des dépouilles du *mort*, on ait si résolument passé outre quand ce concours a été refusé, et qu'on se soit engagé seul dans une entreprise qu'on avouait pouvoir troubler la paix de l'Europe, si on ne s'était pas accordé d'avance, sur ses résultats et sur sa portée.

» Cela, disons-nous, est incompréhensible autrement que par des illusions causées par l'enivrement d'un pouvoir sans limites; disons aussi que l'Orient connait très-mal l'Occident, et que la Providence qui embrasse dans son omniscience l'universalité des éléments en action dans l'humanité, les fait tous concourir à l'exécution de ses desseins.

» Soyons donc attentifs aux développements de cette crise provoquée par la défaillance de jugement d'un monarque qui avait donné jusqu'ici tant de

preuves de sagesse, et ne doutons pas que les résultats qui sortiront de cette crise ne soient en rapport avec les aspirations des esprits élevés, avec les
intérêts religieux et moraux de l'humanité. »

La *Gazette* trouve dans la publication de cette correspondance des sujets de défiance et de blâme contre l'empereur de Russie.

Écoutons-la le 24 mars :

« Les paroles de l'empereur Nicolas, rapportées
dans la lettre du comte Seymour en date du 22 février 1853, peuvent donner la mesure des sympathies du czar pour les peuples chrétiens de l'Empire
turc.

» Il ne permettra jamais, dit-il, une tentative de
» reconstituer un empire bysantin ou une exten-
» sion telle de la Grèce, qu'elle pût devenir un État
Puissant. »

» Ainsi, l'intérêt que le czar porte aux chrétiens
d'Orient est assez grand pour le porter à exiger,
même au prix d'une guerre universelle, le droit de
les protéger; mais il ne va pas jusqu'à permettre
leur indépendance!

» Les protestations sont ici prises en flagrant dé-
lit d'égoïsme. Ce n'est pas pour ses co-religionnaires,
c'est pour lui-même qu'il demande le protectorat
sur les sujets grecs du sultan. C'est parce qu'il voit

dans ce protectorat un moyen de remplacer plus tard la domination des Osmanlis par la sienne.

» On peut conclure aussi de cette déclaration qu'il ne croit pas aux affinités qu'on disait exister entre les Grecs byzantins et les Grecs moscovites. S'il croyait pouvoir s'assimiler cet empire, il ne serait pas si contraire à sa création. Sa répulsion contre cette solution est celle d'un pouvoir en état d'expansion à l'égard d'une barrière qu'il reconnaîtrait assez solide pour l'arrêter et pour le contenir. Enfin il nous semble que jamais son désir de s'introduire par le Bosphore et la Méditerranée dans les affaires de l'Europe méridionale ne s'est plus trahi dans cet entretien confidentiel. »

Enfin le 26, elle laisse échapper ces graves paroles :

» La période de paix européenne, commencée en 1815 et qui a duré trente-huit ans, sera close bientôt sans qu'on sache quelle date la verra rouvrir.»

Le 6 mai, diversion à la guerre :

» Des décrets rétablissent et organisent la garde impériale, dit la *Gazette*.

» Dans le rapport du ministre de la guerre qui précède ces décrets, on lit que cette création ne pourra devenir, dans aucun cas, l'origine d'abus regrettables fondés sur des faveurs ou des prérogatives auxquelles ne pourrait prétendre l'armée tout entière. En conséquence, ces troupes délite seront soumises à la règle commune; la législation en vigueur leur sera appliquée; par conséquent, les grades honoraires, c'est-à-dire ceux qui confèrent un rang autre que celui de la fonction, et tous autres priviléges attribués traditionnellement aux formations de ce genre, mais subversifs de la hiérarchie, du bon ordre et d'une parfaite égalité devant les dispositions légales et réglementaires, seront écartées.

» Les seuls avantages concédés à la troupe, ajoute
» le rapport, seront ceux qui appartiennent déjà
» dans l'armée aux troupes d'élite, c'est-à-dire
» qu'elles auront la droite sur les régiments des
» autres armes, qu'elles jouiront d'une solde re-
» lativement plus élevée et porteront un uniforme
» spécial. »

» Il est aussi créé une compagnie de cent gardes pour le service des palais impériaux. »

Le 25 mai, la *Gazette* reprend ainsi aigrement le *Siècle* :

« Une nouvelle saillie de M. Dupin contre les droits seigneuriaux a donné lieu, de la part de l'*Univers*, à des articles ironiques dans lesquels le *Siècle* voit *un esprit rétrograde*, nécessairement *auxiliaire de la Russie*. Car ce n'est pas assez pour les *libéraux* de ce journal d'accuser leurs adversaires de vouloir ramener la féodalité ; il faut encore les rendre suspects de trahison. C'est attaquer la liberté de discusion par le poison, pratique contante des hommes de révolution quand ils n'ont pas de dictature. »

Le 4 octobre, à la nouvelle de la bataille de l'Alma, la *Gazette* entonne ce dithyrambe en l'honneur de nos armes.

« Nous ferons trêve aujourd'hui à nos explorations dans le monde des idées. Un nouveau rayon de gloire brille à la couronne de France. L'émotion que nous cause le triomphe de nos armes ne nous laisse pas la liberté d'esprit nécessaire pour étudier les questions sociales, et l'attention du public nous ferait probablement défaut dans ces discussions théoriques. Dans la période d'action où nous sommes engagés, ne reste pas qui veut dans les idées ; les faits nous saisissent et nous emportent ; heureux quand ce sont des succès éclatants, des événements glorieux pour nous, avantageux pour la France et pour le monde, qui nous entrainent dans leurs développements ! »

La *Gazette* croit à la prise de Sébastopol, ainsi que le bruit en avait couru à Paris, elle se félicite de ce succès qui doit avoir pour résultat l'indépen-

16

dance des nations catholiques de l'Orient. Elle termine ainsi cet article tout rempli d'un juste orgueil :

« Tout ce qu'on peut dire, c'est que la valeur française a été et sera toujours un élément de victoire indépendant du nombre et qui échappera à tous les calculs de quantité.

» Ajoutons que la Providence, qui a son plan dans la conduite des événements humains, a mis sans doute un peu du sien dans l'abaissement de l'Empire russe et dans l'exaltation de la gloire française en Orient. Il y a longtemps qu'on a dit ce mot: *Gesta Dei per Francos!*

Le 7, en apprenant que Sébastopol n'est point à nous, la *Gazette* dit :.

« Les nouvelles d'hier ont dissipé une illusion qui avait sa source moins encore dans les informations imparfaites et incomplètes arrivées d'Orient, que dans la pensée vraie qu'aucun prodige n'est impossible à la valeur française.

» Nous mêmes avons participé à ce miracle de gloire.

» Nous aurions évité cette déception si nous nous étions rappelé cet axiôme de la sagesse : « Les » choses ne sont jamais ni si bien ni si mal qu'on » croit. »

» On doit remarquer que dans cette illusion commune à la France et à l'Angleterre, le peuple français, qui passe pour léger, a su contenir l'essor de son imagination, tandis que le peuple anglais, dont le caractère dominant est le *positivisme*, s'est laissé entraîner par la sienne jusqu'aux manifestations d'une joie délirante. En France, point de marques extérieures de triomphe, point de *Te Deum*, point de |fêtes publiques. En Angleterre, les salves d'artillerie, les illuminations, les banquets, les toasts etc., rien n'a manqué, que le fait à l'exaltation des populations.

» C'est donc chez nos voisins que le retour à la réalité sera plus pénible et plus difficile.

» Au reste, cette réalité nous montre, en Crimée, l'investissement de Sébastopol et les opérations régulières d'une puissante armée, appuyée par une flotte formidable. Nous pouvons donc raisonnablement mettre dans l'avenir l'événement que nous placions déjà dans le passé.

» Seulement l'effet d'un miracle sur le moral du peuplecontre lequel nous sommes en guerre et sur des gouvernements qui semblent hésiter à se prononcer pour nous, est perdu pour l'accélération de la paix. Mais si, dans cette lutte, le temps n'a pas été dévoré par l'électricité, comme il l'est dans l'invention des télégraphes, il sera subjugué par la superiorité de nos forces et nous amènera où nous voulons aller. »

Nous extrayons le passage suivant d'un article de la *Gazette* du 1er janvier 1855 :

« L'année 1855 trouve la France engagée dans une entreprise gigantesque. Elle lutte contre un empire de 60 millions d'habitants, et le succès de cette lutte exige qu'elle ait toutes les autres puissances pour auxiliaires. Il y a donc à côté de l'effort de nos armées, — effort héroïque auquel, nous l'espérons, la victoire restera fidèle, — un travail diplomatique dont l'habileté des gouvernants saura abréger la durée, mais qui recule nécessairement le terme d'abord assigné au rétablissement de la paix. Il faut toujours un temps assez long pour faire passer les mouvements des choses humaines du partiel à l'universel. Mais ce passage est déjà accompli dans l'esprit public des nations européennes, et la sagesse des gouvernants nous donne lieu d'espérer qu'ils ne se sépareront pas de leurs peuples dans une crise où l'intérêt de l'Europe est si fortement impliqué. »

On traite de la paix ; des conférences doivent avoir lieu à Vienne. La *Gazette* fait des vœux pour qu'elle aboutisse. Elle s'exprime ainsi à ce sujet le 26 février dans un article intitulé la *Guerre* et la *Paix* :

« Toujours le même parallélisme signalé par nous
dès le commencement de la crise orientale : les efforts
pour la paix et les efforts pour la guerre redoublant
d'ardeur en même temps, comme on voit, dans
l'arène antique, deux athlètes se disputant le prix de
la course.

» Le moment est suprême pour la paix : tous les
journaux nous apprennent qu'à Vienne, on n'attend
que lord John Russell pour ouvrir les conférences
avec le plenipotentiaire russe.

» Le moment est suprême pour la guerre, comme
l'attestent toutes les nouvelles de Crimée, confir-
mées et résumées ainsi dans cette lettre du *Constitutionnel* de ce matin :

« Tout le monde est dans l'anxiété, car le moment
» de l'attaque est très-proche. Il règne un mouve-
» ment inaccoutumé dans le camp et dans les tran-
» chées : ce ne sont que fourgons, brouettes, chevaux
» et mulets qui transportent des munitions et des
» projectiles sur les lieux mêmes où l'artillerie en
» aura besoin. On fait des approvisionnements pour
» quatre jours d'un feu continu. Le général Canro-
» bert et les généraux du génie Niel et Bizot visitent
» souvent les tranchées et étudient les mesures à
» prendre pour assurer le succès de nos armes.

» L'assaut sera divisé en deux parties : la première
16.

» partie sera dirigée par le colonel Beurmann, la
» deuxième par le colonel Laboissinière. Ces deux
» colonels seront sous les ordres du général Lebœuf,
» commandant en second de l'artillerie du siége. Le
» temps est favorable. Dans un *très-bref* délai, trente
» batteries ouvriront leur feu contre la place. Les
» soldats des armées alliées sont animés du plus
» grand enthousiasme, et il est certain qu'ils feront
» des prodiges de valeur. »

» Si les négociateurs de la paix sont dévancées
par les hommes de guerre, puissent du moins les
résultats de la guerre accélérer la marche de la
paix. »

Le 2 mars, grande nouvelle qui produit à Paris
une vive émotion. L'empereur Nicolas est mort. La
Gazette dit le 4 :

« Un de ces événements qui changent le cours des
choses humaines vient de s'accomplir : l'empereur
de Russie a été enlevé à la scène politique entre la
paix et la guerre, entre les conférences de Vienne
et l'assaut de Sébastopol, et au moment où il allait,
disait-on, partir pour la Crimée.

» Nous voyons ici, d'une manière sensible, par
quels moyens simples et naturels s'exerce le gouver-
ment providentiel. Dieu respecte la liberté humaine,

mais il est le maître de la mort. Il lui suffit de rappeler les personnages qui serrent de leur main puissante le nœud des destinées des nations, pour dégager ces destinées et les diriger ainsi vers le but déterminé dans son éternelle sagesse. On peut dire qu'il écrit l'histoire de l'humanité avec les caractères vivants formés par la liberté. Il lui suffit de retrancher un seul de ces caractères pour donner aux faits un sens et une valeur que personne ne pouvait prévoir.

» Voilà donc la Russie dégagée de la lutte, et il faudrait de ce côté un nouvel acte de volonté gouvernementale pour que la conflagration allumée en Orient se développât au lieu de s'éteindre.

» Nous devons espérer que le nouvel empereur puisera dans le deuil de son cœur des inspirations religieuses qui le disposeront à écouter des conseils de paix, et qu'en relevant sur la tombe de son glorieux père la couronne de toutes les Russies, il n'y prendra pas ainsi la responsabilité des calamités que la continuation et l'extension de la guerre attirerait sur son peuple et sur le monde. Tous les récits parvenus en France sur l'héritier du trône moscovite le représentent comme un prince éclairé et libéral, dont le caractère se rapprocherait plutôt de la magnanimité d'Alexandre que de la fierté autocratique de Nicolas. Si nous en croyons les prévisions que nous avons entendu exprimer maintes fois par les Russes à même de le connaître, ce serait par de grands progrès de civilisation qu'il voudrait marquer son règne. Il peut, sans sortir des limites de son vaste empire, faire d'immenses conquêtes qui réclament tout l'emploi de son activité et de sa puissance. Inaugurer ce règne par la paix, ce serait se placer, du premier pas, à la hauteur de sa mission. »

La *Gazette* ne croit pas impossible que les conférences de Vienne ne s'ouvrent par la conclusion d'un armistice, ce qui serait à ses yeux le gage le plus assuré de la conclusion de la paix. Elle termine par cette esquisse toute politique du défunt empereur.

« Qu'il nous soit permis, dit-elle, en cherchant le secret de l'avenir du monde sous les voiles funèbres qui couvrent la tombe d'un puissant empereur, d'adreser un hommage de respect à cet adversaire de la prépondérance française. L'empereur Nicolas était certainement un des grands caractères de nos temps modernes, et si nous ne pouvons absoudre sa mémoire de sa conduite à l'égard de la Pologne ni de ses prétentions déraisonnables à la domination religieuse dans l'Europe entière, nous devons reconnaître qu'il avait une valeur personnelle à la mesure de ses prétentions, et que la civilisation occidentale avait dans ce colosse du nord un ennemi digne d'elle. »

Un décret du 8 mars institue sur le domaine de la couronne, à Vincennes et au Vésinet, deux asiles pour les ouvriers convalescents ou qui auront été mutilés par leurs travaux. La *Gazette* du 12 applaudit à ce décret par ces belles et nobles paroles :

« Le gouvernement, en créant deux maisons d'asile pour recevoir les ouvriers de travaux publics blessés dans ces rudes combats qu'ils livrent à la matière, mérite des éloges de tous les amis de l'humanité, et nous ne saurions trop appuyer l'invitation qu'il adresse à l'industrie privée de s'inspirer de sa pensée et d'imiter son exemple.

» Il est certain que les soldats du travail, qui sont chaque jour en contact avec ces puissantes machines que le génie de l'homme a créées pour centupler sa force, sans pouvoir leur donner son intelligence, ne sont guères moins en danger que les soldats de nos armées. Le mécanicien sur son *tender* nous paraît aussi beau que le canonnier à sa pièce, car il voit la mort d'aussi près ; et le salaire qu'il reçoit serait insuffisant pour compenser le péril auquel il s'expose si l'honneur et l'esprit de sacrifice ne faisaient l'appoint.

. . . .

» Nous ne saurions donc trop applaudir à la me--sure que contient aujourd'hui le *Moniteur*. Il faut tâcher de faire le bien, même en attendant que le mieux soit réalisable ; et quand il s'agit de justice et d'assistance, l'idéal ne doit pas nuire au positif. »

La *Gazette* suit le fil des conférences de Vienne et des opérations du siége devant Sébastopol. En avril l'ordre du bombardement général a été donné au moment où le fil des négociations pour la paix était tendu jusqu'à se rompre ; il lui paraît bien difficile de croire que cet ordre fût en dehors du but qui se poursuivait dans ces conférences auxquelles le ministre des affaires étrangères de France venait prendre part avec un des membres les plus considérables du ministère britannique. En conséquence elle met en question si le bombardement de Sébastopol a pour but de prendre la ville ou de la ruiner, si l'on veut conquérir une position militaire en vue de poursuivre la guerre en Crimée dans des conditions plus avantageuses pour la France, ou si l'on veut détruire par la puissance de 500 bouches à feu, ce boulevard de la prépondérance russe dans la mer Noire, pour mettre hors de question un point sur lequel les diplomates réunis à Vienne semblent ne pouvoir tomber d'accord.

Les conférences n'ont pas répondu à l'attente de
la *Gazette*. Elle en prend fièrement son parti. Nous
lisons à cet effet le 26 avril :

« La situation générale est dégagée d'un de ses
éléments : l'action diplomatique en vue de la paix
qui, depuis le commencement de la crise, marchait
simultanément à côté de la guerre, comme ces deux
lignes parallèles qui, nous disent les géomètres,
peuvent se continuer indéfiniment sans se rencontrer.

» C'est l'Autriche qui maintenait cette action pacifique. dans sa capitale ; elle s'y attachait de toute
la force des anxiétés que lui causait l'imminence du
développement de la guerre.

» Elle nourrissait une illusion dans l'espoir d'en
faire une réalité.

» Cette illusion est aujourd'hui détruite ; les conférences pour la paix sont suspendues. Les diplomates se taisent, les canons parlent seuls.

» L'illusion de l'Autriche était de croire que la
Russie consentirait à faire la paix sur les échecs de
Silistrie, de l'Alma et d'Inkermann.

» La Russie ne voulait pas la paix.

» Nous ne pouvons regretter les conférences, cette
source d'espérances subtiles, d'informations déce-
vantes ; ce terrain défoncé où nos imaginations ne

bâtissaient que des édifices chimériques, dit en terminant la *Gazette*. Comment regretterait-on des illusions? Est-ce que la vérité n'est pas le premier besoin des peuples?

» Quelque sévères que soient les perspectives ouvertes devant l'Europe, la France les traversera le regard ferme et le cœur haut; nous avons foi dans sa fortune comme dans son courage et dans sa puissance; ou plutôt nous avons foi dans la Providence qui l'a élevée par les plus fortes épreuves au premier rang des nations, et qui, dans la conduite des destinées humaines, sait dissoudre les nœuds que n'ont pu dénouer les doigts des diplomates, que l'épée des hommes de guerre ne saurait trancher d'un seul coup. »

Le 30 avril, la *Gazette* reproduit l'article du *Moniteur* qui rend compte de la tentative de Pianori contre l'empereur. Elle dit le 1er mai :

« Le *Moniteur* a montré une intelligence parfaite du sentiment national, en interdisant comme inutiles les adresses des villes à l'occasion de l'attentat d'avant-hier. Où en serions-nous en France si l'horreur que doit inspirer l'assassinat avait besoin de s'exprimer.

» Toutes les impressions produites par cette tentative criminelle peuvent également se supposer. Le feu du pistolet de Pianori est une de ces lueurs de l'abime qui, en l'éclairant, renouvellent chez ceux qui vaudraient l'oublier, l'effroi que ses éruptions leur avaient causé. Voilà ce que les adresses nous auraient dit ; cet effet est trop naturel pour qu'il y eût nécessité de le déclarer. »

Le 13 septembre, la *Gazette* tire les conclusions suivantes de la prise de Sébastopol :

« Le but de la guerre est atteint : la prépondérance de la mer Noire est détruite : ses vaisseaux sont coulés, ses arsenaux ruinés, sa forteresse maritime n'est plus qu'un monceau de décombres. Ce que nos diplomates n'avaient pu obtenir dans une mesure restreinte, puisqu'ils demandaient seulement de limiter la puissance moscovite dans l'Euxin, vient d'être accompli par l'héroïsme de nos soldats qui n'ont point d'égaux dans le monde.

» Il ne s'agit maintenant que d'assurer ces grands résultats ; ils peuvent l'être ou par un traité ou par les armes, par la paix ou par la guerre.

» Ils le seront par la paix, si la Russie reste sur le terrain où elle s'était placée dans les conférences de Vienne.

. . . .

» La paix est vivement désirée par toutes les nations de l'Europe ; car dans le mouvement universel

17

qui, après les commotions de 1848, portait les idées
et les intérêts dans les voies du progrès industriel,
cette guerre, allumée en Orient par les fautes d'un
empereur du Nord, semblait un déplorable anachro-
nisme. Le genre humain s'éloigne de plus en plus
par ses aspirations, de ces conflits où la force maté-
rielle s'exalte au-dessus de la force intellectuelle, et
dans lesquels s'épuisent les trésors du bien-être
que la civilisation a créés au prix du travail des
peuples.

» La conquête de la paix est la seule qui sollicite
aujourd'hui les efforts des sociétés engagées dans la
guerre, et l'espoir d'arriver à cette conquête est
pour une grande part, croyons nous, dans la satisfaction des succès. »

Le lendemain 14, elle apprécie ainsi la victoire :

« Tout le monde s'accorde à dire que l'armée
russe a montré une grande bravoure dans cette lutte
d'une année qui vient de se terminer à la gloire immortelle de nos soldats. Mais plus on rendra justice
à la valeur des soldats russes, plus il faudra reconnaitre l'infériorité relative de la Russie, et rabattre
de l'opinion qu'on avait conçue de la force de cet
empire et de sa puissance prépondérante en Europe.

» Les inquiétudes qui existaient depuis 1815 sur

les dangers où l'ambition moscovite mettait les libertés de l'Europe, étaient donc exagérées et ces
inquiètudes sont aujourd'hui réduites à leur juste
valeur.

» Il n'y a qu'une nation vraiment prépondérante
dans le monde, et cette nation est la France. »

La paix est signée le 30 mars après, dans la
seizième séance du Congrès. La *Gazette*, au comble
de ses vœux, dit le 31 :

« Nous saluons dans la paix la cessation de la
guerre, et ce grand événement doit porter la joie
dans toutes les familles.

» Les vœux que nous avons exprimés pour cette
heureuse conclusion sont exaucés parce que nous
ne les portions pas au delà de ce qui nous était indiqué par le but de la guerre. La France aura, dans
la lutte aujourd'hui terminée, ravivé sa gloire militaire et manifesté sa prépondérance en Europe ; nos
braves soldats peuvent se féliciter de ce résultat,
et tous les bons Français doivent s'en applaudir.

» La paix appelle notre pays à de nouvelles luttes
qui ne coûteront point de larmes à l'humanité. Espérons qu'il y trouvera de nouveaux triomphes, et que
le mouvement qui se développera dans les voies pacifiques donnera aux intérêts une force suffisante
pour que toutes les questions extérieures soient ré-

solues par la diplomatie, et toutes les questions intérieures par la législation.

» Que la justice et le droit règnent dans les rap-
ports internationaux et nationaux; progrès partout; guerre et révolution nulle part. »

A peine la paix est-elle signée sur un point que la
guerre déjà se rallume sur un autre. Deux mois se
sont à peine écoulés, et nous lisons dans la *Gazette*
du 28 mai :

« L'Italie est toujours l'objet des vives préoccupations de l'opinion et de la presse, et en voyant le
vent qui souffle de Londres sur Rome et sur Naples,
on se demande si le feu ne se dégagera pas tout
à coup de dessous la cendre et n'embrasera pas
l'Italie ? »

La *Gazette* pense que la France et l'Autriche qui
demandent des réformes pour prévenir les révolutions, ne laisseraient pas éclater les révolutions qui
empêcheraient les réformes. Mais son inquiétude est
assez fondée pour qu'elle se demande si la garnison
française de Rome est assez nombreuse pour faire
face à de certaines éventualités dont elle a le pres-
sentiment bien naturel par l'intérêt qu'elle porte à
la plus grande partie des gouvernements de ce pays.

Le 29, elle revient en ces termes sur cette question :

« A l'appui de nos réflexions d'hier sur les éventualités que présente la question italienne, nous publions le fait suivant, publié par le *Journal des Débats* de ce matin.

« D'après les nouvelles de Crimée, l'armée piémon-
» taise sera bientôt entièrement embarquée. Les An-
» glais *ont suspendu l'embarquement de leurs propres*
» *troupes* pour prendre les Piémontais sur leurs vais-
» seaux et *les ramener le plus tot possible en Italie.* »

» Ainsi, ce n'est plus un article violent et menaçant de la presse anglaise qui vient ici prendre place parmi les éléments de nos appréciations sur la situation générale, c'est une mesure du gouvernement britannique. Et cette mesure est prise après le discours de M. de Cavour annonçant une hostilité flagrante contre l'Autriche.

» Pourquoi l'Angleterre tient-elle à ce que l'armée piémontaise « revienne le plus tôt possible en Italie? » Elle s'attend donc à des événements bien prochains dans cette contrée ; et, dans cette attente, quel rôle réserve-t-elle à cette armée? Ce n'est pas à coup sûr le rôle d'aider l'Autriche à réprimer les insurrections.

» Si donc la nouvelle des *Débats* est exacte, le Piémont veut avoir son armée de Crimée pour l'employer dans le sens officiellement déclaré par les notes et les discours de M. de Cavour, et l'Angleterre en transportant cette armée en toute hâte, — même avant ses propres troupes, s'associe par un acte à cette intention du Piémont.

» Est-ce clair ? »

Le 1ᵉʳ juillet, elle résume ainsi la situation :

« Le Congrès, qui a fait cesser la guerre d Orient, n'a pas tellement résolu les questions flagrantes que nous n'ayons plus qu'à nous endormir dans les délices de la paix universelle. Nous n'avons, à vrai dire, qu'une éventualité menaçante, celle de l'expansion de l'empire russe sur le Bosphore. Mais un autre conflit plus menaçant encore subsiste à l'Occident : c'est le conflit de l'esprit de révolution et de l'esprit monarchique ; et, sous ce rapport, il faut reconnaitre que, non-seulement le Congrès n'a rien fait pour empêcher ce conflit d'éclater un jour ou l'autre en Italie, mais qu'il l'a rendu plus imminent en laissant introduire dans ses protocoles la demande de la cessation immédiate de l'occupation étrangère dans les États du pape et mettre en avant des plans de réforme qui entraîneraient des atteintes graves au principe d'autorité et des démembrements impossibles à effectuer sans une guerre européenne.

. . . . , ...

» L'introduction de la question italienne dans le

Congrès par l'admission du plan de M. de Cavour serait donc une faute, si ce n'était l'œuvre calculée d'une politique dont la profondeur se découvrira plus tard. Mais, quoi qu'il en soit, on peut dire dès aujourd'hui que cette démarche a été une source de préoccupations inquiètes pour les intérêts engagés dans les affaires et qu'elle a rendu moins complets les avantages qu'on devait espérer de la paix. »

Le 5 janvier 1857, la *Gazette* fait précéder de ces lignes les détails de l'assassinat de l'archevêque de Paris :

« Nous avons la douleur d'annoncer la mort de Mgr. Sibour, archevêque de Paris, qui a péri hier victime d'une vengeance privée et par un sacrilége jusqu'à ce jour sans exemple. »

Le 18 juin, la *Gazette* qui paraît s'en prendre à la révolution de tous les maux qu'elle pressent, qu'elle redoute et voudrait conjurer, dit :

« La révolution a fait pendant soixante ans du sable avec du granit. Il ne lui est pas donné aujourd'hui de faire du granit avec du sable. »

Qui croirait que la *Gazette* est prise à partie à propos de la guerre des Indes. Voyez pourtant comme elle se défend et comme elle se justifie le 20 novembre :

« Les journaux, grands et petits, de la révolution

trouvent très-piquant de nous supposer atteint d'une vive douleur à l'occasion de la fin tragique de la dynastie mogole immolée par la barbarie anglaise après la prise de Delhi.

» Notre attachement au principe de légitimité motive ces plaisanteries, dont le sel serait de meilleur aloi s'il n'était pas puisé dans un sentiment anti-français, dans un zèle passionné pour la prépondérance maritime et commerciale de l'Angleterre.

» L'événement, en lui-même, se prête peu à la gaîté. Il ne manque à cette tragédie que le génie d'un Corneille ou d'un Racine pour qu'elle émeuve le monde entier, pour qu'elle fasse pleurer ceux-mêmes qui trouvent en elle un aliment à cette ironie sceptique, maladie des esprits légers.

» Nous n'avons pas approfondi les questions historiques qui se rapportent à l'ancien empire des Mongols dans l'Inde ; nous n'avons donc pas d'opinion arrêtée sur la légitimité du roi de Delhi. Mais nous accepterons volontiers celle de nos adversaires et nous en ferons le point de départ de quelques observations à leur adresse.

» Il est bien remarquable que ce qu'ils nomment la légitimité se montre si étroitement uni à la nation hindoue, que les deux principes subissent les mêmes péripéties et les mêmes destinées. Quand la nation est conquise, la royauté est sujette ; quand le peuple est asservi et captif, le roi détrôné est plongé dans une prison anglaise, et il y est retenu pendant douze ans. Quand Delhi s'affranchit du joug britannique, la légitimité royale se trouve rétablie avec la nationalité hindoue. Cette nationalité succombe de nouveau, la légitimité périt avec elle. Quand les citoyens sont massacrés, les fils du roi le sont aussi, le sang royal se trouve ainsi mêlé au sang du peuple.

» Pour qui veut réfléchir, il nous semble que ces faits peuvent répandre, sur la nature des deux principes, une lumière dont les hommes du droit divin comme les hommes de liberté, feraient assez bien de profiter. — La nationalité et la légitimité ne sont donc pas deux idées opposées. — Nous croyons, nous, qu'elles ne sont que deux aspects de la même loi du monde moral ; et c'est pour cela que le principe défendu par nous est, comme nous n'avons cessé de le répéter, la légitimité universelle. »

L'attentat du 14 janvier 1858 contre l'empereur, au moment ou S. M. arrivait à l'Opéra, remplit la *Gazette* d'indignation.

« Il n'y a eu qu'un sentiment à la nouvelle du lâche attentat de la rue Lepelletier, dit-elle le 17. L'assassinat n'a jamais rencontré en France, même parmi les hommes les plus égarés, des prosélytes

17.

bien dévoués; jamais un parti, ce que l'on peut appeler sérieusement un parti, n'a compté sur l'emploi de moyens aussi infâmes pour triompher. Ces
actes sont l'œuvre de quelques hommes isolés et
fanatisés de crimes, mais que repoussent instinctive-
ment de leur sein les partis mêmes qu'ils prétendent servir. »

Et ailleurs :

« Oui, ce sont des étrangers, ceux qui ont conçu
la pensée de faire sauter un gouvernement, afin de
laisser ensuite au hasard des faits matériels, à la
mêlée des passions, au conflit des volontés, à la
concurrence des factions les plus hardies et les plus
violentes, l'existence, la fortune, le travail, la liberté et la vie de trente-cinq millions de Français.
Ce sont des étrangers, ceux qui, pour faire sauter
un gouvernement, ont fait sauter la voiture d'un
chef d'État; ce sont des étrangers, ceux qui, sans
nul souci de la vie des citoyens, ont inventé les plus
puissants moyens de destruction pour que personne
ne pût échapper à la mort dans l'espace où ils
attendaient leur ennemi. »

On suppose le complot formé en Angleterre. Déjà
une première fois des réclamations diplomatiques
ont été adressées au gouvernement anglais; mais
lord Palmerston s'est renfermé dans le texte de la

constitution britannique. La *Gazette*, qui est l'ennemie naturelle de la Révolution et qui voudrait la supprimer, espère bien que de nouvelles réclamations seront faites avec plus de succès. Mais il ne lui suffit pas qu'on se borne à réclamer de l'autre côté de la Manche.

« ... Pour être logique, dit-elle le 18 janvier, on ne doit pas s'arrêter à l'Angleterre : le Piémont, la Belgique et la Suisse peuvent tour à tour servir d'asile aux réfugiés de toutes les nations, aux soldats de Mazzini, et peu importerait que des complots contre l'ordre de choses actuel ne pussent plus se tramer à Londres, si à Bruxelles, si à Gênes, si à Turin, si à Genève, etc., etc., on est libre de se réunir, de s'organiser, de se montrer sur des places d'attaque. L'Amérique elle-même n'est qu'à quinze jours de notre patrie! Aussi, selon nous, le plus sûr moyen de se préserver des excès des révolutionnaires, c'est de tuer dans sa source l'esprit de la révolution, de la rébellion! »

Elle dit encore le 22 :

« Quand on veut frapper sûrement la révolution, c'est à sa source qu'il faut remonter. »

Le procès de l'attentat du 14 janvier s'est déroulé devant la Cour d'assises. Trois condamnations

capitales ont été prononcées le 26 février. On lit
dans la *Gazette* du 14 mars :

« Les deux condamnés Orsini et Pieri ont été
exécutés à sept heures ce matin sur la place de la
Roquette. De Rudio, condamné également à la
peine de mort, a eu sa peine commuée en celle des
travaux forcés à perpétuité. »

La duchesse d'Orléans meurt le 18 mai à Riche-
mond. Le *Journal des Débats* a fait de la défunte un
éloge qui n'est pas du goût de la *Gazette* dont la réplique ne se fait pas attendre ; elle est du 22 :

« Il était impossible que le *Journal des Débats* ne
vînt pas jeter un mot de provocation au milieu des
regrets que lui cause la mort de madame la duchesse d'Orléans. « Elle est morte, nous dit-il, *en
faisant son devoir.* »

» Ainsi, c'était faire son devoir que d'élever ses
enfants dans l'esprit d'usurpation ; de les maintenir
en état de révolte contre leur pays qui avait détruit,
en 1848, le prétendu droit fondé en 1830 sur le
vote de 219 députés censitaires, sans droits eux-
mêmes, sans aucun mandat de la nation. C'était un
devoir pour une princesse de perpétuer la rébellion
et la division au sein d'une famille dans laquelle un
mariage l'avait introduite, sans autre excuse dans
son obstination qu'un testament impie et insensé

qu'elle-même avait déchiré quand elle vint à la chambre des députés demander la régence que ce testament lui avait formellement interdit d'exercer.

» A quelque point de vue qu'on se place pour examiner sa conduite, soit qu'on raisonne d'après le droit public, le droit privé, ou d'après les devoirs résultant des lois de la famille, d'après les principes abstraits de la justice, ou selon les sentiments de l'équité naturelle, le mot du *Journal des Débats* sera faux et mensonger ; il est impossible de ne pas y voir une atteinte à la morale universelle.

» La duchesse d'Orléans a fait son devoir envers qui donc? A moins que ce ne soit envers l'esprit de l'abîme, cet ennemi de Dieu et des hommes !

» Puisse Dieu ne pas la juger d'après la parole du *Journal des Débais.* »

On se rappelle le scandale causé en Europe par l'enlèvement du petit Mortara et les flétrissures infligées par la presse libérale française au gouvernement pontifical pour cet inqualifiable abus de son autorité. La *Gazette,* soutien du pape, a fort à faire pour répliquer à tant de plaintes légitimes, à tant d'attaques justifiées. Cependant elle soutient le débat, avec plus de courage que de bonheur, avec plus de talent que de logique.

« Le *Siècle* est bien amusant ce matin, à l'occa-

sion de l'affaire Mortara, dit-elle le 31 octobre. Il ne
demande plus la déchéance du chef de l'Église; il
la considère comme un fait accompli. « Là où est le
drapeau, là est la France, » s'écrie fièrement M. de
la Bédollière, et se croyant un petit Papinien, parce
qu'il a copié une parole de Portalis sans la comprendre, il se met à dire droit dans Rome. Sa position de la question est curieuse :

« Supposez, dit-il, qu'un cas semblable se présente à Paris. Un dévot a lu « que l'Église use de
» son droit le plus simple, le plus naturel en bapti-
» sant les enfants infidèles et en les élevant dans la
» foi après les avoir baptisés. » Il s'introduit dans
la maison d'un israélite, baptise à la hâte l'enfant
qu'il y trouve, l'enlève et le conduit dans quelque
jésuitière des environs. Que fait le père ? Il va tout
simplement déposer sa plainte au parquet. On rend
immédiatement le fils à son père ; on arrête l'im-
prudent dévot et on le condamne en vertu des art.
343, 345 et 354 du code pénal. »

» Et immédiatement M. de la Bédollière ajoute :

« Un gouvernement qui prodigue ses forces et
son or pour soutenir la puissance temporelle du
pape a certes le droit d'exiger qu'on fasse à Rome
ce qu'on ferait à Paris. »

» Cependant M. de la Bédollière veut bien se

borner, *hic et nunc*, au moins, à requérir qu'on
« restitue le fils à son père, qu'on mette fin à une
» *séquestration* que punissent nos lois. » Mais le
Siècle ne saurait, sous peine d'être inconséquent
avec lui-même, manquer de demander un de ces
jours que le souverain pontife soit traduit devant
une de *nos* Cours d'assises ou, au moins, devant le
conseil de guerre séant à Rome, comme ayant violé
les art. 343, 345 et 354 de *notre* Code pénal, en
exerçant la souveraineté dans un État dont les
traités et le droit commun de l'Europe le déclarent
souverain !

» Peut-être demandera-t-il, en outre, qu'il soit
poursuivi en vertu de l'art 258 du même code, pour
usurpation de fonctions politiques dans le même
État.

» Une chose nous étonne même, c'est que M. de
la Bédollière ne demande pas qu'un substitut et un
juge d'intruction soient envoyés immédiatement à
Rome, avec mission d'informer sur le crime qu'il
dénonce, ou qu'ordre soit transmis à M. le commissaire impérial près le conseil de guerre de i'armée
d'occupation de procéder à cette information. Peut-
être pense-t-il que la cause a été suffisamment ins-
truite par lui et que la rédaction du *Siècle* est le juge
naturel du pape.

» Mais, dans ce cas, pourquoi, la culpabilité lui étant démontrée, n'a-t-il pás encore lancé son mandat d'amener? Fouquier-Tinville, autrefois, n'avait pas de ces lenteurs.

» Il faut, en vérité, dit en terminant la *Gazette*, que des écrivains soient bien distraits ou bien dépourvus de sens pour oser prendre une pareille position dans un pays qui a quelque réputation de logique et de bon sens! Qui espèrent-ils convaincre ou séduire? La passion, arrivée à ce paroxisme, n'est plus de la passion, elle est du délire! Après en avoir ri, on est presque disposé à la plaindre. »

L'auteur de cet article veut être spirituel, ce en quoi il ne réussit guère; il ne réussit pas davantage à détruire les arguments du *Siècle*.

Dès cette époque la *Gazette* semble s'être attribué le monopole de l'esprit. On n'en trouve que dans ses colonnes, et ses adversaires sont des ignorants qui ne savent pas écrire. Il faut plaindre cette feuille qui, étant si bien douée, ne peut réussir à faire prévaloir les principes politiques qu'elle professe.

Un avis supérieur donné à la presse parisienne a pour un moment éteint le débat. Il est bientôt ranimé par l'*Univers* qui traduit les plus fougueux articles de la *Civitta cattolica* sur cette déplorable

affaire de l'enlèvement du petit Mortara. Le *Siècle*
dit que le gouvernement ne peut avoir deux poids
et deux mesures et qu'il ne sait pas que M. Veuillot
ait des priviléges. Il annonce un article dans lequel
il attaquera de front le travail de la *Civitta cattolica*
qu'il appelle un pamphlet du moyen âge.

« La *Civitta cattolica*, dit la *Gazette* du 24 novembre, peut bien dire que l'Église et l'État, que les
lois civiles et les lois canoniques ne sont pas distinctes; « qu'on dut agir avec une certaine vi-
» gueur... parce que les parents n'auraient jamais
» consenti, de leur plein gré, à voir partir leur
» enfant. »

» Toutes ces opinions et bien d'autres dont nous
ne parlons pas ne font rien à l'affaire. La *Civitta
cattolica* dit ce qu'elle pense et son opinion personnelle n'engage que ses rédacteurs. Le fait sérieux,
le fait important, celui qui domine toute cette discussion, pour les catholiques d'une part et les Cabi-
nets des puissances étrangères de l'autre, c'est que
le chef de l'Église n'a pas publié de bref; c'est qu'on
ne connaît aucune réponse de Pie IX, souverain
libre d'un État indépendant, aux notes diplomatiques qu'on prétend lui avoir adressées. Les manœuvres de certains organes ne modifieront pas la
situation qu'aurait entendu prendre le Souverain

Pontife, le *roi* des Romains, comme la *Civitta catto-lica* désigne elle-même Pie IX, à l'égard de la chrétienté, dont il est le chef visible, et à l'égard des puissances occidentales, parmi lesquelles les traités européens lui ont marqué sa place. »

« Le *Siècle* tient parole, dit-elle encore le 25; sous le prétexte de répondre à la *Civitta cattolica* et à l'*Univers*, il attaque à fond l'Église catholique, ses dogmes et son chef. C'est au nom de la rédaction tout entière que M. Plée signe ce factum qui réfléchit tous les sentiments de haine des collaborateurs de M. Havin contre notre religion. Nous ne rentrerons pas, comme nous l'avons dit, dans la polémique. Seulement aujourd'hui que cette discussion, sur laquelle les partis extrêmes ont, par tactique, jeté la confusion est terminée, nous montrerons combien nous avions raison quand nous disions que de la part des révolutionnaires, l'affaire de Bologne n'était qu'un engin dirigé contre l'existence politique du gouvernement romain; le *Siècle*, au reste, l'avait dit le premier jour. Sa pensée se trouve formulée de nouveau dans la conclusion de l'article de ce matin. »

Nous avons dit que la *Gazette* prétendait que l'esprit et le talent d'écrire avaient fait élection de domicile dans ses colonnes, voici la leçon qu'elle

donne le 10 décembre à M. Taxile Delord, rédacteur
du *Siècle* :

» M. Taxile Delord, qui a accepté la double
mission d'être grave dans ses lundis du *Siècle* et
enjoué dans ses revues quotidiennes du *Charivari*,
n'atteint, il faut bien le dire, aucun des deux buts
qu'ils poursuit avec une ardeur digne d'un meilleur
sort. M. Taxile Delord a oublié la sagesse de ce pré--
cepte que nul ne peut servir deux maîtres à la fois,
et il en est puni : il n'est pas drôle dans son habit
à grelots, et personne ne peut le lire sans rire quand
se composant la mine d'un philosophe, il se place
auprès de son grand maître, M. Havin.»

Le 1ᵉʳ janvier 1859, la *Gazette* constate la gravité
des nouvelles de la Lombardie. Des collisions auraient eu lieu à Milan à la suite d'une tentative, de
la part d'un groupe de citoyens, d'arracher un
cigare de la bouche d'un soldat autrichien. L'état de
siége n'a pas été formellement déclaré, mais il n'en
existe pas moins de fait. A huit heures tout le monde
rentre chez soi et la ville offre l'aspect d'une place
forte sillonnée en tout sens par de nombreuses
patrouilles. Dans le reste de l'Italie couvent les
bruits les plus étranges qui révèlent une grande
fermentation des esprits. On se préoccupe beaucoup
de l'anniversaire de 1848.

Voici sur ce sujet ce qu'elle dit le 2 :

« Les lettres et les journaux que nous recevons de divers points de l'Italie confirment tous l'agitation qui règne en Lombardie; mais il y a ce fait bien remarquable et qui ressort d'une manière évidente pour nous, du moins, de l'ensemble de ces informations : le mouvement semble être plutôt la suite de menées occultes, que le résultat de l'indignation ou du mécontement de la population. Les manifestations n'ont pas ce caractère de spontanéité et d'universalité qu'on leur a vu à d'autres époques. On sent pour ainsi dire qu'il y a là des meneurs décidés à précipiter les choses et obéissant à un mot d'ordre. Vouloir méconnaitre que le Piémont est en grande partie l'instigateur de ce mouvement, c'est, à notre sens, fermer les yeux à l'évidence.

» Il suffit de lire les feuilles ministérielles de Turin et les correspondances de Milan, pour se convaincre qu'au fond ces agitations sont préparées et conduites dans un sens exclusivement piémontais : à Turin, on exagère le moindre événement qui se produit; l'on montre la guerre comme imminente, et l'on ne rapporte que les cris de : « Vive la Sardaigne! Vive Victor Emmanuel, roi d'Italie! » A Milan on distribue des médailles à l'éffigie du souverain du Piémont, du roi de l'Italie. Tout cela nous paraît significatif; car on ne fera croire à personne que les Lombards et les Vénitiens sont Piémontais, et considèrent comme un bonheur suprême de vivre sous les lois de leurs voisins de la Sardaigne.

» L'unité de l'Italie sous la monarchie de Victor Emmanuel n'est pas une pensée du peuple; le projet est né à la cour de Turin. M. Manin, rallié, sur la fin de sa glorieuse carrière, à cette combinaison anti-nationale, lui a malheureusement donné un certain crédit, sans pouvoir parvenir cependant à la faire adopter généralement par ses concitoyens.

» Quoi qu'on ait pu faire et dire, on n'entraînera par les peuples dans une lutte suprême avec le cri de : Vive Victor Emmanuel ! Une seule pensée domine les Lombards et les Vénitiens : chasser l'Autrichien et recouvrer l'indépendance du pays. Cette entreprise-là est nationale, elle est dans le sentiment de patriotisme de ces peuples. Si une révolution est encore possible, elle se fera aux cris de : Plus d'Autrichiens ! et non à côté de celui de : Vive le Piémont ! dont on ne se soucie que comme d'un auxiliaire utile pour atteindre le but qu'on se propose : l'indépendance nationale. Sous ce rapport on est Piémontais dans le Lombardo-Vénitien comme on y est *Français*.

» On se tromperait fort si l'on pensait que parce

que l'on entend crier vive la France et l'Italie, cela
signifie que les Italiens seraient enchantés de vivre
sous nos lois. Tous les efforts de M. de Cavour
n'aboutiront pas à changer, sur ce point, le caractère et les sentiments des Lombards et des Vénitiens.
Les plans ambitieux de la maison de Savoie et les
manœuvres habiles du gouvernement piémontais ne
prévaudront pas contre des manifestations qui ne sont
légitimes et fortes, par conséquent, que parce qu'elles
prennent leur source dans un sentiment de pure nationalité, sentiment le plus respectable de tous, celui
sur lequel repose l'existence des sociétés politiques.

» Si la question se posait dans les termes où le
gouvernement de Turin veut l'enfermer, qui oserait
souhaiter de voir l'Europe entière prendre les
armes?

» S'il ne s'agissait que de faire passer deux provinces, du sceptre de François-Joseph Ier sous celui
de Victor Emmanuel, qui pourrait désirer de voir
les peuples s'engager dans une guerre générale?

» Pour le triomphe d'un principe, il n'y a pas de
sacrifices devant lesquels on doive reculer, — car la
violation d'un principe apporte dans l'ordre moral
et dans l'ordre matériel plus de malheurs que n'en
causent les plus grands sacrifices faits à un moment
donné; — mais, pour la satisfaction d'une ambition

de royaume, il n'y a pas de sacrifices qui ne soient une calamité pour tous.

La *Gazette* sait parfaitement que seules la Lombardie et la Venétie ne pourront « chasser l'Autrichien, » et elle ne veut pas que ces provinces, injustement détenues par une puissance qui a toutes ses sympathies, reviennent sous la domination piémontaise. Dès lors la *Gazette* prend l'attitude qu'elle gardera pendant toute la durée des événements qui ont amené la constitution du royaume d'Italie et cet article est le prélude de la campagne qu'elle va bientôt entreprendre contre le Piémont.

Si la *Gazette* n'aime pas la révolution, elle n'aime guère davantage l'orléanisme. Le 4 janvier elle appelle M. Prévost-Paradol « le plus zélé, sinon le plus terrible des serviteurs de la cause philippiste. »

Elle fait ensuite cette importante remarque :

« Plusieurs *nécrologes* de l'année 1858 font figurer ainsi la mort de madame la duchesse d'Orléans :

« SOUVERAINS *français :* S. A. R. madame la duchesse d'Orléans. »

» C'était seulement parmi les *princesses* qu'il fallait placer ce nom ; il est inexact de mettre madame la duchesse d'Orléans au rang des *souverains*, puisqu'elle n'a jamais régné. »

La *Gazette* est dans son droit. Mais si dans un cas

semblable il s'agissait de M. le comte de Chambord, là elle ne ferait aucune objection. Il est vrai que M. le comte de Chambord règne à Frosdhorff où il a sa cour, où on lui dit *sire* et *Votre Majesté*.

La *Gazette* du 5 s'exprime ainsi au sujet de la réception officielle du 1er janvier :

« On s'est vivement préoccupé, depuis deux jours, des nouvelles d'Italie et des relations de la France avec l'Autriche. On parlait beaucoup de la froideur qu'avait montrée l'Empereur à M. de Hubner, lors de la visite du 1er janvier. Le *Constitutionnel* de ce matin se dit en mesure de reproduire textuellement les paroles qui ont été prononcées dans cette circonstance :

« Je regrette, aurait dit l'Empereur à M. de Hub-
» ner, que nos relations avec votre gouvernement
» ne soient pas aussi bonnes que par le passé; mais
» je vous prie de dire à l'empereur que mes senti-
» ments personnels pour lui ne sont pas chargés. »

» Ces paroles, comme on le voit, sont loin de justifier les bruits belliqueux que l'on a répandus à dessein. »

Du reste, tout en reconnaissant que la situation telle qu'elle est est assez grave, la *Gazette* croit que l'on exagère beaucoup l'importance des nouvelles d'Italie dans une certaine presse. Pour elle, le mou-

vement part de Turin où il a été excité par le Cabinet piémontais. « En France, dit-elle, on s'est malheureusement laissé gagner par cette idée que l'unification de l'Italie pourrait se réaliser sous le sceptre de la maison de Savoie, ce qui est tout simplement une chimère, une impossibilité, au triple
point de vue de la politique générale, de la volonté
des puissances européennes et des aspirations des
populations italiennes. »

Elle voit le Piémont, poussé par l'ardeur ambitieuse qui dévore Victor-Emmanuel, précipiter des
événements qui ne sont pas mûris. « M. de Cavour
a mal raisonné la situation, dit-elle encore; il n'a
pas assez approfondi l'état de ses forces propres et
la volonté de ses auxiliaires ; il joue une partie dans
laquelle il a trop compté sur l'habileté des petits
moyens et pas assez sur le bon sens et la clair-
voyance des nations engagées dans la question :
tout le succès de son intrigue repose sur la confusion qu'il est parvenu à produire dans les termes du
grand débat engagé de la nationalité italienne. »

La *Gazette* dit que les Lombards ont le droit de
recouvrer leur liberté ; mais elle se demande si on
arriverait à ce résultat en servant les plans ambitieux du Piémont.

« Il y a bien des arguments en faveur de l'indé-

pendance de la Lombardie et de la cause des natio-
nalités, dit-elle le 7 ; il n'y en a pas un qui puisse
justifier l'entreprise ambitieuse du Piémont. Aussi
n'est-ce qu'à l'aide de la confusion des questions
en présence et des équivoques de situation, que
M. de Cavour espère faire triompher ses plans. Il
fait crier : Vive l'Italie ! Vive Victor-Emmanuel !
Vive le Piémont ! et non : Vive l'indépendance de la
Lombardie ! Vive la Vénétie ! ce qui semblerait beaucoup plus naturel cependant de la part d'une population lombarde et vénitienne qui veut recouvrer ses
droits de vivre chez elle et avec ses propres lois ! »

Le 8, nous lisons en tête de ses colonnes :

« Le *Moniteur* a parlé. Voici la note que nous lisons en tête de sa partie non-officielle :

« Depuis quelques jours, l'opinion publique est
» agitée par des bruits alarmants, auxquels il est du
» devoir du gouvernement de mettre un terme en
» déclarant que rien·dans nos relations diplomati-
» ques n'autorise les craintes que ces bruits tendent
» à faire naître. »

« Les feuilles gouvernementales observent toujours, elles, leur réserve habituelle. Pas une n'a osé
envisager sérieusement les événements qui pourraient se produire en Italie et dire quelle devait être
la conduite de la France dans le cas d'un acte de

témérité du roi de Piémont. La sagesse de ces journaux consiste à attendre que les moindres incidents
deviennent des catastrophes. »

Le même jour, la *Gazette* laisse un moment la
question italienne pour s'occuper de la question
Lamartine :

« La souscription de M. de Lamartine ne réussit
pas, malgré tous les efforts du *Siècle*, et l'illustre
poëte s'en prend au parti légitimiste de cet insuccès.

» Nos lecteurs ont pu remarquer que jusqu'à ce
jour nous avons soigneusement évité de parler des
affaires particulières de M. de Lamartine, qui sont
devenues, il est vrai, les affaires du public. Nous ne
voulions ni encourager ni entraver l'œuvre de sa
fortune. Il faisait un appel au pays; c'était donc au
pays de répondre, et il a répondu; d'où les doléances
sur l'ingratitude des hommes et du peuple français
en particulier.

» Aujourd'hui le nom de M. de Lamartine ne se
rencontre sous notre plume, que parce que le chantre
du sacre de Charles X, l'auteur de la préface des
Méditations, vient en public accuser les légitimistes
de manquer de reconnaissance envers lui. Cette
accusation étonnera bien des gens, et, quoique le
le talent fasse passer bien des choses, nous avons
lieu de douter que les formes splendides de ce réqui-

sitoire fassent passer les singulières théories de
M. de Lamartine sur la constance en matière d'opinions politiques.

« J'ai été légitimiste, » dit le grand poëte, et ce
titre doit suffire, à ses yeux, pour que tout ce qu'il
y a de légitimistes dans le monde aille se faire inscrire sur les listes de souscription que publie men-
suellement le *Siècle*.

» On croit rêver quand on entend des hommes
d'une intelligence aussi élevée parler ainsi et se prévaloir d'un passé auquel on n'est pas resté fidèle,
pour exciter l'admiration de ceux qui n'ont pas
déserté la cause de l'ordre. »

VIII

Prédictions de la *Gazette.*—Vive Victor-Emmanuel et les agents de M. de Cavour. — Le Mariage du prince Napoléon, l'*Indépendance belge* et le *Moniteur.* — L'Autriche paternelle. — L'Autriche en Italie. — L'agitation. — Le Memorandum de M. de Cavour. — Réponse à l'Autriche. — Proclamation de l'empereur Napoléon III.— Le général Forey à Montebello.— Hostilités. — M. le comte de Chambord. — Départ de l'empereur Napoléon. — Mort du roi de Naples. — Garibaldi à Varèse, sa proclamation aux Lombards.—Bulletins autrichiens.— Magenta, entrée à Milan, Melegnano, Solferino. — Réflexions de la *Gazette.* — Pérouse et le *Siècle.*—Suspension d'armes.— La Lombardie. — L'empereur et les grands corps de l'État.— Langage de l'empereur François-Joseph. — Le duc Robert et madame la duchesse de Parme. — Le parti de l'étranger. — Traité de paix. — Zurich. — M. Farini, le colonel Auviti.— Les Piémontistes et François II. — La Sicile et Naples. — La Savoie française. — Dépêches de Naples. — Garibaldi désavoué. — Revirements. — Le *prêtre de Rome* et le tigre de Naples. — Le général de La Moricière.—Vive Ferdinand II.— Garibaldi en Sicile. — Le grand-duc et Pie IX. — Naples, l'armée napolitaine et le roi. — Troisième étape du Mazzinisme. — Cialdini et Fanti. — M. le marquis de Pimodan et le sang chrétien. — Castelfidardo. — Victor-Emmanuel à Naples. — Résumé. — Rédacteurs et littérature de la *Gazette.*

La *Gazette* ne lâche plus la question italienne. Elle tremble pour la stabilité du pouvoir des princes Italiens, lieutenants de l'Autriche. A ses yeux le Piémont est un grand coupable qui prend la tête de la Révolution. La *Presse* ayant annoncé que les esprits

18.

ne sont pas plus calmes dans les États romains que
dans la Lombardie, et que Pie IX songerait à
quitter Rome par mesure de sûretée, elle s'écrie le 9 :
« De Rome à Naples, il n'y a qu'un pas, et il va sans
dire que ce royaume doit ainsi tomber sous les
coups des grands justiciers de la Révolution. Voilà
ou nous en sommes. »

Pour la *Gazette* les cris de vive Victor Emmanuel
qui retentissent par toute l'Italie sont imposés par
les agents de M. de Cavour. Elle ne voudrait pas
pour rien au monde que, sous le prétexte de rendre
l'Italie indépendante, l'on établit le Piémont en
Lombardie. Le 22, elle dit que « si le roi Victor
Emmanuel, si M. de Cavour étaient bien convaincus
qu'ils ne se battront que pour la gloire, pour la
satisfaction d'une idée abstraite, il est peu probable
qu'ils montreraient le même zèle, et qu'ils ne s'en
remettraient pas à la Providence pour délivrer les
peuples opprimés. »

Nous lisons le 25 :

« Le *Moniteur* annonce en tête de sa partie officielle le mariage du prince Napoléon avec la princesse Marie Clotilde, fille du roi de Sardaigne. Cette
alliance était projetée depuis déjà une année. C'est
le général Niel qui a fait, au nom de son souverain,
la demande en mariage avant-hier 22.

» Dans sa partie non-officielle, le *Moniteur* reproduit le passage suivant d'un article de l'*Indépendance
Belge* :

« On affirme que le roi Victor Emmanuel n'a
consenti au mariage de la princesse Clotilde qu'à la
condition qu'un traité offensif et défensif fût signé
entre la France et la Sardaigne... On ajoute que le
traité a été signé avant hier à Turin. »

» Il ajoute, répondant à un journal français qui
avait reproduit ce propos :

« Nous regrettons d'avoir à relever et à démentir
dans la presse française une pareille assertion, non
moins fausse qu'elle est injurieuse aux deux souverains. L'empereur doit désirer que ses alliances de
famille soient d'accord avec la politique traditionnelle de la France, mais il ne fera jamais dépendre
les grands intérêts du pays d'une alliance de
famille. »

Le 30 :

« S'il y avait eu une insurrection à Milan ; si, las
de l'oppression de leurs maitres, les Lombards
avaient pris les armes ; si le gouvernement autrichien avait redoublé de sévérité et s'était fait
représenter par un gouvernement sanguinaire, on
comprend encore comment les puissances auraient
pu tout naturellement être amenées à adresser des

représentations à l'Autriche ; mais il n'est rien de tout cela. Le Piémont, malgré toutes ses excitations, n'a pu parvenir à soulever les populations lombardes, qui ont acquis une douloureuse expérience de ce que donnent les révoltes ; et tout le monde s'accorde à dire que jamais la Lombardie n'a eu, sous les Autrichiens, un gouvernement plus paternel que celui de l'archiduc. »

La *Gazette* ne peut s'imaginer que le gouvernement le plus paternel, quand il est étranger, peut être odieux et détesté. Cependant le 13 mars, elle reconnaît que l'Autriche « a conquis une prépondérance en Italie qu'il serait d'une bonne politique de réduire ; » et que « cette prépondérance, ce n'est pas le cabinet de Vienne qui devrait l'exercer, c'est la France. » Elle reconnaît également que « l'Autrichien n'est pas aimé en Italie, même par les souverains avec lesquels elle a conclu les traités qui font l'objet des débats actuels. »

Les sujets des petits États Italiens s'enrôlent dans l'armée piémontaise. La *Gazette* du 8 avril dit que ces enrôlements paraissent « être le nouveau système auquel les partisans de la politique de M. de Cavour se sont arrêtés pour entretenir l'agitation. »

Le gouvernement Sarde, invité par le gouvernement Anglais à lui faire connaitre les griefs de l'Italie contre l'Autriche, adresse sous la date du 1er mars, son fameux *Memorandum* au Cabinet de Londres.

« Le Memorandum piémontais a été accepté avec enthousiasme, comme on le pense, par cette partie de la presse parisienne qui a voué toute son admiration à la politique de M. Cavour, dit la *Gazette* du 10. Le ministre sarde, pour faire sa cour à l'Angleterre, émet sur le gouvernement français des appréciations qui, dans une autre circonstance, et venant d'un autre homme d'État, eussent soulevé toutes les colères de la presse gouvernementale. Mais c'est M. de Cavour qui parle ! M. de Cavour, cet oracle du parlementarisme et de la révolution, cet ennemi de cœur du saint-siége ! On trouve donc très-bien, très-juste, très-sensé tout ce qu'il écrit : c'est impunément que le ministre de S. M. Victor-Emmanuel peut dire dans un document officiel et public :

« Maintenant que ce système a atteint son apogée, que la centralisation en Autriche *est devenue plus absolue qu'en France* MÊME, maintenant que toute action locale ayant été éteinte, le plus humble citoyen est en contact, pour la moindre des choses, avec des fonctionnaires publics qu'il n'aime ni ne respecte, la répugnance et l'antipathie pour le gouvernement sont devenues universelles. »

M. de Cavour prétend que la Sardaigne « possède

la confiance des malheureuses populations dont
le sort va être décidé [1], » dit-elle le 15. Ce langage
de commisération, qui est une inconvenance pour
les princes souverains d'Italie, n'a, au reste, aucune
portée. »

La *Gazette* ne peut pas croire M. de Cavour.

Cependant M. de Cavour a remis au baron de
Kellersberg la réponse négative du gouvernement
sarde à l'ultimatum de l'Autriche demandant le
désarmement et le renvoi des volontaires, et les journaux annoncent que les Autrichiens doivent entrer
en Piémont, et bientôt le roi Victor-Emmanuel
adresse une proclamation à l'armée qui se termine
par ces mots : « Allons à la victoire! que notre drapeau vous dise que notre but comme notre cri de
guerre est : l'indépendance de l'Italie. »

L'armée toscane a fraternisé avec les révolutionnaires, le grand duc est parti pour Bologne. Les
Autrichiens occupent Novarre et concentrent de
grandes forces en face de Pavie. Les nouvelles des
Duchés sont fort graves. A Florence le gouvernement provisoire a investi Victor-Emmanuel de
pouvoir dictatoriaux.

Le 3 mai, proclamation de l'Empereur au peuple
français, dans laquelle il dit : « Je vais bientôt me

1. Dépêche-circulaire de M. de Cavour en date du 21 mars.

mettre à la tête de l'armée. » Cette proclamation la *Gazette* la reproduit le 4, et elle dit le 5 :

« Le manifeste impérial dessine nettement la situation. D'un mot il indique l'origine des difficultés et le vrai but de la guerre : « L'Autriche a » amené les choses à cette extrêmité qu'*il faut* qu'elle » domine jusqu'aux Alpes, ou que l'Italie soit libre » jusqu'à l'Adriatique. » On sait aujourd'hui d'où nous sommes partis et où nous devons arriver. « Nous devons rendre l'Italie à elle-même et non la faire changer de maître » et avoir « à nos frontières un peuple ami qui nous devra son indépendance. »

Les hostilités ont commencé en Piémont et la *Gazette* n'a pas qu'une raison de maudire la guerre. Nous lisons le 6 mai :

« Ainsi que l'ont annoncé déjà plusieurs journaux, M. le comte de Chambord quitte le sol de l'Autriche pour se retirer en Hollande. En s'éloignant, après vingt ans de séjour, d'une terre où il laisse les tombes vénérées de Charles X, du duc d'Angoulême et de l'héroïque fille de Louis XVI, en abandonnant sans hésiter Venise et Frohsdorff, le prince obéit à l'invincible impulsion du sentimeut national. Son cœur tout français n'a pu se faire à l'idée d'habiter un pays en guerre avec la France. C'est bien assez de l'exil : M. le comte de Chambord ne souffrira jamais que la dignité de sa position ou les susceptibilités de son patriotisme en subissent la moindre atteinte.

» Cette résolution sera accueillie avec faveur par toutes les opinions. Elle confirme avec éclat ce que nous avons dit le premier jour. Au moment où la France va descendre sur les champs de bataille, il n'y a plus parmi nous qu'un seul sentiment : le sentiment de l'honneur national. »

L'Empereur est parti le 11 mai. Le 20, une dépêche de l'empereur à l'Impératrice annonce le combat de Montebello ou les Autrichiens sont repoussés par la division Forey après un combat de quatre heures. « C'est là, dit la *Gazette*, un premier succès qui sera fécond en grands résultats, espérons-le. »

Le roi de Naples meurt le 22 :

« Ferdinand II, en montant sur le trône en 1830, prit des mesures libérales, dit la *Gazette*, et son avènement fut salué par des transports de joie. Mais bientôt les partis, excités par les gouvernements révolutionnaires de l'Europe, manifestèrent ouvertement leurs prétentions subversives. Louis-Philippe, du haut de son trône des barricades, engageait le jeune souverain de vingt ans à « s'approcher du » système de la France. » L'Autriche voulant faire tourner au profit de son ambition le mouvement de la réaction, exhortait Ferdinand à se jeter dans ses bras. »

La *Gazette* explique pour quelles raisons le roi de Naples ne suivit ni l'un ni l'autre de ces conseils. Mais tous les journaux de Paris ne sont pas de l'avis de la *Gazette*, ce qui l'oblige le 27 mai à revenir en ces termes sur le roi Ferdinand :

« Il paraît que c'est un parti pris dans une certaine presse de représenter le roi Ferdinand II comme un vassal de la maison de Hapsbourg... On peut ne pas approuver le mode de gouvernement de Ferdinand II, on peut blâmer certains actes de son administration ; ceci dépend du point de vue auquel on se place et des principes que l'on professe : mais ce qu'il n'est permis à aucun écrivain sérieux de prétendre, nous le répétons, c'est que le roi Ferdinand « a eu la honte de rendre sa nation esclave » d'un sceptre étranger, » comme l'ose écrire M. Granier de Cassagnac. »

C'est pourtant en France l'avis de toutes les opinions, sauf celle des journaux légitimistes et cléricaux.

Garibaldi a battu 5,000 Autrichiens à Varèse. Il a ensuite adressé une proclamation aux Lombards qui se termine par ces mots :

« L'Italie, avec ses enfants unis et affranchis de la domination étrangère, saura reconquérir le rang que la Providence lui a assigné parmi les nations. »

Suit ce paragraphe de la *Gazette* du 28 mai :

« M. Garibaldi aurait bien pu dire aux Lombards que l'épée de la France sera bien pour quelque chose dans les faits qui vont suivre. Comme le général partisan ne peut nier notre participation à cette guerre, il eût aussi bien fait d'en parler. »

Elle dit le même jour :

« Les bulletins autrichiens sur le combat de Montebello sont curieux à méditer. Ils prétendent que l'armée autrichienne s'est battue contre tout le corps d'armée du maréchal Baraguay-d'Hilliers ; à notre sens, c'est le plus bel éloge qu'on ait encore fait de la conduite de la petite division du général Forey. Les Français étaient 6,000, et on a supposé, à la manière dont ils se sont comportés, qu'ils étaient 40,000 ! »

Les Français marchent de succès en succès et nous ne trouvons dans la *Gazette* que des éloges pour notre brave armée. « Les traces de notre antique gloire ont été retrouvées, et le Francais d'aujourd'hui reste digne de ses ancêtres, » dit-elle le 7 juin après Magenta. Les alliés poursuivent l'ennemi en pleine déroute. L'empereureur et le roi Victor Emmanuel

sont entrés à Milan. Ont eu lieu la bataille de Magenta et les combats de Melegnano. Voici Solférino,
mais nos victoires ne rassurent pas la *Gazette* qui
dit le 26 juin, jour même de la nouvelle du gain de
cette bataille :

« Nous l'avons dit le premier jour, la question
italienne doit se décider à Rome. Les événements,
à mesure qu'ils se déroulent, mettent mieux en relief cette vérité. Qu'on le veuille ou non, c'est Rome
qu'on devra défendre contre les influences révolutionnaires et anti-catholiques du dedans et du dehors.
Les détails qui nous parviennent sur les révolutions
de Bologne, de Ravenne, de Pérouse, prouvent que
déjà il faut agir énergiquement si l'on ne veut pas
que l'incendie gagne les États-Romains tout entiers. »

La répression de Pérouse par les Suisses pontificaux a produit en France un sentiment presque
unanime de profonde indignation. Le *Siècle* avait dit
que « les actes commis à Pérouse, le sac des maisons, le massacre des femmes, les cruautés envers
les enfants et les vieillards font un mal irréparable
au gouvernement pontifical, à l'Église qui a horreur
du sang. » La *Gazette* ne peut laisser passer de telles
énormités : « La dépêche piémontaise ne parlait
que des violences contre les femmes, répond-elle le

28 juin ; le *Siècle* trouve piquant d'y ajouter des cruautés envers les enfants et les vieillards. Le *Siècle* n'a reçu aucun renseignement sur le combat de Pérouse ; il n'en dit pas moins que les Suisses se sont conduits comme les derniers des barbares. C'est ainsi que le *Siècle* forme l'esprit de ses lecteurs. »

Le 10 juillet à la nouvelle que la suspension d'armes convenue entre l'empereur des Français et l'empereur d'Autriche a été signée entre le maréchal Vaillant et le général Hess, la *Gazette* constate que « la nouvelle de l'armistice a causé une profonde émotion. » Et le 13, lorsque la dépêche annonçant la signature de la paix entre les deux empereurs est affichée à la Bourse, elle dit :

« En ce moment il ne nous est possible de nous livrer qu'au seul sentiment de la joie que nous fait éprouver, comme à toute la France, la nouvelle de la cessation des hostilités. Plus tard quand nous connaîtrons mieux les conditions de la transaction qui a eu lieu à l'entrevue de Villafranca, nous pourrons examiner les conséquences de la paix signée hier.

» Aujourd'hui l'expression du bonheur que nous cause la fin de la guerre ; demain l'examen du résultat de la campagne. Il est facile, toutefois, de comprendre l'effet que va produire sur les *neutres armés*

la dépêche annonçant que les Autrichiens sont devenus nos bons amis.

» On remarquera qu'il n'est pas question des
Duchés dans les bases préliminaires de la paix. »

L'Empereur d'Autriche a cédé ses droits sur la
Lombardie à l'Empereur des Français, qui les a remis au roi de Sardaigne. Le 16, la *Gazette* après avoir
reproduit la proclamation de Victor-Emmanuel aux
peuples de la Lombardie, ajoute :

« Comme on le voit, Victor-Emmanuel accepte
complétement la position que lui fait la convention
de Villafranca ; il ne parle plus de soumettre à la
ratification du peuple lombard ses *droits* sur la
Lombardie, que lui a cédés la France, qui les
tenait de l'Autriche, laquelle les tenait des traités
de 1815. »

Le 21, elle apprécie de la sorte les discours prononcés à la réception des grands corps de l'État par
l'Empereur :

« L'Empereur a reçu hier soir les grands corps de
l'État. Les présidents du sénat, du corps-législatif et
du conseil d'État ont chacun prononcé un discours ;
l'Empereur dans sa réponse a exposé les motifs qui
l'avaient obligé « à retrancher ouvertement devant
l'Europe, de son programme, le territoire qui s'étend
du Mincio à l'Adriatique. » Pour délivrer les Italiens

du joug de l'Autriche jusqu'à l'Adriatique, « il fallait
» se résoudre à briser hardiment les entraves oppo-
» sées par les territoires neutres, et alors, accepter la
» lutte sur l'Adige et sur le Rhin... Il fallait partout
» franchement se fortifier du concours de la révolu-
» tion. » Et l'Empereur n'a pas cru que le résultat
de cette entreprise fût en proportion avec les sacrifices qu'elle imposait. L'Empereur résume dans un
mot la double phase caractéristique de cette guerre :
« Pour servir l'indépendance italienne, a-t-il dit,
j'ai fait la guerre *contre le gré de l'Europe*; dès que
les destinées de mon pays *ont pu être en péril*, j'ai
fait la paix. »

La *Gazette* trouve que « les discours des présidents
des grands corps de l'État ne répondent pas à l'énergique franchise des paroles prononcées par l'empereur dans cette circonstance solennelle. Celui de
M. Troplong, par exemple, laisse croire « qu'un sentiment de commisération a seul porté l'Empereur à
ménager l'Autriche, à lui laisser la pleine possession
de la Vénétie, et à ne pas remplir ainsi le programme du premier jour. Cette interprétation n'est
pas exacte. »

On se rappelle l'étonnement causé en France par
la brusque interruption de la guerre. Dès lors la
Gazette ne veut pas qu'il soit cru que l'Empereur ait.

été arrêté à Villafranca par d'autres considérations que celle de compromettre la chance de ses armes. Tel n'est pas l'avis des feuilles libérales de Paris. Cette opinion du journal légitimiste sera, plus tard en cause dans un débat sur ce sujet, débat qui donnera à la *Presse* l'occasion de dire hautement : « Ce n'est pas nous qui croirons jamais que l'armée française se soit arrêtée par crainte de l'ennemi. »

La *Gazette* dit ensuite que « l'empereur d'Autriche a expliqué aussi, dans une proclamation adressée à ses peuples, les sentiments auxquels il a cédé en signant la paix à Villa franca. Abandonné par ses alliés naturels, il a reculé devant les sacrifices que lui imposait la continuation de la lutte. »

Elle ajoute que « le langage de François Joseph est très-fier, nous pourrions même dire trop fier, et les considérations envisagées par lui pour faire comprendre les motifs de sa résolution ne sont pas absolument conformes à la vérité. »

Ce trait à l'adresse de l'empereur d'Autriche n'est pas maladroit. Il est évident que l'opinion de la *Gazette* devait avant tout avoir le double caractère de la sincérité et de l'impartialité.

La *Gazette* qui conteste la légitimité des nouvelles annexions par le vœu des peuples, ne manque heureusement pas de sujet de consolation. Elle veut

bien se faire auprès de. nous l'interprète des sentiments des populations de l'ancien duché de Parme
pour la princesse déchue :

« Une correspondance particulière que nous recevons aujourd'hui d'Italie, dit-elle le 16 août,
montre la juste et légitime popularité qu'ont gardée
en Italie, malgré les menées et les intrigues révolutionnaires et piémontaises, le duc Robert et son auguste mère, madame la duchesse de Parme. On peut
nier cette popularité; on ne saurait faire qu'elle ne
soit pas, ou qu'elle n'ait pas une signification. »

Il se passe quelque chose de grave. Nous lisons le
30 août :

« Nous sommes le parti de l'étranger, le *Siècle* l'a
dit et redit.

» Les révolutionnaires ont le monopole du patriotisme, c'est chose convenue.

» Et pourtant que se passe-t-il depuis soixante
ans? Quelles sont les œuvres des révolutionnaires?
Quelles sont les nôtres?

» Qu'a fait pour la grandeur de la France ce patriotisme braillard et vantard? de toutes les victoires
remportées par la Révolution, qu'est-il resté? Rien.

» Il se trouve que, malgré tout le sang et tout l'or
dépensés dans l'espace de plus d'un demi-siècle, et
malgré les prodiges d'héroïsme de nos armées, et

malgré le génie du plus grand capitaine des temps
modernes, la révolution n'est pas parvenue à augmenter d'un pouce notre puissance territoriale, et
que deux fois la France a eu l'humiliation de voir
les armées étrangères campées dans Paris.

» Il se trouve que la France, telle qu'elle est cons-
tituée territorialement, est tout entière encore, et
uniquement l'œuvre et le legs de cette vieille royauté
envers laquelle on nous reproche d'avoir conservé
un pieux respect.

» De toutes les conquêtes entreprises dans ces
soixante années, une seule a laissé après elle autre
chose qu'une vaine fumée, et c'est à cette vieille
royauté qu'en revient l'honneur. Et faut-il rappeler
l'opposition anti-nationale que rencontra cette glorieuse expédition d'Alger? Faut-il rappeler les articles infâmes du *National* et des autres organes
révolutionnaires?

» Ah! nous sommes le parti de l'étranger! Mais
en ce moment-ci même, que se passe-t-il donc?

» Quel est le parti qui forme des vœux pour l'annexion de la Savoie à la France? Est-ce le parti du
Siècle?

» Et peut-on nous accuser d'obéir, en cette circonstance, à nos passions politiques, et de sacrifier
l'intérêt de la patrie à nos prétentions gouvernemen-

tales? N'est-ce pas tout le contraire que nous faisons en soutenant cette idée d'annexion dont la réalisation serait une gloire pour la dynastie impériale?

» C'est que chez nous le sentiment qui domine et
dominera toujours tous les autres, c'est l'amour de
la France. Nous n'avons pas le patriotisme du *Siècle*,
nous ne nous glorifions pas d'être fils de régicides;
mais nous nous honorons de rester fidèles à la politique traditionnelle qui a constitué notre patrie et
qui l'a élevée si haut que, malgré l'action dissol-
vante de tant de révolutions, la France est encore la
première nation de l'univers. »

Le traité de paix entre la France et l'Autriche a
été signé le 18 octobre; mais on n'en connaît pas les
stipulations que la *Gazette* ne cesse de réclamer. Le
11 novembre, elle dit :

« Une dépêche de Zurich annonce que les dernières difficultés soulevées au dernier moment pour
la signature du traité, ont été réglées. Les instruments de paix ont dû être signés aujourd'hui à trois
heures.

» Il ne reste plus qu'à asseoir la paix en Europe
et à rétablir l'ordre en Italie !... »

La *Gazette* du 1er janvier 1860 commence par ces
lignes :

« L'année 1859 finit en léguant à celle qui s'ouvre
la solution des plus graves questions touchant l'origine du pouvoir, le principe du droit, l'indépendance de l'Église, les conditions de l'équilibre inter-
national, de prospérité du commerce, et de liberté
des peuples et des citoyens. »

Le 2, elle commente en ces termes la réponse de
l'Empereur au nonce qui lui offrait, au nom du
corps diplomatique, ses vœux et ses hommages res-
pectueux :

« Il est difficile de trouver dans ces quelques mots
la ligne de conduite du chef de l'État à l'égard de la
question qui a si vivement ému l'opinion ; cependant
si l'empereur ne parle pas de son *profond respect
pour les droits reconnus,* il ajoute que le but constant
de ses efforts sera de rétablir partout la confiance et
la paix *autant qu'il dépendra de lui.* Or, on sait, par
les événements que l'an dernier a vu s'accomplir, ce
que pèse la volonté nettement exprimée et solennellement arrêtée du chef d'un État comme la France,
dans des questions d'une nature aussi grave ; volonté dont une armée toujours victorieuse est cons-
tamment prête à assurer le triomphe. »

Le 3 :

« M. Farini, qui a laissé impuni le crime abomi-

nable du colonel Auviti [1], vient de faire emprisonner le père Faletti, soupçonné d'avoir fait enlever
l'enfant Mortara. M. Farini n'est pas fâché de donner au monde ce nouveau scandale, devant lequel
le gouvernement provisoire de Bologne avait reculé
lui-même. En poursuivant un fonctionnaire pour
avoir obéi aux prescriptions des lois alors en vigueur dans la province, M. Farini espère atteindre
le pape lui-même. Il est certain que les égorgeurs
de Parme, restés impunis ne sauraient se contenter
du silence qui se fait autour de l'usurpation piémon-
montiste dans les Romagnes. Après avoir effrayé
Parme par des saturnales, il est d'une adroite politique de chercher à intimider les Romagnes. »

Voici ce qui paraît d'un mauvais augure pour les
amis des Bourbons de Naples : c'est du 15 mars :

» Les Piémontistes, dit la *Gazette*, se donnent beaucoup de mal en ce moment pour faire croire à l'imminence d'une révolution dans le royaume de Naples; ils font même de grands efforts pour provoquer une insurrection dans les Deux-Siciles. Mais
la prévoyance du gouvernement de S. M. Francois II
a déjoué ces tentatives. Malheureusement de nouvelles rigueurs en ont été la conséquence. Mais de-

---

1. Assassiné dans une émeute de Parme.

vant Dieu et devant les hommes la responsabilité de
ces actes remonte à ceux qui les rendent nécessaires.
La défense est légitime et de droit naturel. »

Que de soins, que de précautions oratoires pour
atténuer la portée des rigueurs de ce jeune et bon
François II. Mais rien n'en va mieux pour cela. Nous
lisons le 7 avril :

« Les nouvelles reçues du royaume de Naples sont
fort graves. Une tentative insurrectionnelle a eu lieu
à Palerme, et a été réprimée au cri de *Vive le roi!*
Le piémontisme sous sa couleur la plus *anglaise*,
s'est montré plus au jour que jamais, paraît-il, dans
cette circonstance. »

Et le 21 :

« Les nouvelles du royaume de Naples sont toujours fort affligeantes. Les révolutionnaires concentrent toutes leurs forces sur ce point de la Péninsule;
les succès obtenus dans le nord de l'Italie permet-
tent cette évolution du corps de bataille. Toutes les
associations *ad hoc* fonctionnent activement, et les
secours sont régulièrement envoyés du quartier-gé-
néral des opérations. »

Le 27 :

« La campagne contre Naples continue. »

Le 1ᵉʳ mai, la *Gazette* dit en publiant le résultat
définitif des votes de la Savoie :

« La Savoie est donc française, sa volonté est donc
d'accord avec ses droits de nationalité. C'est un retour glorieux pour notre pays et dont tout Français
doit être fier et heureux. Quoi qu'en disent certains
écrivains, le patriotisme est une belle chose. Ce sentiment vaut bien la peine qu'on le respecte et qu'on
entretienne le feu sacré dans tous les cœurs. »

Revenons à Naples avec la *Gazette* du 2 qui
dit :

« Nous recevons par la voie de Marseille une dépêche télégraphique de Naples, 28 avril. Il se confirme, d'après ces renseignements, que ce n'est
qu'après trois jours de combat que la ville de Carini
a été prise d'assaut et qu'elle aurait beaucoup
souffert. »

Nous trouvons quelque chose de plus grave dans
celle du 9 :

« On annonce que Garibaldi est parti de Gênes
avec quelques volontaires pour secourir les insurgés
siciliens. La *Patrie* donne la nouvelle comme certaine, en ajoutant que le cabinet de Turin fait les
plus grands efforts pour empêcher cette entreprise... Nous ne doutons pas du déplaisir que cau-
sera à M. de Cavour cette expédition, plus grave de
périls, en effet, pour le ministère sarde que pour le
gouvernement de Naples. Garibaldi a joui, à la

faveur des événements, d'une réputation surfaite qui
a singulièrement décru pendant la dernière guerre.
Pendant que l'on se battait franc jeu contre une
armée formidable, dans les plaines de Palestro, de
Magenta, de San-Martino, de Solferino, Garibaldi,
après quelques escarmouches sans portée, se laissait proclamer « le vainqueur de nos victoires. »
Dans la Sicile où il se rend, il rencontrera encore
là une armée sérieuse, bien disciplinée et d'un dévouement inaltérable. S'il parvient à relever le
courage des petits groupes d'insurgés qui tiennent
les montagnes, c'est tout ce qu'il obtiendra; mais
pour le cabinet de Turin, on ne peut se dissimuler
que la question est grave : elle le force à prendre
une situation définie en face des ultra, et à perdre
le bénéfice de cette politique équivoque qui produi-
sait le mirage d'une unanimité à la faveur de laquelle on accomplissait bien des choses. M. de Cavour, *réactionnaire*, perd pied dans le mouvement.
On l'accusera de laisser mitrailler les frères de Sicile, d'entraver l'unification pour satisfaire aux
vues d'une politique personnelle, et, sur ce thème,
les royalistes mazziniens sauront en dire long.
M. de Cavour va commencer à subir le supplice que
sa politique a infligé aux souverains, ses voisins,
obligés pour se défendre des entraînements des ré-

volutionnaires, de faire de la résistance quand
même. »

Le 10, la *Gazette* constate que Garibaldi est désavoué par le cabinet sarde, et désavoué aussi par la
Patrie, le *Pays* et le *Constitutionnel*. « Ils croyaient
(ces journaux) que les derniers événements auxquels
Garibaldi a tant aidé, dit-elle, étaient autre chose
qu'une étape pour le mazzinisme dont Garibaldi
n'a pas cessé d'être l'instrument. Ils croyaient que
le mazzinisme *faisait annexer* pour la plus grande
gloire de la cause piémontaise! Étrange erreur.
Mazzini a bien dit dans son programme qu'il ne
fallait monter qu'un degré à la fois, mais il a dit
aussi qu'il fallait gravir toute l'échelle et *aller jusqu'au bout* sans s'arrêter. »

Cependant la *Gazette* est sans inquiétude, car
nous lisons le 11 :

« Le gouvernement napolitain a 160,000 hommes
dévoués et aguerris. Il est protégé par une population qui l'aime et est prête à le défendre aujourd'hui
comme lors du débarquement de Pisacane. C'est
cette situation réellement forte et parfaitement connue des ennemis même du « Bourbon de Naples »
qui fait qu'en Italie on a trouvé quelques personnes
pour blâmer la témérité du héros italianissime. Si
Garibaldi allait ne pas réussir, en effet, si Garibaldi

allait échouer misérablement sur les côtes de Sicile et être pendu, dans quelle position difficile cette aventure ne placerait-elle pas certaines gens!... »

Mais il y a de singuliers revirements. Nous lisons le 16 :

« Hier, Garibaldi était un flibustier pour le *Pays* et la *Patrie*, aujourd'hui le général Garibaldi n'est plus qu'un audacieux : c'est le roi de Naples qui mérite tout le blâme; s'il avait gouverné de manière à satisfaire les révolutionnaires, le lieutenant de Mazzini ne serait pas exposé aux aventures d'une expédition pour soutenir l'insurrection vaincue. »

« La Péninsule italienne touche à son 93! » dit-elle le 16. Mais, heureusement, « c'est encore le général de La Moricière, qui va se trouver au premier rang pour repousser cette horde d'anarchistes et de fanatiques ennemis de toute société, ameutée, comme en juin 1848, pour détruire jusqu'au symbole même de l'autorité et de la liberté dans le monde catholique. »

Trois nouvelles le 17 :

« Garibaldi et quelques centaines de ses compagnons ont débarqué, « grâce au secours de deux corvettes anglaises, » comme dit la *Patrie*, sur le territoire du roi des Deux-Siciles, appelant les po-

pulations à la révolte contre le *prêtre de Rome* et le
tigre de Naples.

» Le général de La Moricière concentre des
troupes dans les Marches pour repousser une invasion de Romagnols dont cette partie des États du
pape est menacée.

» A Florence règne une grande agitation. Les
soldats toscans se battent contre les soldats piémontais. On affiche des placards portant : *Vive Ferdinand II! Vive Léopold !* »

Les dépêches télégraphiques ont annoncé et confirmé le débarquement de Garibaldi en Sicile ; mais
le télégraphe est parfois fort mal informé, à en
juger par ce que dit la *Gazette* du 21 :

« Les renseignements les mieux fondés confirment
l'échec que vient de subir la bande des garibaldiens
débarquée à Marsala. La vigueur et l'énergie dé-
ployées par l'armée royale a eu promptement raison
de cette tentative criminelle. »

Le 25, la *Gazette* s'indigne que le *Constitutionnel*,
d'après les divers renseignements obtenus par lui
« laisse entendre qu'à l'heure qu'il est, Palerme est
au pouvoir de Garibaldi. » Elle veut bien en accepter l'hypothèse, malgré toutes les preuves contraires qu'elle reçoit.

« Et puis après? s'écrie-t-elle.

» Après, les mazziniens renverseront le roi de Naples, détruiront ses armées, marcheront sur Rome, renverseront son gouvernement temporel comme le demandent MM. About, Guéroult, Havin.

» Et puis après?

» Garibaldi, vainqueur partout, soutenu par l'Angleterre, prendra « les pierres de la route pour en écraser la tête du dernier prêtre, » comme il l'a dit à la jeunesse de Pavie. »

Hélas! l'illusion dont s'est bercée la *Gazette*, et dont elle a bercé ses lecteurs s'est bien vite dissipée, car les dépêches télégraphiques qui se succèdent « annoncent de nouvelles victoires de Garibaldi, l'insurrection sur tous les points de l'île et le triomphe de la révolte à Palerme, » ainsi qu'elle nous le dit le 26; et le 29 elle dit que « François II devra payer pour tous. Évidemment, ajoute-t-elle, ce ne sera pas assez d'un échafaud pour cet autre petit-fils de Saint-Louis; et les mazziniens, dont on fait les légitimes justiciers des peuples, trouveront sans doute que ce n'est pas assez d'une mort si douce pour venger tant de victimes!... »

Le 5 juin, la *Gazette* répond en ces termes aux airs triomphants des feuilles *révolutionnaires :* « Garibaldi arrivant à Palerme par des portes toutes grandes ouvertes, sur un cheval blanc, tout comme

Lafayette, sans avoir à battre en brèche la plus petite muraille; ce n'est pas là ce que les enthousiastes
de la gloire du Niçois avaient rêvé pour leur héros. »
Le même jour elle dit que « conserver Palerme n'a
jamais pu venir à la pensée d'un général expéri-
menté. » Cela pour sauvegarder la gloire du général Lanza investi du commandement en chef de la
Sicile.

La *Gazette* dont l'espoir est inébranlable, dit
le 25 :

« l'Italie est aujourd'hui en état de révolution et
de lutte armée. Demain le grand-duc de Toscane
peut recouvrer ses États, et Pie IX les Romagnes.
Si ce n'est demain, ce peut être dans six mois,
dans un an. »

Il faut que les choses soient graves pour que la
Gazette s'exprime ainsi le 16 août :

« Aujourd'hui Naples se trouve dans un de ces
moments suprêmes, comme il s'en présente souvent
dans l'histoire des nations, où une détermination
sage et énergique peut sauver le pays d'une invasion
et d'une révolution. Nous dirions presque que dans
cet instant le chef du gouvernement peut se sauver
lui-même... » Elle ajoute au reste : « L'amour de la
patrie est plus vivant qu'on ne le pense dans le

cœur des Napolitains. Un appel à leur patriotisme serait entendu. »

Elle dit encore le 25 :

« L'attitude de l'armée napolitaine est pleine de fermeté... Le roi est bien décidé, au reste, à ne pas céder devant la coalition d'étrangers, *anglais, hongrois* et piémontais commandés par Garibaldi. »

Et le 16 :

« Le roi de Naples est très-résolu à défendre l'autonomie et le gouvernement; lui-même a pris le commandement de l'armée. »

Tout le monde se rappelle la marche rapide de Garibaldi à travers le royaume des Deux-Siciles, malgré l'*attitude de l'armée napolitaine* et la *résolution du roi François II*. La *Gazette* du 12 septembre nous dit en effet :

« Le Mazzinisme en est arrivé à sa troisième étape; Naples est en son pouvoir... »

Mais tout n'est pas perdu encore.

« Une des grandes préoccupations de la question, dit-elle le 20, est la question de la jonction du général de Lamoricière au roi de Naples. Tout le monde comprend que cette jonction opérée pourrait changer complétement l'état des choses, non-seulement dans les États pontificaux, mais dans l'Italie tout entière. »

Mais les généraux Cialdini et Fanti manœuvrent dans les Marches et l'Ombrie, provinces pontificales récemment annexées, pour empêcher ce mouvement du général français.

Hélas! le 21, la *Gazette* nous apprend que « le bruit qui avait couru la veille à la Bourse d'un avantage remporté par le général de Lamoricière sur les troupes du général Cialdini ne s'est point confirmé, quoiqu'il paraisse certain qu'une rencontre ait eu lieu. »

En effet, au moment de mettre sous presse elle reçoit « une affreuse nouvelle. M. le marquis de Pimodan, dit-elle, a succombé presque immédiatement à sa blessure. Cette nouvelle est transmise à sa famille désolée, par une dépêche du général de Lamoricière. »

Et le 22 elle éclate en ces termes :

« Le sang chrétien a coulé sous les balles des ennemis de l'Église, un général français a été battu par un général piémontais, un second général également français vient de succomber aux blessures reçues en combattant pour la foi de ses pères; le patrimoine de Saint-Pierre et des pauvres n'a plus de défenseurs, la *Croix* a été vaincue : les feuilles révolutionnaires de France sont dans le ravissement et l'émerveillement. »

Il s'agit du fameux combat de Castelfidardo.

L'histoire de cette conquête du royaume de Naples qui s'est terminée par la prise de Capoue est dans toutes les mémoires. On se rappelle la célèbre entrevue de Victor-Emmanuel et de Garibaldi dans laquelle le souverain a été acclamé roi d'Italie. La *Gazette* pourrait elle assister de sang froid à un pareil spectacle?

« Victor-Emmanuel est à Naples, dit-elle le 10 novembre. Pour y arriver il a dû traverser les États de l'Église, *bombarder* Ancône, *bombarder* Capoue, faire fusiller les Napolitains prisonniers, faire couler à flots le sang italien, exposer les hommes d'ordre aux stylets des agents de votes anexionistes, au pillage, à la dévastation. Mais il faut bien que l'Italie paie un peu le bonheur d'être « annexée à l'État sarde, » et de jouir du gouvernement d'un si bon prince, si scrupuleux à tenir ses serments; d'un prince qui a une telle horreur de répandre le sang italien. »

De grâce arrêtez-vous, chère *Gazette*. Qui croirait ce défenseur du trône et de l'autel aussi capable de se laisser emporter au delà des limites d'une haute impartialité? Encore un peu, elle attribuerait à Victor-Emmanuel les actes si justement reprochés à Ferdinand II, elle lui donnerait ce titre de roi

Bomba si unanimement décerné par les Napolitains à l'avant-dernier roi de Naples.

La guerre d'Italie, les annexions, Castelfidardo forment une des périodes les plus brillantes de la *Gazette*. Pendant toute sa durée elle a combattu, *per fas et nefas* les adversaires des princes déchus et du pape ; elle n'a cessé de réclamer et de conseiller en ce sens, mais sa voix n'a pas été entendue. Elle a applaudi au decret du 24 novembre 1862 et n'a manqué aucune occasion de demander le *couronnement de l'édifice*. Elle n'a joué aucun rôle aux élections de 1863, si ce n'est de ne point approuver le choix des électeurs. Les réclamations de la *Gazette* en faveur de la liberté sont les plus réitérées, les plus pressantes. Elle se plaint de ne pouvoir dire ce qu'elle pense, et il n'est peut-être pas un autre journal qui ose s'exprimer aussi librement qu'il lui arrive de le faire, à ce point qu'on ne se gêne nullement pour dire, quand ces hardiesses se produisent, qu'à sa place toute autre feuille serait avertie. La *Gazette* ne perd aucune occasion de rappeler que la Restauration nous a donné le meilleur gouvernement, et que si l'on était resté dans les voies qu'elles a tracées, la France serait plus heureuse et plus prospère. Les avis dans ce sens ne sont pas épargnés.

Mais elle prêche dans le désert; on ne tient nul compte de sa vieille expérience ni de son bon vouloir. La *Gazette* a beau se dire libérale, elle a beau inscrire au-dessus de son titre : *Tout pour le peuple et par le peuple*, qui convaincra-t-elle? Le peuple ne se laissera jamais prendre à cette amorce : les principes et les gouvernements stationnaires et rétrogrades qu'elle défend n'inspireront jamais la confiance dont elle a tant besoin. Depuis qu'elle a cessé d'être un organe officiel, c'est-à-dire depuis les journées de juillet, la *Gazette* a pris en main la cause de la liberté. Elle veut la liberté en France, elle trouvait cependant bon le despotisme abrutissant de Naples comme elle trouve excellente l'exclusion de toutes les libertés à Rome, y compris celle d'écrire et même celle de lire. Le royaume d'Italie est le pays le plus libre de l'Europe, et l'Italie est l'objet de ses plus amers sarcasmes. En revanche, l'Autriche a toutes ses tendresses. Elle trouve très-naturel que cette puissance détienne la Venétie et s'indigne de voir l'Italie s'efforcer de soustraire cette province à un joug odieux et détesté. Elle s'emportera jusqu'à dire : « l'ingouvernable Venise » sans songer que ce mot est à la fois l'aveu et la condamnation du despotisme qui pèse sur cette malheureuse ville. Mais il y a bien d'autres mots dans la *Gazette*, surtout depuis

que ses destinées sont entre les mains de M. Gustave
Janicot. Ses gros traits et ses gros mots accablent
Garibaldi sans l'atteindre, car la *Gazette* oublie ce
passage d'une proclamation du grand italianissime
qu'elle a cependant publié dans ses colonnes [1] :
« De retour dans vos foyers, et au milieu des cares-
ses de la famille, n'oubliez pas la reconnaissance
que nous devons à Napoléon III et à l'intrépide armée française dont tant de vaillants enfants sont
encore, pour la cause de l'Italie, blessés ou mutilés
sur des lits de douleurs. » Ces nobles paroles, la
Gazette se garde bien de les reproduire, mais elle
répète à satiété des mots féroces que ses correspondants prêtent à Garibaldi.

La *Gazette* ne sera jamais satisfaite si la France
n'a à sa tête un Bourbon. Elle abonde en saillies, en
traits toujours spirituels, mais qui le plus souvent
grincent et frappent à faux. Elle affecte vis-à-vis de
ses adversaires des airs dédaigneux, un ton de hauteur, qui ne sont nullement justifiés par l'éclat de
sa rédaction et la portée de sa politique; triste consolation de l'influence perdue et qui dissimule mal
son dépit. Une seule chose n'a point abandonné

---

1. Le 2 août 1859. Proclamation de Garibaldi en date du
23 juillet à Lovére.

jusqu'ici la *Gazette* et ne l'abandonnera jamais :
l'illusion. Sa fidélité, sa constance font toujours
vivre ce mort que l'on a oublié d'enterrer.

Depuis cinq ans, la *Gazette* écrit que l'unité italienne agonise, que son arrêt de mort est signé.
Mais en face de la guerre qui menace d'éclater, les
armements de ce royaume, qui ne bat plus que
d'une aile, l'inquiètent pour le sort de l'Autriche
dont elle a cent fois menacé l'Italie. C'est ainsi
qu'elle dément ses affirmations et qu'elle rassure les
honnêtes gens qui ont cru à sa parole. On connaît
les sympathies de la *Gazette* pour l'Autriche et son
dévouement pour les princes déchus de la Péninsule italienne.

Quelle triste destinée que celle de la *Gazette!*
Dans un moment où toutes sortes d'éventualités
peuvent surgir, la voilà obligée de faire cause commune avec l'Autriche réactionnaire contre l'Italie
libérale, de s'allier à l'Autriche, cette ennemie traditionnelle et invétérée de la France !

Après la mort de M. de Genoude, M. de Lourdoueix père, un journaliste de la vieille roche, écrivain grave, éloquent, au caractère loyal et courtois,
prit la direction de la *Gazette*. Presque tous les articles que nous avons extraits de ce journal, à partir
de cette époque jusqu'à 1859, sortent de sa plume.

Il fut remplacé par M. Paul de Lourdoueix, son fils,
qui disparut bientot de la scène du journalisme, et
M. Gustave Janicot devint directeur de la *Gazette*,
poste qu'il occupe encore aujourd'hui.

M. Gustave Janicot fait le Bulletin politique qui
est très-développé. L'article de fond est signé par
M. Tiengou qui parfois signe aussi le Bulletin, et
par M. Véran. M. Tiengou fait encore le feuilleton
dramatique et des *Quinzaines littéraires*. La critique
littéraire en Variétés est tenue par M. Guttinguer et
M. de Lescure. Les *Causeries* hebdomadaires sont de
Mme Sophie Brisset Des Nos, et M. de Lescure signe
pour copie conforme les *Lettres de M. de Bombec*,
chronique sans façon de la vie parisienne. Parmi les
romans découpés dans le feuilleton nous distinguons
à peine : *Une fille de Monck*, de M. Arthur Ponroy;
la Fabrique de Mariages, de M. Paul Féval et *Bianca
Capello*, de M. de Lescure. La *Gazette* devait donner
asile aux *Souvenirs du bataillon des zouaves pontificaux*
de M. le vicomte Oscar de Poli. Plus tard M. de
Lescure prend définivement en main la critique
littéraire.

Aujourd'hui, M. Escande et M. Charles Garnier
tiennent la place de M. Tiengou et de M. Véran;
M. Armand de Pontmartin porte le sceptre de la
critique littéraire et M. Frédéric Béchard celui du

feuilleton théâtral; M. Arthur de Boissieu a remplacé M. de Bombec, M. Rambosson traite les sciences, et M. Victor Fournel écrit en Variétés des articles littéraires très-justement remarqués.

La rédaction de la *Gazette de France* est une des plus restreintes des grands journaux de Paris. A peine deux aides de camp (la signature Aubry-Foucault, copie conforme) secondent le général en chef. De huit en huit de fortunés auxiliaires offrent généreusement à la *Gazette* un concours qui ne nuit -pas à sa caisse.

Ab Jove principium.

M. Gustave Janicot, directeur de la *Gazette de France*, est un homme de trente-six à trente-huit ans. Fils d'un ancien officier de l'Empire qui avait épousé une Vénitienne, la finesse et la souplesse italiennes se trouvent unies en lui à la vivacité française. A première vue, sans le connaître on devine le dictateur de la feuille du droit divin, de l'auteur du bulletin fulminant qui chaque soir dans le concert des organes politiques jette sa voix discordante. Il a beaucoup de distinction, il a même de la grâce. Mais prenez garde! Cette grâce est singulièrement tempérée par une raideur aristocratique d'un autre

temps, qui arrête l'expansion et vous tient à distance. Cette raideur sent le maître. Ne vous fiez
donc pas à ce sourire bienveillant en apparence et
dont l'ironie cachée vous préparerait une cuisante
illusion. Au reste, si vous en avez le temps, pesez
cette voix brève, géométrisez ce geste saccadé, an-
guleux, nerveux, vous reconnaîtrez en M. Gustave
Janicot ce ton du commandement qui exclut toute
contradiction.

Ce tempérament a été formé à l'école de M. de Genoude, cet éminent journaliste dont il a été le secrétaire.

Sa bonne fortune le maintint à la *Gazette* sous la
direction de M. de Lourdoueix. Il fit ses premières
armes obscurément sur des questions secondaires
d'intérêt et de portée.

Ce fut pour M. Janicot le temps d'épreuve pénible
d'où sortit le journaliste, le polémiste.

Le journaliste, le polémiste !

Les lecteurs partisans de la *Gazette* nous donnent
avec le plus grand sérieux du monde M. Gustave Janicot pour le premier de nos journalistes. — Cela
n'est pas étonnant de la part des gens qui vont jusqu'à prétendre que la *Gazette de France* est le soleil
des journaux de l'Europe. Inutile de contre-carrer

ces esprits si favorablement prévenus. A quoi bon perdre son temps? M. Janicot a du talent — talent de *bulletinier*, car jusqu'ici, il ne s'est jamais distingué par un article de fond. Mais il n'est pas tellement au-dessus de ses confrères qu'on puisse même l'entrevoir sur un piédestal.

Son style et sa manière ne sont pas irréprochables; il ne manque ni d'à-propos, ni de verve, ni d'habileté dans ses polémiques. Il n'est pas au-dessous de sa tâche. Mais ce qui nous frappe en lui, c'est ce ton de colère d'enfant terrible, de vieille douairière du noble faubourg. M. Gustave Janicot ne pourrait-il donc discuter de ce ton calme qui justifie la conviction?

M. Escande, qui a autrefois fondé dans une ville du Midi un journal appelé le *Fashionnable*, est à la *Gazette* le rédacteur de ce bulletin extérieur si favorable à l'Autriche, si fort inutilement dirigé contre l'unité italienne.

M. Charles Garnier, qui pointait des pièces à Gaete, est à la fois le Prévost-Paradol, le John Lemoinne, le Yung de la *Gazette*. Il a la prétention de traiter ce que l'on appelle à fond la *Question italienne*, dans le sens des princes qui n'y commandent plus,

M. Léopold de Gaillard, d'Avignon, M. de Larcy, de Nîmes, candidats évincés aux dernières élections, M. Charles de Lacombe sont les paladins de cette Jérusalem politique qui a nom *Gazette de France*.

FIN

TABLE

HISTOIRE DE LA GAZETTE DE FRANCE

RÉDACTEURS

FIN DE LA TABLE

POISSY. — IMPRIMERIE DE AUG. BOURET.